Seamos pragmáticos

Seamos pragmáticos

Introducción a la pragmática española

DERRIN PINTO

University of Saint Thomas

CARLOS DE PABLOS-ORTEGA

University of East Anglia

Yale

UNIVERSITY PRESS

NEW HAVEN AND LONDON

Yale University Press books may be purchased in quantity for educational, business, or promotional use. For information, please e-mail sales.press@yale.edu (U.S. office) or sales@yaleup.co.uk (U.K. office).

Editor: Tim Shea
Publishing Assistant: Ashley E. Lago
Manuscript Editor: David Pritchard
Production Editor: Ann-Marie Imbornoni
Production Controller: Aldo Cupo
Designed by Nancy Ovedovitz

Set by Integrated Publishing Solutions, Grand Rapids, Michigan and printed in the United States of America.

Library of Congress Cataloging-in-Publication Data
Pinto, Derrin, 1969–
    Seamos pragmáticos : introducción a la pragmática española / Derrin Pinto, University of Saint Thomas ; Carlos de Pablos-Ortega, University of East Anglia.
        pages cm
    Includes bibliographical references and index.
    ISBN 978-0-300-19109-7 (pbk.)
    1. Spanish language—Discourse analysis. 2. Spanish language—Spoken Spanish. 3. Pragmatics. I. de Pablos-Ortega, Carlos, 1969– II. Title.
    PC4434.P56 2014
    460.1'41—dc23   2014001250

A catalogue record for this book is available from the British Library.

This paper meets the requirements of ANSI/NISO Z39.48-1992 (Permanence of Paper).

10 9 8 7 6 5 4 3 2 1

A Palmar y a Noreen, por su inspiración, apoyo, cariño y paciencia

Índice

Prefacio

Nuestro objetivo principal ha sido escribir un libro accesible para los estudiantes universitarios anglohablantes que están aprendiendo español como segunda lengua y que no tienen experiencia previa en el estudio de la lingüística y en particular, en el ámbito de la pragmática. Al dirigir el libro a este público, hemos tratado de capitalizar el lado práctico de esta disciplina para facilitar el proceso de adquisición del español y la comprensión de los elementos pragmáticos de dicha lengua. De igual modo, este libro es una herramienta valiosa para todos aquellos hablantes nativos de español no iniciados en el estudio de la pragmática y que buscan una introducción sencilla y accesible. Para los futuros docentes en la enseñanza de español, este trabajo también puede animarles a reflexionar sobre el estudio de la lengua desde una perspectiva diferente a la puramente gramatical.

Hemos procurado incorporar algunas de las ideas teóricas más importantes de la pragmática sin perder de vista el enfoque de la praxis. Es inevitable que algunos temas tengan más aplicaciones prácticas que otros y que, por lo tanto, algunos capítulos sean teóricamente más densos. Hemos intentado también simplificar y condensar ciertos conceptos con el objetivo de no abrumar a los lectores y, en ningún momento, hemos pretendido ofrecer una orientación exhaustiva de cada uno de los temas tratados. Como ya existen algunos libros, tanto en español como en inglés, que priorizan más el componente teórico, nuestra propuesta ha sido crear un libro pedagógico, práctico y asequible para los aprendices de español que se apoya, en parte, en nuestros años de experiencia docente.

Debido al carácter eminentemente práctico del libro, hemos incluido bastantes ejemplos que sirven para presentar y clarificar los contenidos teóricos. Dichos ejemplos provienen fundamentalmente de dos fuentes: de estudios de investigación y de nuestras observaciones en países hispanohablantes y anglohablantes. De igual modo, como hay tanta variedad dialectal en español, hemos tratado en la medida de lo posible de buscar un enfoque inclusivo que tenga en cuenta las diferentes comunidades de habla.

Otro de los aspectos importantes de este libro es su carácter contrastivo. Aunque la reflexión práctica, a partir de los contenidos teóricos, se ha realizado partiendo de la lengua española, en algunas ocasiones, hemos utilizado la lengua inglesa como elemento comparativo. Creemos que este ejercicio contrastivo es un punto de partida importante para que el lector pueda recapacitar a partir de su propia experiencia en su lengua materna, en el caso de que no haya tenido muchas oportunidades de poder hacerlo en español.

Cada capítulo incluye una serie de secciones que se detallan a continuación:

Para situarse: esta sección inicial consta de una actividad breve de precalentamiento cuyo objetivo es dirigir la atención del lector al tema principal que se va a tratar en el capítulo.

Para comunicarse en español: estas breves secciones, repartidas a lo largo de cada uno de los capítulos, presentan ideas relacionadas con aspectos variados de la comunicación en español.

Para resumir: este apartado incluye un listado de conceptos y términos que recoge los elementos clave presentados en el capítulo.

Para practicar: esta sección contiene diferentes tipos de actividades prácticas que sirven para repasar los contenidos estudiados en el capítulo.

Para seguir reflexionando: las preguntas que se incluyen en esta sección se han diseñado con el fin de fomentar la discusión en clase.

Para investigar más: aquí se incluyen algunas referencias para el lector que quiera ampliar conocimiento o investigar sobre el tema en mayor profundidad.

Esperamos que este libro contribuya a que el lector novel en el tema de la pragmática no sólo tenga su primer contacto con esta disciplina, sino que también le sirva para despertar su curiosidad y le anime a seguir investigando y profundizando en el tema.

Agradecimientos

Quiero expresar mi agradecimiento a mis estudiantes de pragmática por haber sido la fuente de inspiración de este libro. Gracias también a Tim Shea y al equipo editorial de Yale University Press por haber confiado en el proyecto, y por último, a mi universidad por haberme concedido el año sabático para escribir el libro. — Derrin

Mi agradecimiento para todos los estudiantes de español del departamento de Lengua y Comunicación de la Universidad de East Anglia, que participaron en el curso de pragmática durante el semestre de otoño de 2012, por su gran entusiasmo y sus valiosos comentarios y sugerencias. Gracias a Roger Baines, director del departamento de Lengua y Comunicación de la misma universidad, por su apoyo, y a mi estimada compañera, Gabrina Pounds, por las valiosas charlas que mantuvimos sobre diferentes aspectos de la pragmática. — Carlos

Capítulo 1

Para abrir boca
La pragmática desde el principio

PARA SITUARSE

A veces cuando se trata del uso del lenguaje, se puede distinguir entre lo gramaticalmente correcto y lo socialmente apropiado. En la pragmática, en vez de estudiar lo que es o no es gramaticalmente correcto, puede interesar la distinción entre lo apropiado y lo inapropiado. Sin embargo, ¿cómo se determina si una palabra, frase o expresión es apropiada o no? ¿De qué tipo de factores depende? Cuando Ud. habla inglés, por ejemplo, ¿cree que es fácil hacer una distinción entre lo apropiado y lo inapropiado?

David González de Pablos

¿QUÉ ES LA PRAGMÁTICA?

Generalmente considerada como un subcampo de la lingüística, la **pragmática***
es un área de estudio interdisciplinar que incorpora conceptos y planteamientos
teóricos de varias ciencias sociales como la filosofía, la sociología, la antropología
y la comunicación. Debido a su carácter híbrido, no es fácil definir en qué consiste
la pragmática. En primer lugar, es un tema complicado para un curso introductorio
porque normalmente se define especificando lo que no es y analizando cómo se
contrasta con otros campos lingüísticos como la semántica. Sin embargo, si uno no
tiene un entendimiento general de lo que es la lingüística, este tipo de explicación
contrastiva no ofrece información útil. En segundo lugar, precisar los límites de la
pragmática resulta complejo porque existen perspectivas diferentes entre los ex-
pertos que trabajan en el campo. A pesar de las complicaciones y de las posibles
discrepancias, se van a ver algunas definiciones de la pragmática:

- ◆ "La pragmática es la disciplina lingüística que estudia cómo los seres
  humanos interpretamos enunciados en contexto". (Reyes 1994: 17)
- ◆ "Se entiende por pragmática el estudio de los principios que regulan el
  uso del lenguaje en la comunicación, es decir, las condiciones que determinan tanto el empleo de un enunciado concreto por parte de un
  hablante concreto en una situación comunicativa concreta, como su interpretación por parte del destinatario". (Escandell Vidal 2002: 13–14)
- ◆ La pragmática se centra en "aquellos aspectos del significado que no
  se pueden predecir por medio del conocimiento lingüístico exclusivamente y, a su vez, tiene en cuenta el conocimiento del mundo físico y
  social". (Stilwell Peccei 1999: 2)

Estas tres definiciones dan mucho que pensar. Primero, se debe tratar de entender los términos que estos autores utilizan porque, como todas las ciencias
sociales, la pragmática viene acompañada de su propia terminología. Uno de los
conceptos más utilizados en la pragmática es el **enunciado**. Un enunciado es parecido a una oración, pero una oración es independiente del **contexto**, mientras que
un enunciado siempre depende del contexto porque sucede en una situación concreta. Considere los siguientes ejemplos:

---

* Las palabras en negrilla se definen en el glosario al final del libro.

1) *California está en los Estados Unidos.*
2) *Yo vivo en los Estados Unidos.*

Para empezar, se podría decir que tanto (1) como (2) son oraciones. Con frecuencia, los profesores dan ejemplos de este tipo en clases de lengua para ilustrar algún punto gramatical a los estudiantes, como el de la concordancia verbal (*California está, yo vivo*). En tales casos, se entiende que el significado de la oración es secundario e incluso es aceptable cuando se trabaja con oraciones que tienen significados absurdos. Sin embargo, en los ejemplos (1) y (2) se percibe que uno de ellos no tiene un significado completo porque, para comprenderlo en su totalidad, se necesita información más detallada del contexto. La falta de información detallada tiene que ver con el uso de *yo* en (2) porque si cien personas diferentes dijeran *yo vivo en los Estados Unidos,* habría cien significados diferentes; cien individuos afirmando que cada uno vive en los Estados Unidos. No obstante, si cien personas diferentes dijeran *California está en los Estados Unidos,* el significado no cambiaría. El ejemplo (2) muestra de forma clara por qué es importante contextualizar las oraciones y proporcionar información de una situación concreta y de personas concretas. Entonces, hasta cierto punto se podría decir que un enunciado es una oración en una situación específica y con personas identificables.

Según la perspectiva de la pragmática, los seres humanos se comunican anclados a un contexto específico, y además, para entender lo que dicen, frecuentemente se requiere información de este contexto. De acuerdo con la primera definición de Reyes, la pragmática estudia *cómo los seres humanos interpretamos enunciados en contexto.* En la segunda definición se incluye la idea del *uso del lenguaje en la comunicación,* y hay varias referencias a la importancia de lo *concreto* (enunciado concreto, hablante concreto y situación concreta) porque si algo es concreto, se supone que tiene un contexto específico.

Otra diferencia entre oración y enunciado está relacionada con la estructura. Una oración obedece a un criterio gramatical mediante el cual se debe incluir, como mínimo, un componente: un verbo más un sujeto de forma explícita o implícita. Consecuentemente, tanto *Yolanda estudia* como el mandato ¡*Estudia!* son oraciones. Sin embargo, aunque normalmente no se diría que un adverbio solo, como *dentro,* pudiera funcionar como una oración, no es difícil imaginar una conversación como la de (3):

3) En un restaurante con patio:
   CAMARERO: *¿Quiere Ud. una mesa dentro o fuera?*
   CLIENTE: *Dentro.*

Dado que *dentro* realiza una **función comunicativa** en el contexto (es decir, el cliente contesta la pregunta y comunica el deseo de querer comer dentro), se puede concluir que es un enunciado. Cuando se estudian los enunciados, generalmente interesa saber cuál es la función que una oración o una palabra realizan y cómo los **interlocutores** utilizan el lenguaje para comunicar lo que quieren expresar. Tendría sentido decir que cada oración puede ser un enunciado, pero no al revés, ya que hay enunciados que no cumplen con la estructura gramatical de una oración.

Un objetivo fundamental de la pragmática es investigar la relación que hay entre el significado y el contexto. Por eso, la pragmática se ocupa del *uso* del lenguaje y no únicamente del *lenguaje,* porque el lenguaje (palabras y oraciones), en el sentido más restringido de la palabra, se puede estudiar sin tener en cuenta el contexto. Ésta sería una de las diferencias entre la gramática y la pragmática; son perspectivas diferentes, con distintos objetivos.

Otros dos conceptos que han aparecido en las definiciones de pragmática, que se incluyen al comienzo de este apartado, y que también están directamente relacionados con el uso de la lengua son: hablante-oyente y emisor-receptor/destinatario. Los roles que se asocian con la producción son el de hablante y el de **emisor** y aunque es cierto que a veces se emplean indistintamente, es importante tener en cuenta las diferencias (Escandell Vidal 2002). Denominamos **hablantes** a todas las personas que tienen la capacidad de hablar, independientemente de la situación (si uno está hablando o no), y de la lengua que utilicen. Por el contrario, empleamos la palabra **emisor** para aquellas personas que emiten un mensaje en un acto de comunicación determinado. Algo similar ocurre con los conceptos de **oyente** y **receptor;** el oyente es simplemente la persona que tiene la "capacidad abstracta de comprender un determinado código lingüístico" (Escandell Vidal 2002: 27), mientras que el receptor es la persona que recibe el mensaje en un acto de comunicación. Para ejemplificar estos conceptos, se puede reflexionar a partir del ejemplo (3) e intentar establecer si el camarero y el cliente son emisores y receptores y/o hablantes y oyentes. Ambos son emisores cuando emiten sus respectivos mensajes y receptores cuando los reciben, sin embargo, si en vez de conversar estuvieran en silencio, serían exclusivamente hablantes y oyentes ya que no estarían haciendo uso de la palabra o llevando a cabo un acto de comunicación.

Ahora sólo queda por explicar el concepto de **destinatario.** Por lo general, tanto receptor como destinatario se refieren a la persona que recibe el mensaje producido por el emisor. Sin embargo, alguien puede recibir mensajes sin ser el receptor intencionado. Imagine que usted está haciendo cola para ir al cine, y mientras espera, dos amigos están hablando de la película en cuestión. Usted podría fácilmente oír, e incluso seguir, la conversación ajena, sin ser partícipe en ella.

En tal caso, sería receptor por ser recibidor del mensaje, pero como los amigos no tienen la intención de dirigirle su mensaje, usted no sería el destinatario. Por lo tanto, el factor que distingue al destinatario del receptor es que el primero se reserva para la persona a la que el emisor pretende comunicar su mensaje. Hecha esta distinción, queremos aclarar que, en este libro, empleamos los conceptos de receptor y destinatario como sinónimos excepto cuando el objetivo es realizar la distinción entre ambos por algún motivo específico.

PARA COMUNICARSE EN ESPAÑOL

Igual que en inglés, el adjetivo *pragmático* existe en español como sinónimo de *práctico*. Sin embargo, también puede emplearse para el nombre de los lingüistas que trabajan en el campo de la pragmática. El título de este libro, *Seamos pragmáticos*, refleja un intento de jugar con los dos significados de la palabra.

1.1 LA GRAMÁTICA Y LA PRAGMÁTICA

Reflexione sobre los siguientes ejemplos:

4) *Esta clase son difícil.* [Generalmente se usa un asterisco para indicar que una oración no es **gramatical**].
5) *Dame un vaso de agua.*

Si piensa solamente en términos gramaticales o estructurales, una de estas oraciones es **gramatical** y otra es **agramatical**. El ejemplo (4) es agramatical puesto que hay un error de concordancia entre el sujeto y el verbo y es, por lo tanto, un asunto claramente gramatical. Tal y como ocurría en el ejemplo (2), el principal problema en (5) es la falta de contexto y la ausencia de información sobre los **interlocutores,** el término que usamos para las personas que participan en un acto de comunicación. Es decir, no se sabe quién es el emisor ni a quién está dirigido el enunciado. Para explorar lo importante que es tener acceso a los detalles contextuales de un enunciado, fíjese en (5).

Imagine que una estudiante le pregunta a su profesor de español lo siguiente: *¿Es correcto decir 'dame un vaso de agua'?* Es probable que le responda que es una oración gramaticalmente correcta, pero que, en algunos contextos, el mandato *dame* puede parecer excesivamente directo o brusco.

Cuando se habla en términos de lo apropiado o lo adecuado en una lengua, es una cuestión pragmática porque, para saber si un enunciado es apropiado o no, hay que tener en cuenta ciertos elementos del contexto (Ej. ¿Quiénes son los interlocutores? ¿Qué tipo de relación existe entre ellos?), como se estudiará en el capítulo 3. En español, por ejemplo, el hecho de decidir entre el uso de *tú* o *usted* es una cuestión pragmática y no gramatical. Si no se conjuga bien el verbo, como en el caso de *Tú es...*, el problema es entonces gramatical. En cambio, uno de los objetivos de la pragmática es explorar, determinar y explicar por qué los enunciados son apropiados o no.

Aunque la diferencia entre gramática y pragmática parece evidente, a veces no es fácil separar los dos conceptos. Se puede pensar en un ejemplo en el que hay que considerar el contexto de una oración para determinar si de verdad es gramatical o no. Ya que el contexto puede afectar la gramaticalidad de una oración (o de un enunciado), la pragmática y la gramática no son completamente separables. Considere la siguiente oración:

6) *Quiero ir.*

Se debería poder reconocer (6) como una oración que está bien formada. Ya se sabe que en español no es necesario usar el pronombre de sujeto, en este caso *yo*, porque la forma verbal *quiero* indica quién es el sujeto. En el 95 por ciento de los casos, *Quiero ir* sería una oración gramatical. Ahora, observe un ejemplo contextualizado:

7) Un padre pregunta a sus tres hijos:
   PADRE: *¿Quién quiere ir a la playa?*
   PABLITO: *#Quiero ir.* [El símbolo # se usa para mostrar que un enunciado no es apropiado para el contexto].

En (7) hay un contexto en el que un padre hace una pregunta a sus hijos. Es una pregunta mediante la que se pide una información específica (*quién*), por lo que la respuesta debería ofrecer este elemento informativo. Como Pablito no transmite esta información de forma explícita, su respuesta no se ajusta a la pregunta. Es decir, para que la respuesta incluya la información solicitada, Pablito tendría que decir <u>Yo</u> *quiero ir*. El siguiente ejemplo es otro que muestra la importancia del contexto:

8) *Necesito verla.*

Estrictamente hablando la oración en (8) es gramaticalmente correcta, sin embargo fíjese en la importancia que tiene el contexto en los siguientes ejemplos:

9) ENRIQUE: *¿Por qué estás buscando a Mario?*
   WENDY: **Necesito verla.*
10) ENRIQUE: *¿Por qué estás buscando a María?*
    WENDY: *Necesito verla.*

En (9), es evidente que *Necesito verla* es agramatical porque *Mario* es masculino, y por lo tanto Wendy debería usar *lo*. En (10), *Necesito verla* es gramatical porque se entiende que *la* se refiere a *María* y es el nombre de una mujer.

Los ejemplos de (6) a (10) ayudan a resaltar la importancia que el contexto tiene a la hora de determinar la gramaticalidad de una oración. Esto significa que cuando uno habla, piensa constantemente en el contexto para construir estructuras gramaticales. En realidad, la gramática y la pragmática ofrecen dos perspectivas diferentes que se pueden aplicar para estudiar el lenguaje, y una de las aportaciones más significativas de la pragmática es enfatizar que el lenguaje real no ocurre en un vacío.

PARA COMUNICARSE EN ESPAÑOL

En este capítulo se usa varias veces el adjetivo *concreto*. Curiosamente, además del adjetivo en español también existe el verbo *concretar*, el cual significa "to specify, limit or state explicitly". Por ejemplo, es común hablar de *concretar planes* o de *concretar una fecha*.

1.2 ¿POR QUÉ ESTUDIAR LA PRAGMÁTICA?

Todos los seres humanos pueden llegar a dominar su lengua materna sin ser conscientes de cómo funciona la gramática. Por eso hay que distinguir primero entre usar el lenguaje y reflexionar de forma crítica sobre su estructura y su uso. Para poner un ejemplo básico, cualquier anglohablante sabría decir algo como "My sister and I gave our father the present", pero no todos podrían identificar correctamente cada uno de los componentes y explicar que "our father" es el objeto indirecto, "the present" es el objeto directo, "our" un adjetivo posesivo, etc. Y seguramente casi ninguno sabría explicar por qué se dice "my sister and I" y nunca "I and my sister".

PARA COMUNICARSE EN ESPAÑOL

Aunque no sea una regla estrictamente gramatical, no se usa el orden "I and my sister" o "I and my friend", sino "my sister and I" y "my friend and I". Lo mismo sucede en español donde sólo se utiliza *mi hermana y yo* o *mi amigo y yo* y nunca al revés. Se supone que esta regla o norma obedece al principio de modestia, el cual estipula que uno siempre debe colocarse a sí mismo, mediante el uso del pronombre *yo,* al final y no al principio de este tipo de construcciones con el objetivo de ser modesto.

Piense en otro caso paralelo relacionado con el mundo biológico. Todos los seres humanos tienen órganos (el corazón, el hígado, los riñones, etc.) que funcionan bien por sí solos, y la mayoría de ellos, si no ha estudiado biología o medicina, no sabe necesariamente cómo funcionan. Entonces, aunque todos saben cómo usar el lenguaje para cumplir con sus necesidades cotidianas, su grado de conciencia como usuarios de la lengua es básico, incompleto y, en gran parte, limitado a nociones estereotípicas y mal formadas. Por ese motivo, estudiar la pragmática y la lingüística en general ayuda a profundizar en la lengua que uno habla y a cuestionar de forma crítica diversos aspectos de la misma.

Estudiar la pragmática también hace que uno sea más consciente de su **competencia pragmática,** la capacidad para usar el lenguaje en una variedad de situaciones con éxito y eficacia. Según Cohen (2010: 3–4), se puede explicar una competencia pragmática del siguiente modo: como oyentes debemos interpretar lo que nos dicen, lo que no nos dicen y lo que se comunica de forma no verbal. La competencia pragmática permite deducir las intenciones del emisor. Por ejemplo, si un amigo comenta a alguien que le encantan sus zapatos, al menos en la mayoría de los casos uno es capaz de intuir cuál es el objetivo de su comentario (ser amable, cariñoso, chistoso, provocativo, hostil, etc.). Tanto los lectores como los oyentes deben hacer lo mismo con el lenguaje escrito, aunque el proceso, el medio y los recursos son diferentes. Los hablantes y los escritores, por su parte, necesitan saber cómo expresar lo que quieren comunicar, no sólo desde el punto de vista formal (la corrección gramatical), sino también desde la perspectiva del uso de la lengua (la corrección pragmática). Es conveniente saber, por ejemplo, cómo evitar expresar lo que uno no quiere decir o cómo prever cuáles pueden ser las consecuencias de lo que se expresa. Uno de los elementos que Cohen enfatiza es el hecho de que una gran parte de lo que la gente desea comunicar se transmite de forma indirecta (mediante el lenguaje indirecto, la **entonación**, el **lenguaje corporal**, etc.). Por lo tanto, poseer una competencia pragmática también implica ser competente en la expresión e interpretación de significados indirectos.

Por último, estudiar la pragmática española puede contribuir a que uno sea más consciente de las diferencias que puede haber entre el inglés y el español, como las pautas diferentes que existen con respecto a las normas de **cortesía** verbal. Es inevitable emplear en una segunda lengua los mismos hábitos lingüísticos que usamos en nuestra lengua materna, sin darnos cuenta de lo que estamos haciendo, y esto es lo que se conoce como **transferencia lingüística**. Del mismo modo que existen pautas culturales para el comportamiento social, las cuales indican si es apropiado o no dar la mano, dar besos o abrazos, mantener el contacto visual, acercarse a los demás durante una conversación, etc., hay que saber cuáles son las **convenciones lingüísticas** establecidas en cada comunidad de habla. Es decir, según las normas de la cultura en cuestión, ¿qué es lo que se consideraría apropiado? ¿Qué diría un hablante nativo en esta situación? Ésta es una de las preguntas claves de la pragmática.

PARA COMUNICARSE EN ESPAÑOL

Para los estudiantes anglohablantes del español, es fácil confundir los términos *lengua* y *lenguaje* porque los dos significan "language". De todas formas, *lengua* y *lenguaje* no son intercambiables en la mayoría de los contextos. La palabra *lengua* es un sinónimo de *idioma* y se usa sobre todo para referirse a las lenguas del mundo (el español, el inglés, el japonés, etc.), aunque también uno puede hablar en términos generales de una *lengua materna* o de *estudiar una segunda lengua*. En cambio, la palabra *lenguaje* se refiere a la capacidad que tiene el ser humano para el habla o a diferentes formas de expresión (*lenguaje corporal, lenguaje oral, lenguaje informal, lenguaje literario*, etc.).

PARA RESUMIR

En este capítulo se han incluido las siguientes ideas:

◆ La definición del concepto de pragmática y su diferenciación con la gramática.

◆ La distinción entre oración y enunciado.

◆ Los conceptos de emisor, receptor y destinatario.

◆ Los motivos por lo que un aprendiz de lenguas debe estudiar pragmática.

PARA PRACTICAR

1. Escoja las palabras o expresiones que estén relacionadas con el concepto de pragmática y justifique su respuesta.

descontextualizar	función comunicativa	significado indirecto
receptor	oyente	conocimiento del mundo
hablante	oración	concordancia de número
emisor	conjugación verbal	enunciado

2. Pensando en la idea de *enunciado* en vez de *oración,* trate de imaginar un contexto (con un diálogo) para que los siguientes elementos funcionen como enunciados:

abajo	el segundo	tarde	y

3. ¿Qué ejemplos se prestan a ser estudiados como oraciones, independientes del contexto, o enunciados, dependientes del contexto?

  a. *Roma está en Italia.*

  b. *Tú comerás las espinacas.*

  c. *Cecilia lo prepara así.*

  d. *El estudiante no tiene pelo.*

  e. *Ven aquí.*

  f. *Ya se lo dije.*

4. Determine si la siguiente frase es <u>más</u> (+) o <u>menos</u> (−) apropiada en cada contexto. Explique cuáles son los factores importantes en su decisión.

  • *Ayúdame con esto.*

  a. Si lo dice un jefe a su empleado en el trabajo.

  b. Si lo dice un bombero a otro durante un incendio.

   c. Si lo dice una mujer a su marido mientras prepara la cena.

   d. Si lo dice una niña de siete años a su madre.

   e. Si lo dice un estudiante universitario a su profesora.

   f. Si lo dice una enfermera a un médico durante una consulta.

   g. Si lo dice un pasajero a otro, un desconocido de la misma edad, en un tren.

5. Paula llama a su amigo, Jaime, y le pregunta lo siguiente:

   • *Hola, Jaime. Te llamo porque <u>quería</u> preguntarte si me <u>podías</u> hacer un favor.*
   ¿Por qué usa el pasado cuando el contexto es presente? ¿Puede pensar en alguna explicación lógica? ¿Qué implicaciones hay para la gramática y la pragmática?

6. ¿Cómo se puede explicar la diferencia entre estos dos enunciados? ¿Qué elementos del contexto son necesarios para saber cuándo es apropiado usar (a) en vez de (b) y viceversa?

   a. *¿Vienes al concierto?*

   b. *¿Vas al concierto?*

PARA SEGUIR REFLEXIONANDO

1. a. Para algunos tipos de comunicación, el receptor está físicamente presente, pero para otros tipos, no lo está. ¿Puede pensar en ejemplos de los dos casos?

   b. ¿Qué elementos faltan para el emisor cuando el receptor <u>no</u> está presente y cuáles son algunas consecuencias en estas situaciones?

2. Generalmente durante una conversación entre dos o más personas, los roles del emisor y del receptor se alternan, pero no siempre. Considerando tanto el lenguaje oral como el escrito, ¿en qué tipos de comunicación <u>no</u> cambian los roles?

3. En las clases de lengua, con frecuencia los profesores quieren que los estudiantes usen oraciones completas cuando escriben y cuando hablan. ¿A Ud. le parece una buena idea? Justifique su respuesta.

4. En este capítulo se ha visto que incluso una sola palabra puede ser un enunciado si realiza una función comunicativa. Aunque no es una palabra, ¿qué opina de una tos? ¿Podría, en algunos casos especiales, ser un enunciado? ¿Y un estornudo? Explique en detalle y dé ejemplos.

5. Como se ha mencionado en este capítulo, saber cuándo usar *tú* (o *vos*) y *usted* con su interlocutor es una cuestión relacionada con la pragmática. ¿Cuáles son algunos factores importantes para decidir el uso apropiado de estos pronombres?

6. Piense en las normas de conversación en su país. ¿Cuándo cree que el silencio puede ser inapropiado? ¿Cuándo es apropiado? ¿Ha observado diferencias culturales con respecto al silencio entre la cultura anglosajona y cualquier otra cultura?

7. Como estudiante de español, indique qué ventajas tiene para Ud. el estudio y el análisis de los componentes pragmáticos de una lengua.

PARA INVESTIGAR MÁS

Escandell Vidal, María Victoria. 2002. *Introducción a la pragmática* (capítulo 1). Barcelona: Ariel.

Grundy, Peter. 2008. *Doing Pragmatics* (capítulo 1). London: Hodder Education.

Levinson, Stephen. 1983. *Pragmatics* (capítulo 1). Cambridge: Cambridge University Press.

Capítulo 2

Las palabras no mienten
El significado

PARA SITUARSE

El significado es uno de esos conceptos familiares que parece muy evidente, pero que, en realidad, es difícil de explicar, incluso para los lingüistas. A pesar de la complejidad del concepto, ¿cómo definiría Ud. el significado? ¿Puede haber significado sin palabras? Por último, ¿es cierto, como se implica en el título de este capítulo, que las palabras no mienten?

Estoy en mi oficina terminando el informe.

David González de Pablos

El concepto de *significado*, y del verbo *significar*, ha sido una fuente de debate durante siglos, y todo indica que el interés en el tema no va a disminuir en el futuro. Los diccionarios suelen definir el significado como *el sentido de las palabras* o algo parecido, pero no es del todo satisfactorio puesto que hay que explicar qué significa *el sentido* y cómo las palabras pueden poseer o evocar sentido. Otra cuestión que surge ante este tipo de definición es que, además de proponer que las palabras son entidades que *poseen sentido,* implica que tienen un significado preciso y estable con el que todos estamos de acuerdo. En realidad, determinar el significado de una palabra no es un asunto sencillo; prueba de ello son los políticos y abogados que discuten vigorosamente sobre el significado exacto de ciertas palabras, sobre todo cuando se trata de consecuencias políticas o legales muy serias. Por ejemplo, si en el ámbito político se argumenta sobre el significado de palabras como *genocidio, tortura* y *recesión* es porque puede haber implicaciones graves cuando una determinada acción se denomina *genocidio* o *tortura,* o cuando se declara oficialmente que la economía de un país se encuentra en un estado de *recesión.* Estas discusiones ayudan a recordar que el significado de una palabra no es idéntico para todos, ni constante en el tiempo, sino un fenómeno maleable y negociable, abierto tanto a la interpretación como a la manipulación.

En inglés, el verbo "to mean" y el sustantivo "meaning" pueden abarcar una multitud de significados en el lenguaje cotidiano. En su libro *The Meaning of Meaning,* Ogden y Richards (1923) incluyen hasta dieciséis significados asociados con "meaning" en inglés. Aunque para hablar del significado es inevitable entrar en el terreno filosófico, el estudio del significado dentro de la lingüística generalmente forma parte de la **semántica.** Ya que la semántica es un campo de la lingüística aparte, el objetivo principal de este capítulo no es profundizar en la gran variedad de teorías que se han propuesto para investigar el significado. Dentro de la pragmática, los temas relacionados con el significado que más se estudian son, como ya se ha adelantado en el capítulo anterior, los que implican dependencia del contexto, lo cual abarca la utilización de los enunciados y la función que dichos enunciados realizan en el discurso. En cambio, dentro de la semántica se examina el significado en términos más abstractos, con menos énfasis en el contexto, el uso y la interacción.

Una forma ingenua de entender el significado en la vida cotidiana es consultar el diccionario y afirmar que una palabra como *gato* significa "mamífero carnívoro doméstico con cuatro patas cortas armadas de uñas fuertes, agudas y retráctiles" (*Diccionario Espasa Escolar,* 1997). Sin embargo, aquí se observa la parte circular del significado; es decir, que cuando se busca el significado de una palabra, el diccio-

©Miguel Brieva

PRECAUCIÓN: LETRAS

LA COMBINACIÓN DE DOS O MÁS DE ELLAS PUEDE LLEGAR A TENER SIGNIFICADO

nario define la palabra con otras palabras, entonces uno nunca se puede escapar de la red del lenguaje. En la semántica se intenta conceptualizar el significado de una forma más rigorosa. Por ejemplo, según la teoría de la referencia (Kempson 1977), se diría que un sustantivo como *gato* tiene como **referente** al propio animal en el mundo real, o potencialmente, a toda la clase de *gatos* que existe. De acuerdo con esta perspectiva, el referente alude a "las entidades a las que una expresión se refiere" (Jaszczolt 2002: 8), de modo que se podría usar el adjetivo *azul* para referirse a todos los objetos que tengan las características del *azul* o el adverbio *lentamente* para referirse a todas las acciones que tengan la característica de *ser lento*. Curiosamente, también hay palabras que denotan objetos imaginarios que no existen en el mundo real, como *dragón*, pero aun así son referentes que se encuentran en la consciencia colectiva de una cultura determinada. Quizás es más difícil pensar en referentes para las palabras gramaticales, como lo que sucede con las preposiciones (*de, con, para*, etc.) y los artículos (*el, la, un, uno*). Uno se podría preguntar, por ejemplo, a qué se refieren *el* y *para* en *el regalo es para ti*. Además de la referencia, otra alternativa sería proponer que una palabra como *gato* evoca una imagen en el cerebro, un acercamiento que se llama la *teoría de la imagen*, pero este método también presenta sus propias dificultades (Kempson 1977). No requiere mucho esfuerzo pensar en palabras que no evocan imágenes, como las mismas palabras gramaticales previamente mencionadas y las palabras que designan conceptos abstractos (Ej. *la felicidad, el odio, el éxito*, etc.), los cuales no comprenden necesariamente una imagen correspondiente.

Otra posibilidad para tratar de entender el significado sin caer en la tentación de utilizar una definición mediante más palabras es decir que *gato* significa el conjunto de varios componentes primitivos o **rasgos semánticos** no lingüísticos, como [ANIMAL] + [DOMÉSTICO] + [PEQUEÑO] + etc. El objetivo de llevar esto a cabo es poder definir todas las palabras de una lengua con un número limitado de componentes o rasgos, pero uno de los inconvenientes de este tipo de conceptualización es que no está claro cómo estos componentes primitivos se diferencian de las propias palabras (Kempson 1977).

En suma, se han propuesto varias teorías que intentan explicar cómo funciona el significado, y cada una, cuando se estudia detalladamente, ofrece un aspecto valioso que ayuda a entender qué significa *significar*. De modo similar, no se debe olvidar que el significado no es exclusivamente un fenómeno lingüístico. Aparte del lenguaje, también existen objetos en el mundo que *significan algo,* en el sentido simbólico, como las señales de tráfico o ciertos elementos de la naturaleza. Por eso, se entiende que un semáforo en rojo *significa* parar (Palmer 1981) o que el humo *significa* que hay fuego. El estudio de esta clase de fenómeno se investiga en el campo de la **semiótica**.

Cuando se estudia una lengua extranjera es inevitable conceptualizar el significado en términos de equivalencias o no entre dos lenguas. De modo que cuando uno aprende una palabra nueva, como *árbol,* trata de recordar que su significado en inglés es "tree" y así, poco a poco, va aumentando su vocabulario. Sin embargo, la estrategia de buscar equivalencias entre dos lenguas se complica, como bien saben los estudiantes de español que pasan años esforzándose para entender la falta de simetría entre algunos verbos en inglés, como "to know" o "to be", y sus equivalencias duales en español (*conocer/saber; ser/estar*). Otra ausencia de simetría surge cuando se encuentra una palabra en una lengua que no corresponde con ningún equivalente en la otra lengua. No es difícil pensar en palabras como "sexy" en inglés que se traspasan tal cual al español por falta de un término idéntico propio del español. Otra manifestación del mismo fenómeno son los llamados verbos auxiliares "will" ("I will eat") o "would" ("you would eat"); sus equivalencias en español no corresponden al uso de una sola palabra, sino a una terminación verbal, como la –é en *comeré* o –ías en *comerías*.

Dentro del campo de la semántica es común estudiar las diversas relaciones que puede haber entre palabras y oraciones, empezando con algunas ideas tan básicas como los sinónimos y los antónimos. De hecho, al contrario de lo que se suele aprender en el colegio, algunos lingüistas proponen que los sinónimos absolutos en una lengua no existen. Según esta perspectiva, dos palabras parecidas como *alegre* y *feliz* no pueden significar exactamente lo mismo porque las lenguas son sistemas eficientes que procuran eliminar la redundancia. Para que dos palabras sean sinónimos absolutos, hace falta que sean intercambiables en todos los contextos, sin que se altere el significado. En el caso de *alegre* y *feliz*, es fácil pensar en ejemplos; se dice *feliz cumpleaños,* pero nadie diría *alegre cumpleaños.* Del mismo modo, se habla de *colores alegres,* pero no de *colores felices.* Cuando se dice que los sinónimos absolutos deben ser intercambiables en todos los contextos, esto implica también que las dos palabras deben usarse dentro del mismo registro, una variedad de habla condicionada por el tema (la política, los deportes, el clima, etc.), la situación y los interlocutores (Brown y Attardo 2000). Por ejemplo, en un libro de ciencias se puede usar *óxido de hidrógeno* en vez de *agua,* pero, aunque es gramaticalmente correcto, usted no preguntaría a un amigo si quiere un vaso de óxido de hidrógeno. En inglés, "teenager" y "adolescent" son dos palabras similares, pero "adolescent" tiende a usarse en contextos más formales, por lo cual no son sinónimos absolutos. Por último, es importante recordar que dos palabras que se usan en dialectos diferentes, como *conducir* (España) y *manejar* (Latinoamérica), no cuentan como sinónimos absolutos porque se usan en lugares diferentes, igual que palabras como "elevator" y "lift" en inglés.

A veces, lo que distingue a una palabra de otra pueden ser las asociaciones adicionales que tienen. Las asociaciones que una palabra evoca en nosotros se denomina **significado connotativo** (o **connotación**), el cual se diferencia del **significado denotativo** (o **denotación**), el significado más elemental y objetivo. Palmer (1981) menciona el ejemplo de *cerdo,* con el significado denotativo de *animal de cuatro patas,* etc., y la connotación de *sucio.* El significado connotativo puede variar según el individuo y también puede incluir ideas culturales. Para ejemplificar estos conceptos en relación con los sinónimos, se puede pensar en el caso de las palabras *hombre* y *caballero.* Mientras que las dos palabras denotan lo mismo, *un ser humano de sexo masculino,* el término *caballero* también connota imágenes adicionales de *buenos modales, cortesía, refinamiento, educación,* etc.

Igual que no hay sinónimos absolutos en una lengua, tampoco es probable que dos oraciones sean exactamente idénticas, como se muestra en (1) y (2):

1) *Cervantes escribió el libro* Don Quijote.
2) *El libro* Don Quijote *fue escrito por Cervantes.*

Aunque (1) y (2) son muy parecidos, no son idénticos porque (1) se refiere a lo *que hizo Cervantes* y (2) se centra en *quién escribió el libro.* Se dice que la diferencia tiene que ver con el enfoque de la oración. Esta idea se aproxima un poco más al estudio de la pragmática porque, para saber cuál es la mejor opción, se debe pensar en el contexto. Por eso, alterar el orden de las palabras en una oración (o en un enunciado) es una cuestión pragmática. Compare las siguientes oraciones:

3) *Santiago es la capital de Chile.*
4) *La capital de Chile es Santiago.*

Suponga que Roberto, un niño chileno, está escribiendo un párrafo autobiográfico para otro niño que no sabe nada de Chile. Roberto escribe: *Soy Roberto y tengo 9 años. Nací en Valdivia, pero ahora vivo en Santiago.* Dado este comienzo, se debería determinar qué opción, (3) o (4), es la más lógica para continuar la narración. Después de afirmar que él *vive en Santiago, Santiago* representa lo conocido, lo que se denomina el **tema**. Entonces tendría más sentido empezar la siguiente oración con el tema, *Santiago*, y luego añadir la información nueva, *es la capital de Chile*, lo que se designa como el **rema**. Siguiendo esta lógica, el (3) sería la opción preferida.

PARA COMUNICARSE EN ESPAÑOL

A veces los hablantes no nativos de español emplean *¿me entiendes?* para asegurarse de que su mensaje se ha comprendido. Sin embargo, existen otras formas de expresar lo mismo. Una de ellas es el verbo *explicarse*, el cual pone el énfasis en el emisor (*¿me explico?*) y no en el hecho de que el destinatario lo entienda.

2.1 EL SIGNIFICADO NO LITERAL

Como usuario del lenguaje, uno no es siempre consciente de la falta de claridad en la comunicación. Hay ocasiones en las que el emisor no quiere expresar lo que dice literalmente, cuando quiere expresar A pero dice B. Aquí es donde las palabras llegan a expresar un significado que va más allá de su significado literal y es una parte ordinaria de la comunicación, tan ordinaria que no se percibe. En este capítulo sólo se van a considerar dos tipos de significado no literal: las **expresiones idiomáticas** y el **uso metafórico** del lenguaje.

Con las expresiones idiomáticas, o **modismos**, el significado de la frase no equivale a la suma de los significados de cada palabra. Compare estos dos ejemplos:

5) *Estoy entre la mesa y la pared.*
6) *Estoy entre la espada y la pared.*

El ejemplo (5) no es un modismo; una persona puede entender lo que significa con tal de que entienda todas las palabras individuales. Sin embargo, para el (6) es posible entender todas las palabras y su significado literal, sin captar el significado idiomático. Su significado literal es "I'm between a sword and a wall", pero el equivalente de esta expresión en inglés es "I'm between a rock and a hard place". Una característica de los modismos es que, en muchos casos, no se pueden traducir directamente de una lengua a otra, e incluso suele haber diferencias entre las variedades de una misma lengua. Éste es otro caso donde no se puede hablar del significado en términos de equivalencias exactas entre idiomas. Como consecuencia, para comprender estas expresiones hay que aprenderlas como expresiones completas y no como la suma de significados de las palabras individuales. No obstante, hay una cantidad de modismos que se han extendido a múltiples lenguas; éste es el caso de la expresión *llevar la cruz*, la cual está relacionada con la historia bíblica de la crucifixión. Hoy día se encuentran formas semejantes de esta expresión en numerosas lenguas para articular la idea del autosacrificio (Teliya et al. 1998).

Los modismos muestran distintos grados de transparencia; uno puede imaginar lo que significan los más transparentes, incluso si nunca los ha escuchado antes. Por ejemplo, *llover a cántaros* significa "to rain buckets", y no requiere un gran esfuerzo cognitivo llegar a la conclusión de que significa *llover mucho*. En cambio, con un modismo como *ponerse las botas*, el significado literal de "put one's boots on" no tiene una conexión muy evidente con el significado de *enriquecerse o sacar provecho de algo*. Aunque los modismos como éste, originalmente, tienen algún vínculo cultural con las tradiciones, mitos, ritos, prácticas, etc., de una cultura, la explicación histórica tiende a perderse con el paso del tiempo, sobre todo si hace referencia a una práctica social o tradición que ha dejado de existir. En el caso de *ponerse las botas*, según Iribarren (1955), el significado idiomático parece estar relacionado con la idea anticuada de las botas como símbolo de la riqueza y de la clase adinerada, en comparación con los zapatos normales que se asociaban más con personas de posición económica humilde.

Aunque las expresiones idiomáticas pueden contener un elemento metafórico, el uso metafórico del lenguaje es un fenómeno aparte y de considerable extensión. Básicamente las metáforas implican que X tiene características de Y, como en *tus ojos son como el mar*. Esta es una metáfora muy explícita, sobre todo porque el uso de *como* nos advierte de que hay una comparación entre *tus ojos* y *el mar*. Sin embargo, el uso metafórico puede ser más sutil. Cuando se dice algo como *la ciudad está viva*, se está vinculando *una ciudad* a un ser vivo, igual que cuando se dice que *la computadora ha muerto*. En la mayoría de los casos la gente está tan acostumbrada al uso metafórico que pasa desapercibido.

En *Metaphors We Live By*, George Lakoff y Mark Johnson (1980) exploran cómo los conceptos metafóricos colorean la percepción de la realidad y la conceptualización del mundo sin que uno se dé cuenta. Por ejemplo, la idea metafórica de que *el amor es como un viaje* contamina la percepción que uno tiene del amor, o de las relaciones de pareja, y aparece en una variedad de expresiones como *esta relación no va a ninguna parte, ha sido un camino muy largo,* o en inglés, "we're stuck", "we can't turn back now", "we have to go our separate ways", etc. Otra metáfora extendida en la cultura occidental es la de *arriba es feliz/optimista* y *abajo es triste/pesimista*. Por eso existen expresiones como *caer en una depresión, estar/andar por los suelos, tener un bajón,* y en inglés, "to be feeling up/down", "things are looking up/down", "to lift one's spirits", etc. El trabajo de Lakoff y Johnson muestra cómo no se percibe el mundo con neutralidad; es decir, uno interpreta lo que observa según los esquemas metafóricos que ya tiene programados en la cabeza.

Una de las razones por la cual los modismos y las metáforas se estudian dentro de la pragmática es porque tienen dos niveles de significado, uno literal y otro no. En la mayoría de los casos, el hablante no crea estas expresiones de forma espontánea porque son convenciones lingüísticas que ya existen en la lengua; como tal, la comprensión de ellas no depende tanto del contexto. Para ilustrar esta idea piense en una metáfora convencional como *el tiempo vuela,* la cual se puede entender fuera de contexto. Aun así, la capacidad creativa de una persona le permite elaborar metáforas propias para una ocasión determinada. En algunas ocasiones, cuando uno bromea con sus amigos, inventa pseudo-insultos que se basan en el comportamiento de la persona. Por ejemplo, si uno tuviera un amigo que pasara el día entero sentado en el sofá mirando la tele, podría describirle como *un saco de cemento,* y por el contexto, es probable que se entienda la metáfora. Este vínculo indispensable entre el significado y el contexto alude al meollo de la pragmática y anticipa el enfoque donde se va centrar la atención de aquí en adelante.

2.2 EL SIGNIFICADO Y EL CONTEXTO

Hasta ahora este capítulo se ha limitado a presentar algunas ideas básicas respecto al significado de las palabras y las expresiones, pero, al poner más énfasis en la variable del contexto, se entra en otra dimensión del mundo del significado. Fíjese en las dos siguientes preguntas relacionadas con el verbo "to mean":

7) *What does the word 'foment' mean?*
8) MARÍA: *It's been a long day today.*
   JORGE: *What do you mean?*
   MARÍA: *I mean I'm tired and I want to go to bed.*

El (7) simplemente resalta el hecho poco novedoso de que se atribuyen significados a las palabras, pero en el (8) se ve que se extienden los límites del mundo del significado; Jorge le pregunta a María lo que *ella quiere decir*. En inglés resulta más evidente que el uso de "I mean, you mean, she means" etc. implica que es *la persona*, no las palabras, la que produce significado. Cuando Jorge pregunta "What do you mean?" en (8), muestra que puede haber una diferencia entre: a) lo que significan las palabras (el significado literal); b) lo que *quiere decir* el emisor (la **intención comunicativa** del emisor); y c) lo que *entiende* el receptor. Estas formas de significado son uno de los objetos del estudio de la pragmática. A veces, para distinguir entre (a) y (b), se usa el *significado de la oración* para el significado más literal y el *significado del enunciado* para lo que quiere decir el emisor en el contexto dado.

Uno de los aspectos más llamativos de estos tipos de significado, y especialmente de la dualidad entre lo que quiere decir el emisor y lo que entiende o no el receptor, es que la transmisión de significado es un proceso imperfecto. Jorge en (8) no capta la intención comunicativa de María cuando ella afirma que ha sido un día largo, pero lo más probable es que no haya sabido interpretar los elementos contextuales que pudieron haberle guiado hacia la interpretación correcta. ¿Qué detalles del contexto pueden ayudar a Jorge? Quizás María, justo cuando dice que ha sido un día largo, está sacando su pijama de la cómoda, algo que hace todas las noches antes de acostarse. O tal vez lo diga mientras sube las escaleras en dirección a su cuarto, indicando que ya se va a acostar. Otra posibilidad es que María lo diga mientras se estira y bosteza, una clara indicación de que tiene sueño. Con respecto a Jorge, en todos estos escenarios hipotéticos, es posible que el pobre chico esté distraído, más interesado en el partido de fútbol de la televisión que en interpretar la intención de María.

Ahora, fíjese en un ejemplo más claro de cómo el contexto puede influir en el significado, sin la necesidad de ejercer tanto la imaginación:

9) JAIME: *Voy al gimnasio. ¿Quieres ir conmigo?*
   NATALIA: *Me duele la cabeza.*

En (9) se entiende lo que quiere decir Natalia; le duele la cabeza y por eso no quiere ir al gimnasio. De todas formas, aunque uno está acostumbrado a interpretar este tipo de mensaje, es importante reconocer que Natalia expresa algo que va más allá del significado literal de las palabras. Además, es importante observar que el contexto facilita el proceso de interpretación de *me duele la cabeza*; es, sobre todo, la pregunta de Jaime lo que le permite a uno plantear las siguientes suposiciones:

a. Jaime va al gimnasio y le pregunta a Natalia si quiere ir con él.
b. Natalia no contesta con sí o no, pero dice que le duele la cabeza.
c. Vamos a suponer que Natalia está ofreciendo información relevante a la pregunta de Jaime (es decir, que ella está respondiendo a la pregunta).
d. Si una persona tiene dolor de cabeza, es lógico que no quiera ir al gimnasio.
e. Conclusión: Natalia no quiere ir al gimnasio con Jaime.

Para terminar con esta idea, compare el significado de *me duele la cabeza* que aparece en (9) con el mismo enunciado en (10):

10) MÉDICO: *¿Por qué ha venido hoy?*
    PACIENTE: *Me duele la cabeza.*

El contraste entre (9) y (10) muestra claramente como *me duele la cabeza* puede tener un significado transparente en (10) y otro ligeramente indirecto en (9), cuando el emisor quiere decir algo más allá de las palabras.

El ejemplo en (9) es representativo de una gran parte de la comunicación cotidiana; a menudo el significado no se expresa de forma explícita, por eso se habla del significado implícito. Esto quiere decir que, cuando uno se comunica, hay varios detalles elementales que no es necesario explicar porque forman parte del **conocimiento del mundo** (o *conocimiento común*) que uno tiene. Algunos de los pasos anteriormente mencionados, como el hecho de que "Si una persona tiene dolor de cabeza, es lógico que no quiera ir al gimnasio", forman parte del conocimiento del mundo. A veces son detalles tan elementales y redundantes que uno ni siquiera se da cuenta de que esta información es necesaria para la comprensión.

El siguiente ejemplo es un diálogo entre dos amigas, Tere y Lisa:

11) TERE: *Estás muy triste hoy.*
    LISA: *Pepe está en Roma otra vez.*

En este ejemplo, Tere expresa la observación de que Lisa parece triste. Lisa contesta que *Pepe está en Roma*. La respuesta de Lisa tiene sentido para ellas, pero para entenderla, Tere tiene que saber varios detalles sobre la vida de Lisa y la vida en general: a) Que Lisa tiene un novio que se llama Pepe; b) Que Lisa quiere mucho a Pepe; c) Que Pepe tiene un trabajo que le obliga a viajar a Roma; d) Que los novios pueden estar tristes cuando están separados, etc. Entonces Tere puede entender lo que quiere decir Lisa porque comparten cierta información, la cual se denomina **información de fondo** (o *de trasfondo*). Aunque la idea de *conocimiento común* y la de *información de fondo* se pueden solapar, el conocimiento común suele designar información general que, en teoría, todos los miembros de una **comunidad de habla** comparten, mientras que la información de fondo se reduce a grupos de personas y a situaciones más específicos. En realidad, sería imposible la comunicación si se tuviera que explicar toda la información de fondo o todo el conocimiento del mundo cada vez que uno hablara.

Es conveniente enfatizar que cuando se hace referencia al conocimiento común o al conocimiento del mundo, éstos también incluyen el conocimiento del propio lenguaje (Searle 1979). Si alguien dice en inglés "Nancy is on the phone", uno combina su conocimiento de cómo funciona el mundo con su conocimiento del inglés para entender que Nancy está hablando por teléfono y no que Nancy está físicamente encima del teléfono. Por lo contrario, si alguien dice "The cat is on the phone", uno entiende que el gato está físicamente encima del teléfono gracias a su entendimiento del mundo (y del inglés). Para considerar un ejemplo en español, piense en *voy a pasar por tu casa esta noche* frente a *voy a pasar por el túnel esta noche*. Un vez más, para entender lo que significa cada uno, hay que poseer conocimiento del español (para saber los diferentes significados de *pasar por*), y sentido común (uno puede *pasar a través de un túnel*, pero en contextos normales, uno no *pasa*, literalmente, *a través de la casa de un amigo* sino que *pasa a visitarlo, a recogerlo, a dejarle algo*, etc.).

PARA COMUNICARSE EN ESPAÑOL

Las expresiones en inglés, como "to be on the phone", no suelen traducirse directamente utilizando la preposición equivalente en español *en*. Por ejemplo, "on the phone" se traduce *al teléfono* (Ej. *Ana está al teléfono*); sin embargo, la traducción de "on vacation" es *de vacaciones* (Ej. *Ramón está de vacaciones*). Otras expresiones son: "to be on time" (*llegar a tiempo*), "to be on strike" (*estar de huelga*), "to be/go on a trip" (*estar/ir de viaje*), "to be on a diet" (*estar a dieta/régimen*) y "to be on duty/call" (*estar de guardia*). Estos ejemplos resaltan un área compleja y mucho más amplia para los aprendices anglohablantes del español con respecto al uso de las preposiciones. Se recomienda la utilización de un diccionario para comprobar el uso de las preposiciones correctas en este tipo de combinaciones. Una estrategia útil es partir de la suposición de que las preposiciones no van a ser directamente transferibles de una lengua a otra.

Otro ámbito del lenguaje que ejemplifica cómo el contexto contribuye al significado es cuando se trata de la ambigüedad, cuando un enunciado denota más de una interpretación posible. En español, el uso del pronombre de objeto indirecto puede causar ambigüedad con algunos verbos como *vender, comprar, robar, pedir*, entre otros. El siguiente ejemplo ilustra este tipo de ambigüedad:

12) ENRIQUE: *Ayer le compré dos boletos a Marta.*

Dado que (12) puede significar "I bought two tickets *for* Marta" o "I bought two tickets *from* Marta", el contexto generalmente proporciona pistas para guiar al receptor hacia la interpretación apropiada. Por ejemplo, podría ser parte del conocimiento común de los dos interlocutores que Enrique lleva tiempo buscando boletos para ver a su grupo favorito en vivo, entonces esta información sirve para apoyar la interpretación de "from Marta".

No es fácil determinar cuándo el significado es una cuestión pragmática, que involucra el significado en contexto, y cuándo no lo es. Cuando se habla del uso del lenguaje y de *crear significado* para comunicarse con otra persona, es probable que haya un elemento de la pragmática implicado. En una interacción comunicativa entre dos o más personas, el significado casi nunca es independiente del contexto. Incluso el significado de una pregunta tan básica como *¿cómo estás?* puede variar según la situación, desde un saludo sencillo entre colegas, el cual no requiere necesariamente una respuesta, hasta una verdadera pregunta de un médico que quiere averiguar el estado físico del paciente.

La comprensión conlleva un proceso de interpretación por parte del receptor, lo cual implica que las palabras no salen de la boca de una persona con un significado pleno. Según Escandell Vidal (2005: 11), el modelo clásico de la comunicación concibe el proceso como "un intercambio mecánico de mensajes", pero en realidad es algo mucho más dinámico y complejo. Para la comprensión, aparte de entender las palabras y las reglas de gramática que forman parte de un mensaje, se activa el conocimiento del mundo y cualquier información de fondo relevante, se desenredan casos de posible ambigüedad, se completan mentalmente enunciados parciales y se anticipan "hipótesis sobre las intenciones comunicativas del interlocutor y también sobre sus actitudes ante el mensaje transmitido" (15). Todos estos pasos representan ideas fundamentales de la pragmática que volverán a aparecer una y otra vez a lo largo del libro.

PARA RESUMIR

En este capítulo se han incluido las siguientes ideas:

- ◆ El concepto de significado y sus diferentes teorías.
- ◆ Los sinónimos absolutos y los significados denotativo y connotativo.
- ◆ El significado literal, las expresiones idiomáticas (o modismos) y el uso metafórico del lenguaje.

◆ El significado y el contexto: el querer decir, la intención comunicativa y el significado implícito.

◆ El conocimiento común y la información de fondo de los interlocutores.

PARA PRACTICAR

1. La falta de equivalencias simétricas: La palabra "get" en inglés. Incluso los estudiantes avanzados de español experimentan dificultades a la hora de expresar (en español) la multitud de significados de "get". Sin consultar un diccionario, ¿puede traducir estas frases al español? Puede haber varias opciones.

   a. "We both got sick last night".
   b. "I get tired when I read without glasses".
   c. "We got lost on our way here".
   d. "Get out of here".
   e. "Get a life".
   f. "Get organized".
   g. "Can you get the door?"
   h. "I'm getting behind schedule".
   i. "I need to get a new car".
   j. "We get confused in class".
   k. "I got dizzy yesterday on the boat".
   l. "She never got the chance to rest".
   m. "Can I get a ride?"

2. Trate de pensar en algunas connotaciones culturales (de cualquier cultura) para cada palabra. Luego determine hasta qué punto, en su opinión, el significado connotativo se confunde con el significado denotativo más básico.

el rojo	el blanco	la primavera	el otoño	el cuervo	el águila

3. Intente pensar en algunos sinónimos más o menos absolutos en español que sean intercambiables en casi todos los contextos.

4. Primero, sin consultar libros ni la Internet, procure pensar en siete modismos en inglés. Luego determine si Ud. sabe cómo se expresa cada uno en español.

5. Lea la siguiente invitación y las posibles respuestas:

- *¿Quieres ir al cine esta noche?*
a. *Tengo un examen importante mañana.*
b. *Tengo que trabajar.*
c. *Tengo que desayunar mañana.*
d. *Tengo que sacar la basura.*
e. *Salí a bailar anoche.*
f. *Ayer compré una batidora nueva.*
g. *Va a llover.*
h. *Se me han perdido las gafas.*
i. *Es muy caro.*
j. *Los Bulls van a jugar esta noche.*
k. *Siempre voy al gimnasio a las cinco de la mañana los sábados.*
l. *El hermano de Carla está muy enfermo.*

i. Decida cuáles son respuestas apropiadas y lógicas para rechazar la invitación.
ii. ¿Por qué algunas respuestas no tienen sentido?
iii. A partir del conocimiento del mundo ¿qué información puede ayudar a distinguir las respuestas apropiadas de las no apropiadas? ¿Y qué información contextual puede ser pertinente?

6. ¿Cómo puede cambiar el significado de la frase según el contexto?

- *Hace frío.*
a. Si uno lo lee en el periódico.
b. Si uno se lo dice a su padre durante la cena.
c. Si uno se lo dice a su amigo que va a salir sin chaqueta.
d. Si uno lo lee en un anuncio de abrigos de lana.
e. Si uno se lo dice a una amiga que quiere salir a cenar.

7. Explique primero qué significan las palabras subrayadas, y segundo, por qué se necesita el contexto para entenderlas.

a. FRAN: *No vuelvas muy tarde porque mañana tenemos que levantarnos temprano.*
   VERÓNICA (su esposa): *Sí, papá.*
b. PACO: *Hombre, me alegro de verte.*
   MARÍA: *Sí, hace meses que no te veo.*

c. ENRIQUE: *Hoy por fin la temperatura ha subido por encima de los 10 grados.*
PEPE: *¡Es una ola de calor!*

d. DANIEL: *¿Tienes mucho trabajo?*
ANDRÉS: *Bueno, no mucho.*

e. LARRY: *¡Esto va a ser fantástico!*
WENDY: *¡Sí, es genial!*

f. Un amigo a otro:
MANOLO: *¿Qué pasó?*
DAVID: *Todo bien. ¿Qué tal tú?*

g. Un enfermero a su paciente:
ENFERMERO: *¿Qué pasó?*
PACIENTE: *Me caí en el hielo.*

h. En un restaurante:
CLIENTE (con la mano alzada): *¡Por favor!*
CAMARERO: *¿Sí?*
CLIENTE: *¿Me puede traer otra servilleta?*

8. ¿Hay una forma lógica de explicar los siguientes diálogos?

a. Una madre le pregunta a su hijo:
MADRE: *¿Cómo te fue en el examen ayer?*
HIJO: *Tengo hambre. ¿Qué vamos a cenar esta noche?*

b. Un chico le pregunta a su madre:
HIJO: *¿Qué hora es?*
MADRE: *Tu padre acaba de llegar.*

9. Ahora, pensando en el significado implícito, invente dos diálogos donde una gran parte del significado no se exprese explícitamente. Luego exponga algunos detalles que los interlocutores usarían, contando con su conocimiento del mundo o con su información de fondo.

10. El siguiente enunciado es ambiguo entre dos significados. Primero explique cuáles son las dos posibles interpretaciones y luego describa los contextos para aclarar la ambigüedad.

• *Paseando por el parque vi a la novia de Pedro.*

PARA SEGUIR REFLEXIONANDO

1. Después de haber leído este capítulo, vuelva a formular una definición para el concepto de significado. ¿Ha cambiado su forma de concebirlo? Si es así, ¿en qué ha cambiado?

2. Se ha mencionado en este capítulo que en la política y en la prensa se ha discutido largo y tendido el significado preciso de algunas palabras como *genocidio* y *recesión,* sobre todo para determinar cuándo se deben aplicar o no. ¿Puede Ud. pensar en otras palabras o expresiones de este tipo que hayan sido una fuente de controversia en su país o en el mundo? Si se le ocurren algunos ejemplos, ¿cuáles eran los matices que se debatían?

3. Al reflexionar sobre la idea del conocimiento del mundo que nos ayuda a interpretar las intenciones de la gente cuando se comunica, ¿hasta qué punto es cultural o no? ¿Puede pensar en algunos ejemplos específicos que muestran cómo se manifiesta el componente cultural?

4. a. ¿Está Ud. de acuerdo con la idea de que el significado de una palabra es negociable y flexible, o cree que es algo más fijo y estable?

   b. ¿Qué opina de los abogados que intentan ampliar o delimitar el significado de una palabra por motivos legales? ¿Es una labor legítima?

5. Se ha visto en este capítulo que puede haber una divergencia entre lo que el emisor quiere decir y lo que el receptor entiende. Aunque no se ha considerado aquí el factor del **género**, ¿cree Ud. que es un factor importante que contribuye a los malentendidos entre hombres y mujeres? Trate de pensar en sus propias experiencias más que en los estereotipos.

PARA INVESTIGAR MÁS

Jaszczolt, Katarzyna. 2002. *Semantics and Pragmatics* (capítulo 1). London: Longman.
Portolés, José. 2007. *Pragmática para hispanistas* (capítulo 3). Madrid: Síntesis.
Wierzbicka, Anna. 1992. *Semantics, Culture, and Cognition.* New York/Oxford: Oxford University Press.

Capítulo 3

Estar fuera de lugar
Los elementos contextuales

PARA SITUARSE

Como ya se ha adelantado en el capítulo anterior, uno de los aspectos fundamentales de la pragmática es la relación entre el significado y el contexto. Antes de empezar a leer este capítulo, haga una lista de algunos elementos del contexto que pueden influir en el uso del lenguaje (Ej. en las palabras empleadas por el emisor o en la interpretación de ellas de parte del receptor).

David González de Pablos

30

Ya se ha visto que la pragmática tiene que ver con la relación entre el lenguaje y el contexto, entonces es evidente que la idea del contexto juega un papel fundamental. Sin embargo, hasta ahora no se ha contemplado el término **contexto** con mucha atención y, por ese motivo, este capítulo se va a ocupar de la delimitación del contexto y de los elementos contextuales que tienen un impacto en el lenguaje.

Antes de entrar en el tema, sería oportuno tener en cuenta la idea de que existen múltiples tipos de interacción lingüística. Aunque en la pragmática, y en este libro, es frecuente usar la interacción cara a cara como modelo de comunicación, se debe recordar que hay otros medios de comunicación también. Como consecuencia, la noción del contexto puede variar. Por ejemplo, cuando la gente habla por teléfono, no se comparte el mismo espacio físico durante la conversación. De modo similar, el uso del correo electrónico no sólo sugiere que las personas no comparten el mismo espacio físico, sino que tampoco están en el mismo espacio temporal (es decir, el emisor puede escribir a las seis de la tarde y el receptor puede contestar a las diez de la mañana al día siguiente). Otras formas de comunicación lingüística son las cartas, varios tipos de **cibercharla** o chat, los mensajes de texto, los discursos públicos y todos los medios de comunicación masivos (la televisión, el periódico, la radio, etc.). Para empezar a explorar el contexto, este capítulo se centrará primero en la interacción cara a cara y luego, más adelante, en otros tipos de comunicación.

Cuando dos personas participan en una conversación cara a cara, es una obviedad decir que deben estar en alguna parte concreta; sentados en un café, en un coche, en una oficina, caminando por la calle, por el campo, por la playa, entre un infinito de posibilidades. Pero estén donde estén, se encuentran en algún sitio. El lugar donde sucede la interacción se denomina **entorno**. En la pragmática lo que interesa estudiar del entorno son los elementos que potencialmente pueden influir en el lenguaje. Aquí, la palabra *potencialmente* es clave porque no todos los elementos posibles van a ser esenciales en cada interacción.

Para que haya una conversación, el entorno debe incluir a dos interlocutores como mínimo, por lo cual la presencia de los participantes es un componente indispensable del contexto. Si dos personas, A y B, están participando en una conversación, es importante saber qué tipo de detalles personales puede repercutir en su interacción verbal. Si se parte de los fundamentos más básicos, se sabe que en español el sexo de A y B es fundamental para la concordancia de **género.** Si A quiere preguntar a B si está cansado, tiene que saber si es hombre o mujer. No puede decir *¿Estás cansado/a?* Más allá de la concordancia, el sexo de los interlocutores puede afectar al lenguaje en una variedad de maneras; los estudios sobre el género y el lenguaje documentan diferencias en estilos de habla entre hombres y mujeres, así como en el trato lingüístico que reciben (Holmes 1995, 1998; Tannen 1994; Walsh 2001). Para poner algunos ejemplos del tipo de características generales que se ha encontrado para las comunidades anglohablantes, los estudios indican que las mujeres, comparadas con los hombres, se enfocan más en las funciones afectivas de una interacción, tienden a utilizar elementos lingüísticos relacionados con la solidaridad (Holmes 1998) y usan menos obscenidades que los hombres (Wardhaugh 2002). Para el español, se ha reportado que en España las mujeres tienden a usar mecanismos como *sí* para expresar interés, comprensión o acuerdo durante una conversación (Bou Franch y Gregori Signes 1999) y también emplean más risa con el fin de manifestar solidaridad con su interlocutor (Cestero Mancera 1996). Hay que enfatizar, sin embargo, que este tipo de peculiaridades que retratan a la mujer como lingüísticamente más solidaria que el hombre varía considerablemente de acuerdo con una multitud de factores, y aunque existen patrones de socialización y de interacción en cada cultura que contribuyen a tales diferencias entre hombres y mujeres, uno debe evitar sacar conclusiones definitivas. La idea principal que se quiere destacar aquí es que el género, tanto del emisor como del receptor, tiene consecuencias en el uso del lenguaje.

PARA COMUNICARSE EN ESPAÑOL

Debido del aumento de la representación de las mujeres en el ámbito profesional, ha surgido la necesidad de ajustar la lengua española a estos cambios. Pongamos por caso la palabra *presidente*. En el pasado no había mujeres presidentes en ningún país, por lo que no era necesario tener un equivalente femenino. Hoy en día esta situación ha cambiado; desde los años 70 las mujeres empezaron a gozar del liderazgo en algunos países en Latinoamérica como Argentina, Chile, Panamá y Nicaragua. Por esta situación, se comenzó a usar la palabra *presidenta* para la forma femenina. Este tema ha generado mucha polémica y se han intentado buscar diferentes soluciones, pero no todas han sido aceptadas por los usuarios del español. Por ejemplo, aunque tradicionalmente la palabra *miembro* se usaba invariablemente para ambos sexos (Ej. *Ella es un miembro de esta organización*), ahora algunas personas prefieren marcar el género mediante el artículo, *una/ la miembro*, y algunas incluso emplean *miembra*. Algo parecido ha sucedido con *juez/jueza*. Otro tema controvertido es si se debe evitar el uso de la forma masculina plural, como *vosotros* y *ellos,* para grupos que contienen tantos hombres como mujeres. Una solución que se ha adoptado es la de repetir las dos formas (*vosotros y vosotras, ellos y ellas,* etc.), y en el discurso escrito, a veces se emplea la arroba (@). Este símbolo integra en una sola palabra las formas masculinas y femeninas (*niñ@s*) pero no es un signo lingüístico y, desde el punto de vista normativo, no está admitido por la Real Academia de la Lengua Española. No obstante, su uso se ha extendido en los últimos años. Todas estas alternativas y soluciones propuestas indican que el tema del género en el lenguaje está en un estado constante de cambio.

Además del género de los interlocutores, otras variables que son importantes destacar son la edad, la profesión, el tipo de relación que hay entre ellos (¿son amigos, vecinos, colegas, etc.?) y la apariencia física. Por lo general, cuando uno se dirige a alguien mayor, a un desconocido o a alguien de una profesión que se asocia con un estatus alto (Ej. médicos, jueces o políticos), se requiere un trato más formal y cuidadoso. En español la distinción entre *tú* y *usted* le ofrece a uno la oportunidad de elegir entre dos grados de formalidad, aunque en algunas partes del mundo hispanohablante esta distinción está desapareciendo. En España, por ejemplo, Carrasco Santana (1998b: 57) lamenta la extensión del *tuteo* combinada con el desuso de *usted* debido al intento de "abolir la **distancia social,** de cultivar el acercamiento entre los individuos, dejando al margen, en muchas ocasiones, la edad, la situación, el grado de conocimiento del otro, e incluso, la relación de **poder**". Esta tendencia hacia el trato más informal se ha notado en otros países de habla hispana (Jaramillo 1995; Marín 1972) y parece reflejar "un deseo de democratización de las costumbres" y "un gusto por el igualitarismo" (Carrasco Santana 1998b: 57). De modo similar, más allá del mundo hispanohablante, Fairclough (2001) observa que esta preferencia por los pronombres informales ha ocurrido en varias lenguas, desde el francés hasta el japonés, y aparentemente señala un desarrollo hacia un sistema de trato basado más en la solidaridad que en el poder. De todas formas, según Fairclough, no es que el mundo esté llegando a ser más igualitario dado que tratar a todos como iguales también puede funcionar para ocultar las desigualdades de poder que existen.

Aunque es un tema que queda más allá de los objetivos de la pragmática, es importante recordar que en el mundo hispanohablante, el uso de los pronombres de segunda persona singular es considerablemente variado. En algunos países de Latinoamérica—entre ellos, partes de Argentina, Uruguay, Costa Rica, Guatemala,

Panamá y El Salvador—se encuentra el uso del *vos*. No se debe confundir el *vos* con el *vosotros* empleado en España porque el *vos* es singular y se usa generalmente en vez del *tú*, aunque también puede coexistir con el *tú* en algunas zonas. El uso del *vos*, también llamado el *voseo,* comprende su propio sistema de conjugaciones que varía según el lugar. Lo que se quiere resaltar aquí es que incluso en los lugares del voseo existe una distinción entre el trato familiar con *vos* y el *usted* para marcar más distancia o menos familiaridad. Sin embargo, también existen peculiaridades dialectales, como la de algunas partes de Colombia donde la gente prefiere emplear *usted* casi de forma exclusiva, incluso entre esposos y amigos íntimos (Lipski 2002).

Cuando se distingue entre el trato familiar y el formal, los conceptos de poder y de estatus son fundamentales. Wardhaugh (2002) explica que el poder consiste en algún tipo de relación asimétrica entre dos personas e implica que una de ellas posee más dinero, influencia, etc. que la otra. De modo que, en términos muy generales, se podría afirmar que en muchas culturas occidentales, un médico o un político suele tener más poder que un dependiente de una tienda. Sin embargo, como indican Brown y Levinson (1987), el poder no es una variable constante y puede cambiar según la situación. Para ilustrar esta idea, imagine que una doctora anglohablante tiene una paciente que es profesora de español. Durante la consulta, se puede decir que la doctora está en una situación de poder. Ahora suponga que esta misma doctora decide asistir a una clase de español de su paciente (profesora) porque quiere aprender a comunicarse mejor con sus pacientes hispanohablantes. Cuando la doctora está en su clase de español, es probable que la profesora tenga más poder que la doctora, aunque la doctora pueda seguir manteniendo su estatus como persona apreciada y respetada entre los compañeros de clase. Otra manera de explicar cómo el poder puede ir cambiando de situación en situación es desde la perspectiva de los **roles sociales** (Lyons 1977). Así que en el momento en que alguien está desempeñando su rol como doctor, profesor, sacerdote, policía, etc., le corresponde el poder respectivo, pero este poder no es algo que acompañe a la persona en todas las situaciones. En cambio, sí se tiende a mantener su estatus de persona respetada en la sociedad.

En el mundo occidental de hoy, las cuestiones de poder y de estatus son menos transparentes que en el pasado; se pretende valorar más, por lo menos de forma superficial, la igualdad ante las diferencias de poder y de clase social. Además, debido a los conocidos abusos de poder que han existido y que siguen existiendo entre hombres y mujeres, ricos y pobres, grupos mayoritarios y grupos minoritarios, se intenta disimular, en muchos casos, el poder en aras de la solidaridad y la igualdad.

En comparación con el poder y el estatus, resulta menos obvio cómo el aspecto físico de los interlocutores influye en el uso y en la interpretación del lenguaje. Es probable que este componente tenga más relevancia cuando se trata de desconocidos ya que ninguno tiene información sobre la vida del otro; por eso cada uno debe contar con las pistas visuales que tiene a su disposición. Aunque no agrade reconocerlo, la apariencia física contribuye a la formación de opiniones de las personas desconocidas. Para explorar esta idea, uno puede consultar la cantidad de estudios de psicología sobre el efecto de la ropa en las primeras impresiones. Por ejemplo, la ropa que lleva una persona no sólo puede provocar reacciones favorables o desfavorables en los demás (Reid et al. 1997), sino que puede contribuir a que la gente atribuya a alguien un carácter agresivo o no (Vrij 1997). Este tipo de percepciones, frecuentemente basadas en estereotipos y en prejuicios, tiene consecuencias lingüísticas porque influye en la manera que una persona se comunica con los desconocidos. Cuando uno se fija en el modo de vestir de una persona y en su cuidado personal (Ej. el pelo, la piel o las uñas), en poco tiempo saca conclusiones respecto a su clase social, edad o estado civil. Estas impresiones, a su vez, determinan si dicha persona inspira simpatía, interés, respeto, repulsión, miedo, etc., y por último, estas reacciones pueden influir en cómo uno se comunica con esa persona: el uso de *tú* o *usted,* el grado de formalidad y el empleo de jerga o de bromas.

A veces hay circunstancias especiales que hacen que cierto elemento de las apariencias físicas sea un factor determinante en la interacción. Considere un ejemplo hipotético: una mujer conoce a un hombre en un bar y ella le dice lo siguiente: *Me han dicho que tienes una debilidad por las mujeres de ojos azules.* Si él ya sabe que ella tiene los ojos azules, lo más probable es que se interprete como una forma de coqueteo. Entonces en este caso, se podría decir que el color de los ojos es un elemento del entorno importante; ayuda al hombre a entender la intención de la mujer. Sin embargo, en la mayoría de las interacciones comunicativas, el color de los ojos no tiene consecuencias lingüísticas directas. Por lo tanto, como se ha mencionado antes, todas las características físicas son potencialmente un factor contextual que puede influir en la producción y en la comprensión del lenguaje.

Junto con los interlocutores, otro factor fundamental del entorno es la presencia o ausencia de **espectadores,** personas que están en el entorno pero que no participan directamente en la interacción. No es difícil pensar en cómo los espectadores pueden influir en una conversación; los interlocutores pueden autocensurarse si optan por evitar ciertos temas o cierto tipo de lenguaje, como las expresiones coloquiales y las blasfemias. Además, no todos los espectadores son iguales porque el grado de influencia que una tercera persona tiene en una conversación ajena depende de quién es y de cuál es su relación con los interlocutores. Habría que considerar los factores mencionados anteriormente como, por ejemplo, su edad, sexo, etc. Un ejemplo fácil de imaginar sería una situación en la que hay dos hombres universitarios que mantienen una conversación en el pasillo antes del comienzo de la clase. Si hubiera un espectador a su lado, tanto el contenido como el estilo de su lenguaje variarían considerablemente dependiendo de si la persona que escucha es una profesora, una alumna, una conocida o quizás la presidenta de la universidad.

Otro componente contextual es el propio espacio físico donde tiene lugar la interacción. Conversar en un bar no es como hablar en una iglesia o en un salón de clase. Algunos lugares imponen un trato más formal o más serio que otros y, dentro de cada cultura la gente tiene expectativas con respecto a las normas de interacción apropiadas para cada sitio. En un análisis del español de Los Ángeles, California, Sigüenza-Ortiz (1996) presenta datos de cómo el lugar influye en la decisión de emplear *tú* o *usted*. Por ejemplo, todos los participantes en su estudio manifestaron un índice más alto en el uso de *usted* cuando se trataba de las conversaciones que sucedían en la iglesia.

Además del grado de formalidad, entramos en cualquier lugar público con ideas preconcebidas sobre cómo debe desarrollarse el intercambio lingüístico. Según Escandell Vidal (2005: 44), si somos miembros de la misma cultura, compartimos una misma representación de la situación ya que implica una rutina estereotipada que todos conocemos muy bien. Es decir, como clientes en un restaurante resulta familiar encontrar los mismos objetos (mesas, sillas, platos, cubiertos, menús), participantes (camarero, cocinero, dueño, cajero) y procesos (saludar, ver menú, pedir comida, esperar, comer, pedir cuenta, pagar), de tal forma que la representación mental que se posee de la situación es como un guión. Gracias a estos guiones, "somos capaces de interpretar con facilidad secuencias de acontecimientos habituales, predecir lo que típicamente ocurre en ellas y completar inferencialmente aquello que no se observa directamente" (Escandell Vidal 2005: 45). La implicación es que, cuando uno entra en una variedad de lugares (como un supermercado, un banco, un cine o un salón de clase), no hace falta improvisar toda la conversación porque el guión mental del que uno dispone ofrece algunas pautas básicas. Sin embargo, algunas situaciones imponen más restricciones que otras.

Por ejemplo, las situaciones institucionales o ritualizadas, como un juicio legal o una ceremonia religiosa, permiten menos flexibilidad que una visita al banco. De forma similar, una visita al banco admite menos flexibilidad que una barbacoa entre amigos en el ámbito privado.

La hora del día es otro factor que influye en el uso del lenguaje (Lyons 1977). Tal vez el ejemplo más obvio son los saludos porque es la hora del día lo que nos indica cuál es la opción apropiada (*buenos días, buenas tardes o buenas noches*). Aunque sea menos evidente, incluso el cambio del día a la noche puede afectar al ambiente interaccional; es posible que para mucha gente, la noche implique más informalidad que el día en el sentido de que se asocia la noche con momentos de ocio, es decir, con actividades informales, mientras que el día laboral suele connotar trabajo y gestiones más serias. En la mayoría de los casos, el factor de la hora se combina con otros. Por ejemplo, dos colegas que trabajan juntos podrían utilizar un lenguaje más formal en el lugar de trabajo durante el día laboral, mientras que en un bar por la noche, adoptarían un trato más relajado. En este caso, tanto el entorno como la hora son factores que pueden contribuir al cambio de estilo.

A veces las circunstancias del entorno más que la hora indican cuándo es el momento apropiado para usar algunas expresiones. Es decir, las circunstancias dictan cuándo uno debe saludar a alguien, despedirse, felicitarle por algo o pedirle perdón. Un caso son las fiestas o las expresiones de buenos deseos que sólo se emplean en el momento oportuno, como *¡feliz cumpleaños!* o *¡buen viaje!* Por último, el mismo lenguaje o discurso, también considerado parte del entorno, puede desencadenar ciertas reacciones lingüísticas. Por ejemplo, generalmente sucede que una pregunta provoca una respuesta, un saludo provoca otro saludo, etc., entonces se podría decir que el lenguaje que uno usa está continuamente condicionado por lo que se ha dicho previamente; así se construyen las conversaciones. Estas convenciones lingüísticas, cuando un enunciado provoca otro, se llaman **pares adyacentes** (Clark 1996). En ciertos casos los pares adyacentes implican un alto grado de convencionalidad que casi no permite flexibilidad, como lo que sucede cuando uno quiere responder a *gracias* y las únicas opciones se limitan a dos o tres expresiones como *de nada* o *no hay de qué*. Además, como indica Clark, en vez de un enunciado que provoca otro, a veces una contribución a un par adyacente puede ser una señal extralingüística, como un gesto hecho con la cabeza o un saludo de la mano:

1) MARTA: [saluda a Victoria con la mano y una sonrisa]
   VICTORIA: *¡Hola, Marta!*

Para los aprendices de una segunda lengua, no saber cómo reaccionar ante ciertas situaciones o enunciados puede ser una fuente de frustración continua. Cuando se trata de la lengua materna, se emplean frases o expresiones sin ningún esfuerzo, pero en una segunda lengua, aprenderlas y usarlas de forma natural es todo un logro. Se volverá a reflexionar sobre este tema con más profundidad en el capítulo 6.

PARA COMUNICARSE EN ESPAÑOL

Un aspecto curioso de los pares adyacentes es el uso de la pregunta y la respuesta al contestar el teléfono. En España, cuando uno desconoce la persona que llama, se suelen utilizar *diga, dígame, ¿quién es?* y *¿sí?* La respuesta más común, en estos casos, es *soy* + nombre. En algunos países de Latinoamérica, como en México y Ecuador, para contestar la llamada, se emplea otro tipo de fórmulas, entre ellas *¿bueno?, ¿aló?* y *¿con quién hablo?* La respuesta de la persona que llama puede ser *le habla / habla con* + nombre. Sin embargo, hoy en día, cuando se usan los teléfonos celulares que muestran el nombre de la persona que llama, las fórmulas son diferentes. Al contestar, se tiende a eliminar el par adyacente inicial y se saluda directamente a la persona que llama, preguntando cómo se encuentra: *Hola Fran, ¿cómo estás?*

3.1 EL CONTEXTO: UN FENÓMENO MENTAL Y DINÁMICO

El contexto es un fenómeno mental, aunque al principio puede resultar extraño concebirlo de este modo. Es decir, lo que importa cuando se trata del lenguaje es el conocimiento que los interlocutores tienen sobre los componentes contextuales. Una manera de comprender esta idea sería reflexionar sobre algunos de los elementos del entorno previamente mencionados. Si usted empieza a conversar con un desconocido en una fiesta y resulta que esta persona es un político importante, sólo es un factor determinante para usted si, o bien, sabe o se entera de que es político, o bien, si usted intuye, por su forma de vestir, por su modo de hablar o por el tipo de fiesta que es, que podría tratarse de alguien importante. De manera similar, si alguien es famoso pero uno no lo sabe, lo considera una persona "normal", entonces su estatus de celebridad sólo se convierte en un factor contextual si uno es consciente de este dato. Por eso, algunas estrellas del cine o algunos famosos intentan salir a la calle de incógnito, para ir de compras o salir a cenar, sin que los demás los reconozcan porque quieren ser tratados como gente "normal". Otro ejemplo es lo que sucede si hay un espectador indiscreto escuchando una conversación sin que los interlocutores lo sepan; si ninguno de los dos es consciente de la presencia del espectador, dicha persona no forma parte del contexto.

Dado que el contexto es un fenómeno mental, es complejo, o incluso imposible, determinar sus límites. Aunque todos los detalles contextuales que se han visto en la sección anterior están vinculados al entorno de la interacción, es necesario insistir que el conocimiento de estos elementos es lo que constituye el contexto. Si se toma la edad de los interlocutores como ejemplo, en realidad no es su verdadera edad, objetivamente hablando, lo que influye en el habla de su interlocutor, sino la percepción que cada uno tiene de la edad del otro y las conclusiones que uno saca al respecto (Ej. si necesita ser formal o informal en el trato). La naturaleza mental del contexto también se debe al hecho de que cuando una persona participa en una conversación, depende de por lo menos tres tipos de información para formular una conceptualización abstracta del contexto: i) información general que forma parte del conocimiento del mundo; ii) cualquier información concreta sobre el entorno inmediato, incluso detalles sobre los interlocutores, que se han obtenido anteriormente a la conversación y; iii) información que se obtiene a lo largo de la conversación. Para entender cómo estos tres tipos de información se activan en la cabeza, imagine la siguiente situación:

2) Después de ir a un partido de fútbol con unos amigos, Mario se sube al tren para volver a casa. Mario lleva puesta una camiseta del equipo de fútbol ganador. Cuando toma su asiento, el hombre a su lado le dice *"Ha sido un buen partido, ¿no?"* Luego los dos empiezan a hablar del partido y de la vida en general durante el viaje.

El hombre sentado al lado de Mario cuenta con varios datos de información para llegar a la conclusión de que Mario ha ido al partido. Primero, sabe dónde está el estadio, que Mario ha abordado el tren en la parada que está al lado del estadio y que el partido acababa de terminar (i y ii). También ha visto que Mario lleva una camiseta del equipo ganador (ii), por lo cual supone que es aficionado de ese equipo y que, por lo tanto, habrá disfrutado del partido. Luego, mientras los dos siguen conversando, es lógico que se vayan sumando detalles contextuales a la información que cada uno posee del otro (iii).

De la descripción (iii), el hecho de que se siga adquiriendo información sobre

Piense en un contexto específico donde se podría
encontrar este tipo de advertencia.

el contexto a lo largo de una conversación indica que es un fenómeno dinámico. Las relaciones entre los interlocutores, tanto como la información que cada uno tiene, pueden evolucionar en el transcurso de una conversación. Si dos desconocidos empiezan a hablar, cada uno va aprendiendo poco a poco detalles de la vida del otro (de dónde es, dónde vive, en qué trabaja, si es casado o no, etc.). Así que, es de esperar, por lo menos entre iguales, que la distancia social entre los dos vaya disminuyendo y que se reduzca el grado de formalidad que cada uno emplea a medida que se desarrolla la conversación.

Otro aspecto dinámico de la interacción verbal es que algunos lugares permiten que los participantes en una conversación se alternen continuamente. Este tipo de situación se da en fiestas y reuniones o en cualquier espacio donde hay una multitud de gente. Imagine la cocina de una casa durante una fiesta, o la mesa de una cafetería universitaria, cuando dos personas empiezan a hablar y, después de tres minutos, se unen dos más a la conversación. Siguiendo este patrón, la conversación puede alargarse durante horas y horas con múltiples interlocutores yendo y viniendo.

Al fin y al cabo, el contexto es sobre todo un fenómeno teórico porque, aunque a los lingüistas les interese lo que los interlocutores están pensando y el conocimiento que poseen sobre la situación comunicativa, los participantes no son necesariamente conscientes de cada detalle contextual que influye en lo que dicen y en cómo lo dicen. Por lo tanto, los lingüistas, al analizar una interacción verbal, son los que establecen los elementos relevantes de la situación. Según Lyons (1977:

572), el analista señala "como contextuales todos los factores que, por su influencia sobre los participantes durante el acto lingüístico, determinan sistemáticamente la forma, la relevancia o el significado del enunciado".

3.2 EL CONTEXTO EN OTROS TIPOS DE COMUNICACIÓN ORAL

Junto a las conversaciones cara a cara, hay otros tipos de comunicación oral a distancia que forman parte de la vida cotidiana, entre ellos, la comunicación mediada. *Mediada* se refiere a la transmisión de un mensaje del emisor al receptor por medio de algún dispositivo físico; el teléfono o la Internet en el caso de la cibercharla. Otra distinción importante es que algunas formas de comunicación incluyen a participantes colectivos, como sucede con los medios de comunicación masivos (Ej. la radio y la televisión), pero también puede haber participantes colectivos cuando se trata de un discurso público en el que hay un emisor hablando delante de un público grande. Una de las características contextuales de la comunicación entre participantes colectivos es que, como enfatiza Escandell Vidal (2005), el emisor no puede tener en cuenta los rasgos individuales de cada receptor (su edad, sexo, estatus, etc.). Lo único que puede hacer es generalizar según las características del grupo social al que espera dirigirse.

Una de las formas de comunicación oral más extendidas hoy día es la comunicación por teléfono. Teniendo en cuenta el contexto, interesa reflexionar sobre cómo una conversación por teléfono se diferencia de una que sucede cara a cara. Tal vez la mayor distinción es que los interlocutores normalmente no comparten el mismo espacio físico, lo cual conlleva dos consecuencias fundamentales; primero, no se ven el uno al otro, y segundo, ninguno de ellos tiene el mismo acceso a todo lo que está en el campo visual del otro. Ya que los dos participantes no se ven, hay algunos elementos extralingüísticos como los gestos y las sonrisas que quedan fuera del proceso de interpretación. Por eso, cuando dos personas hablan por teléfono es más probable que haya malentendidos. La única manera de compensar la falta del componente visual es mediante el lenguaje y el empleo de explicaciones descriptivas, sobre todo cuando los elementos del entorno son directamente relevantes para la conversación. Por ejemplo, si un estudiante está en la biblioteca y contesta el teléfono, el silencio del lugar va a limitar la capacidad del estudiante para hablar con su interlocutor con normalidad. Si el estudiante dice que está en la biblioteca y que es mejor llamar en otro momento, la persona que ha llamado entenderá la situación. Sin embargo, si el estudiante contesta el teléfono y, en vez de decirle al otro que está en la biblioteca, intenta hablar en voz baja y con frases breves, su interlocutor tendrá que sacar sus propias conclusiones.

Hoy día, gracias al uso extendido de los teléfonos móviles, el teléfono tiene, sin duda, una presencia mucho más constante en nuestra vida. Antes, cuando sólo existía el teléfono fijo, éstos estaban situados en espacios más privados, como en casas y oficinas, e incluso los teléfonos públicos se encontraban en cabinas, las cuales ofrecían un mínimo de privacidad. Debido a la utilización del móvil, el teléfono ha invadido el espacio público, y como resultado, la frontera entre el espacio privado y el público ha desaparecido. Una de las consecuencias es que uno está obligado a presenciar, como espectador, un sinnúmero de conversaciones de gente desconocida. En tales casos, se suele fingir que uno no está escuchando la conversación, pero en la mayoría de las situaciones, cuando alguien habla por teléfono al lado de otra persona, es inevitable oír la conversación. Esta situación es incómoda porque, aunque uno puede ocupar el lugar normalmente reservado para el destinatario, también puede ser receptor accidental y convertirse en escuchante indiscreto en contra de su propia voluntad.

Como una conversación telefónica sucede en tiempo real, es un tipo de **comunicación sincrónica,** aunque haya un retraso corto en la transmisión de la señal. Existen otras formas de **comunicación asincrónica** que no ocurren en tiempo real, como es el caso de varios medios escritos, entre ellos, el correo electrónico y los mensajes de texto. Entre las modalidades orales, también puede haber comunicación asincrónica. Tal vez, uno de los ejemplos más comunes hoy día es cuando uno llama a alguien por teléfono y le deja un mensaje en su contestador o en su buzón de voz. En estas circunstancias, el receptor escucha el mensaje en un momento posterior al que fue grabado por el emisor. Por lo tanto, el contexto se desdobla en términos de la dimensión espacial porque la producción y la recepción del mensaje ocurren en lugares diferentes, y también en relación con la dimensión temporal, ya que la producción y la recepción suceden en periodos de tiempo diferentes.

PARA COMUNICARSE EN ESPAÑOL

En todas las lenguas existe una variedad de expresiones de afecto que los novios y las parejas usan para crear y/o expresar intimidad. No todos estos términos se traducen literalmente de una lengua a otra. En inglés, hay expresiones como "honey" y "pumpkin" cuyos equivalentes no se suelen emplear en español ni viceversa. Algunas opciones en español son: *cielo, amor, cariño, corazón, corazoncito, bombón, vida mía, mamacita* y *papi.* En ocasiones, al estudiante de español le puede sorprender que incluso se utilicen palabras como *gordo* o *gordito* en países como Argentina para mostrar cariño por una persona.

3.3 EL CONTEXTO Y LOS REGISTROS

Los interlocutores evalúan constantemente, y casi de manera automática, los elementos de su entorno para ajustar el lenguaje que se emplea de acuerdo con la situación. Todo el conjunto de ajustes lingüísticos que se hacen se manifiesta en un **registro,** un determinado estilo de habla que se asocia con cierto tipo de circunstancias contextuales. El registro que uno usa está delimitado no sólo por todos los fundamentos que se han estudiado en este capítulo (las características de los interlocutores, el lugar, la presencia o no de espectadores, etc.), sino también por el tema de la conversación y los objetivos de cada interlocutor. Hasta ahora no se ha tenido en cuenta cómo el tema puede influir en el lenguaje, pero imagine por un momento cómo una conversación, con las mismas personas y en las mismas circunstancias, podría variar sólo dependiendo de si se habla de un partido de baloncesto o de la muerte de un buen amigo. De modo similar, el objetivo del emisor es un factor importante; tratar de impresionar a alguien para conseguir un trabajo implica elecciones lingüísticas muy diferentes a las que se utilizan si se quiere insultar a la misma persona.

Cuando se habla de registros, se hace referencia, principalmente, a grados de formalidad en el lenguaje; por eso, no existe un criterio fijo de categorías que se puede aplicar para llevar a cabo una clasificación exacta del habla de una persona. No obstante, Joos (1961) propone un esquema que tiene cinco distinciones posibles. La primera, relacionada con el estilo más informal, se refiere a un *registro íntimo* que describe el habla que usan las parejas, los novios y algunos amigos cercanos en el ámbito privado. Algunas de las características de este registro son expresiones de cariño, palabras inventadas y la **elipsis.** Un grado más de la escala corresponde al *registro informal,* parecido al estilo íntimo pero más apropiado para algunas situaciones públicas. Una muestra de este registro es el habla de un grupo de estudiantes universitarios. Un paso más hacia la formalidad es el *registro consultivo,* típico quizás de una conversación en público entre desconocidos. Se trata de un discurso más cuidadoso, cortés y controlado. Todavía más restringido es el *registro* *formal,* un estilo que refleja aún más distancia social entre el emisor y los destinatarios, como una presentación formal en un congreso profesional. En el extremo de la escala de formalidad está el *registro congelado,* normalmente asociado con el lenguaje escrito, como el que se encuentra en documentos oficiales. En este último caso, no hay contacto entre el emisor y los receptores, por lo que es un tipo de discurso sin interacción.

PARA RESUMIR

En este capítulo se han incluido las siguientes ideas:

◆ Las variables que forman parte del contexto: el entorno, el género, la distancia social, el poder social, el estatus, los roles sociales, los espectadores y la apariencia física de los interlocutores.
◆ Los tipos de comunicación y el contexto: comunicación mediada, comunicación masiva y comunicación sincrónica versus comunicación asincrónica.
◆ El contexto y su relación con los tipos de registro.

PARA PRACTICAR

1. Si Ud. estuviera dando una clase de español para aprendices, ¿cómo explicaría cuándo se usan *buenos días, buenas tardes y buenas noches*? ¿Hay una forma general de enseñar cuándo se hace la transición entre *buenos días* y *buenas tardes,* y luego entre *buenas tardes* y *buenas noches*? Por último, compare estos saludos con sus equivalentes en inglés. ¿Observa algunas diferencias? Si es así, ¿cuáles son?

2. Decida si cada descripción influye en el contexto para A, para B, para los dos o para ninguno. Justifique su respuesta.

   a. A habla con B, su amigo, que perdió su trabajo ayer, pero ni B ni otra persona se lo ha dicho a A.
   b. A y B están hablando en un café y hay un micrófono escondido debajo de la mesa.
   c. A y B, dos amigas, están conversando durante el almuerzo. A nota que B ha estado llorando, pero ninguna de las dos lo menciona.
   d. A y B están hablando en un parque y A nota que B ha mirado su reloj dos o tres veces.

e. A y B están conversando en un restaurante durante la cena. El camarero se acerca y les llena los vasos de agua.

3. Imagine una conversación entre los interlocutores dados y en los lugares estipulados. Explique en qué maneras podría variar su conversación de una situación a otra y cuáles son algunos factores contribuyentes.

   a. Dos colegas de trabajo conversan en su oficina durante el día laboral y luego por la noche en el gimnasio.
   b. Dos amigas de toda la vida conversan solas en casa y luego al día siguiente mientras viajan en avión.
   c. Una pareja conversa durante una cena en casa, y una semana después charlan en un café una vez que han terminado su relación.
   d. Una médico habla con su paciente en el consultorio, y unos días después, se encuentran inesperadamente en una playa nudista.

4. Se ha visto que las circunstancias a veces pueden provocar ciertas reacciones lingüísticas. Por ejemplo, cuando alguien estornuda delante de nosotros, es costumbre decir algo como ¡salud! en español. ¿Sabe Ud. qué se dice (en español) en estas situaciones?

   a. cuando alguien está comiendo delante de Ud., o lo que se dice antes de una comida
   b. si se le caen las llaves a alguien que está caminando delante de Ud. y no se da cuenta
   c. cuando Ud. está conversando con tres o cuatro personas y debe retirarse para ir al baño
   d. si Ud. está en el supermercado y se encuentra con su vecino, al cual se le acababa de morir su madre
   e. si un familiar suyo acaba de ser padre o madre

5. Suponga que una mujer, Silvia, se encuentra con Enrique en una cena formal. Es lógico que el trato de Silvia hacia Enrique varíe según la imagen que tiene de él. Imagine Ud. cómo estos detalles podrían ser factores importantes en su forma de tratarlo:

   a. Silvia se enteró hace dos semanas de que Enrique es uno de los hombres más ricos del país.

b. Silvia se enteró hace dos semanas de que Enrique había estado diez años en la cárcel.

c. Silvia se enteró hace una semana de que Enrique tiene cáncer.

d. Silvia se enteró hace una semana de que Enrique había estado casado cuatro veces.

6. Indique cuál de los cinco registros (íntimo, informal, consultivo, formal y congelado) es el más lógico para describir cada caso. Explique su respuesta.

a. un mensaje de correo electrónico que Ud. escribe a su profesor/a

b. la constitución de su país

c. una entrevista de trabajo en una empresa importante

d. una carta de amor entre dos novios

e. un discurso del presidente de un país

f. una nota que Ud. le deja a su vecino para que riegue las plantas de casa durante su ausencia

g. una presentación en un simposio sobre las energías renovables

7. Explique los detalles con respecto al entorno y a la relación entre los interlocutores, A y B, en cada una de las siguientes combinaciones:

a. el *tú* (o el *tuteo*) recíproco (A y B usan *tú*)

b. el *usted* recíproco (A y B usan *usted*)

c. el trato asimétrico (A usa *tú* y B usa *usted*)

PARA SEGUIR REFLEXIONANDO

1. a. Se ha mencionado que la presencia de uno o más espectadores puede tener un impacto en el uso del lenguaje, pero no se ha profundizado en la idea. ¿Cuáles son algunas de las consecuencias más obvias de la presencia de espectadores en una conversación?

b. Para los lingüistas que quieren estudiar el lenguaje en un contexto real, surge un problema cuando intentan recoger datos y tanto la presencia de una persona, como la de una grabadora, no pasan desapercibidas. En la investigación, esto es lo que se denomina la *paradoja del observador*. En su opinión, ¿qué pueden hacer los lingüistas ante esta situación para que no sea un problema?

2. No se ha considerado el contexto con relación a todos los posibles tipos de comu-

nicación. Pensando exclusivamente en el correo electrónico, ¿cómo cambia el contexto en comparación con el de una conversación cara a cara? ¿Qué factores son diferentes y de qué manera pueden influir en el uso del lenguaje?

3. Se ha mencionado en este capítulo la idea de los guiones o representaciones mentales que todos los miembros de una cultura tienen en la cabeza. De este modo, uno entra en una variedad de situaciones y anticipa cómo se va a desarrollar la interacción. ¿Qué ideas preconcebidas sobre el entorno, los participantes y el lenguaje se tienen para las siguientes situaciones?

   a. una clase universitaria
   b. una cita médica
   c. una entrevista de trabajo

4. Las nuevas tecnologías, y su presencia cada vez más extendida en la sociedad, están cambiando nuestra conceptualización del contexto y de los roles del emisor, del destinatario y del espectador. Tomando en cuenta estas ideas, ¿puede Ud. pensar en casos de confusión, de disputas, de malentendidos, etc., que hayan sucedido en el mundo del espectáculo o de la política? Considere, por ejemplo, las cámaras, los micrófonos, los teléfonos móviles (y los inteligentes), las computadoras portátiles (y toda su tecnología incorporada), etc.

5. En los medios de comunicación masivos hoy día, es común que se haga referencia a los *portavoces*. Primero, reflexione un poco sobre el significado de la palabra en español. ¿Sabe cuál es la palabra equivalente en inglés? ¿Cómo se compara el rol del portavoz con el del emisor?

PARA INVESTIGAR MÁS

Escandell Vidal, María Victoria. 2005. *La comunicación* (capítulo 4). Madrid: Gredos.

Verschueren, Jef. 2002. *Para entender la pragmática* (capítulo 3). Madrid: Gredos.

Yus, Francisco. 2001. *Ciberpragmática* (capítulo 1, sección 2). Barcelona: Ariel.

Capítulo 4

- - - -

De aquí en adelante
Las expresiones deícticas

PARA SITUARSE

En el siguiente fragmento se ha subrayado una serie de palabras que hace
referencia a algunos elementos del contexto específico de esa situación.
Imagine que Ud. entra en la casa de un amigo mientras él está hablando
por teléfono, y Ud. escucha la siguiente parte de la conversación:

> *Yo le dije que no era así y que no tenía razón. Él me insistió que eso era
> mío y que antes, ellos me lo habían visto en la cabeza. Le repetí que era
> tuyo pero no me creyó.*

Piense en la relación directa entre los elementos subrayados y el contexto
(sobre todo el entorno y los interlocutores). ¿Por qué se necesita el
contexto para comprender a qué se refieren las palabras subrayadas?

David González de Pablos

En este capítulo se van a explorar las expresiones deícticas, o **deíxis**, un fenómeno que hace completamente inseparable el significado del contexto. Antes de entrar en el tema, piense en el siguiente caso hipotético: usted está paseando por el parque de camino a casa. Como hace buen tiempo, decide descansar unos minutos en un banco y disfrutar un poco del sol. De repente, mira hacia abajo y ve un papelito en el suelo. Cuando lo recoge, descubre que es una nota que dice lo siguiente:

1) *Yo te esperaré aquí mañana.*

Aunque entiende todas las palabras de la nota, es probable que no comprenda el mensaje porque falta información. Es decir, para que el mensaje tuviera sentido, sería necesario saber:

i. ¿Quién es el *yo* que va a estar esperando?
ii. ¿A quién va dirigido el mensaje (quién es el *tú*)?
iii. ¿Cuándo es *mañana?* (Para saberlo, habría que saber cuándo es *hoy*, el día que la persona escribió el mensaje).
iv. ¿Dónde es el *aquí?* (¿Se refiere al lugar donde encuentra el mensaje, debajo del banco, o es posible que se escribiera en otro sitio?)

Todas estas estructuras (*yo, te, aquí, mañana*) están relacionadas con la deíxis. En pocas palabras, la deíxis es la manera en que las lenguas codifican elementos del contexto (como los interlocutores, el tiempo y el espacio). El término *deíxis* significa señalar; señala hacia las personas que hablan, hacia los objetos del entorno que es necesario identificar, hacia el lugar y hacia el momento en que tiene lugar la interacción (Reyes et al. 2000). Estas personas, objetos, etc., se llaman **referentes.** Por ejemplo, suponga que una profesora, la Dra. Álvarez, está en su oficina y le dice a un estudiante: *Víctor, yo te espero aquí en cinco minutos*; "La Dra. Álvarez" es el referente de "yo", "Víctor" es el referente de "te", "la oficina de la Dra. Álvarez" es el referente de "aquí" y "en cinco minutos" se refiere al transcurso de tiempo desde el momento en que la profesora habló. Por lo tanto, los referentes de estos elementos dependen del contexto, sobre todo del entorno inmediato donde la interacción tiene lugar. Obviamente si cien personas diferentes dijeran *yo te espero aquí en cinco minutos*, implicaría cien realidades distintas, cada una con sus propios referentes.

Bar-Hillel (1954), en su trabajo pionero sobre los deícticos, calcula que más del 90 por ciento de nuestros enunciados contienen referencias deícticas a algún

elemento del contexto. Si se tiene en consideración cuáles son las formas deícticas, se verá que algunas son las estructuras más comunes: los pronombres (*yo, tú,
nosotros, me, te. . .*), los demostrativos (*este, ese, aquel. . .*), los posesivos (*mi, tu. . .; mío,
tuyo. . .*), los artículos definidos (*el, la*), los adverbios de lugar (*aquí, allí. . .*) y de
tiempo (*ahora, ayer, mañana. . .*), el adverbio de manera *así*, las desinencias verbales
de tiempo (pasado, presente y futuro) y algunos verbos de movimiento como *venir,
ir, traer* y *llevar*. Se explorarán estos componentes lingüísticos en los siguientes
apartados: la deíxis personal, la espacial y la temporal. Por último, se considerarán
brevemente algunas cuestiones relacionadas con la anáfora, la catáfora y el uso de
los artículos definidos.

P A R A   C O M U N I C A R S E   E N   E S P A Ñ O L

Don o *doña*, abreviados D. y Dª., respectivamente, son dos términos que se
utilizan en contextos formales y que se posponen a la forma de *señor* (Sr.) y
señora (Sra.) para indicar respeto y deferencia por la persona a la que uno se
está refiriendo. Por ejemplo: *el Sr. D. Francisco de Pablos Vázquez y la Sra. Dª.
Pilar Ortega Ruiz se encuentran alojados en el hotel.* En ocasiones, las formas
Don y *Doña* se anteponen a los nombres de personas (*Don José Manuel* o
Doña Inmaculada) para indicar respeto, cortesía o distinción social hacia esa
persona. Otras fórmulas de tratamiento que también se anteponen a Sr. y a
Sra. son: *vuestra excelencia* (abreviado V.E.) y *excelentísimo* (Excmo.). Ambas
se utilizan para referirse, entre otros, a los presidentes o a los ministros del
gobierno. Las formas *vuestra ilustrísima* (abreviado V.I.) e *ilustrísimo* (Ilmo.)
se emplean para cargos inferiores, como los de delegado o consejero. Final-
mente, *vuestra señoría* (abreviado V.S.) o *señoría* (Sª.) se usan para otros
cargos importantes como los jueces. El rey y su consorte, la reina, tienen el
tratamiento de *Majestad* y los príncipes e infantes, el tratamiento de *Alteza
Real.*

4.1 LA DEÍXIS PERSONAL

La deíxis personal señala a los interlocutores que forman parte del contexto.
Las formas deícticas de persona más obvias son las que se refieren a la primera y
a la segunda persona. Para mostrar cómo funciona la deíxis personal, observe
estos ejemplos:

2) *Al Pacino es actor.*

3) *Yo soy actor.*

4) *Bogotá es la capital de Colombia.*

5) *¿Es tu libro?*

En (2), el significado (o el referente) de *Al Pacino* no va a cambiar según quién lo exprese, lo cual contrasta con el (3) porque el referente de *yo soy* varía según quién sea el emisor. El mismo contraste es relevante para (4) y (5) ya que el significado de *tu libro* va a cambiar según a quién se dirija, sin embargo, *Bogotá es la capital de Colombia* es independiente del contexto y de los interlocutores.

Los pronombres de tercera persona, como *ella*, presentan un dilema. ¿A quién se refiere *ella* en (6)?

6) *Ella vive en Chicago.*

Sin más contexto, falta información para encontrar el referente. Como contraste, considere un ejemplo contextualizado:

7) En un avión, una madre está sentada con su hija pequeña. Cuando pasan los asistentes de vuelo para ofrecer bebidas a los pasajeros, uno de ellos le pregunta a la madre, señalando a la hija con su dedo: *¿Ella quiere beber algo?*

En (7), se sabe quién es el referente de *ella* por el correspondiente contexto, y tal vez ayude la indicación del dedo del asistente de vuelo. Aunque se suele decir que no es apropiado señalar con el dedo a una persona, sigue siendo una forma común de mostrar los elementos del entorno a los que uno se refiere cuando habla. Otras alternativas para señalar son dirigir la mirada y/o hacer un gesto con la cabeza hacia el referente.

Mientras que *ella* en (7) es un caso de deíxis personal, los pronombres de tercera persona no siempre desempeñan una función deíctica. Contemple el uso de *ella* en el siguiente ejemplo:

8) *Oprah Winfrey es una mujer muy famosa. Ella nació en Mississippi.*

Obviamente se sabe quién es el referente de *ella* en (8) porque *Oprah Winfrey* se encuentra en la primera oración. Cuando un referente aparece en el discurso anterior, en lo que se llama el **co-texto,** no es un fenómeno estrictamente de la deíxis, sino de la anáfora, la cual se va a estudiar al final de este capítulo.

4.1.1 Deíxis de primera persona

A continuación se van a revisar algunas particularidades del uso de la primera persona, empezando con el pronombre de sujeto *yo.* Generalmente, se dice que *yo* se refiere al emisor de un enunciado, pero no es siempre así. Imagine lo que sucede cuando alguien lee en voz alta lo que escribió otra persona, como sería el caso si un juez leyera un testamento de una persona muerta:

9) EL JUEZ: *Yo, Juan Pablo Morales, dejo una tercera parte de mi herencia a. . .*

En este tipo de circunstancia, el juez, el emisor que empieza a leer el testamento de Juan Pablo, no es el referente de *yo* sino el portavoz. Sucede algo parecido cuando los actores hablan; los espectadores saben interpretar que el *yo* del actor normalmente corresponde con el personaje que el mismo actor desempeña. Otro caso es la incorporación de citas directas:

10) JULIO: *Mi hermana dijo ayer, una y otra vez, "yo no quiero ir".*

En este ejemplo, el referente de *yo* es la hermana de Julio.

En la mayoría de los casos, como los que se han visto hasta ahora, el referente *yo* es fácilmente recuperable para el receptor que tiene acceso a los elementos contextuales. En cambio, el pronombre de sujeto de la primera persona del plural, *nosotros,* conlleva más complicaciones porque hay más personas implicadas. En un contexto ordinario, *nosotros* se refiere al emisor y a otra persona como mínimo. Sin embargo, en el lenguaje cotidiano surge una variedad de usos que se diferencian del empleo habitual. El siguiente ejemplo muestra uno de estos:

11) Una madre le dice a su hijo:
    Vamos a portarnos bien hoy, ¿verdad?

Cuando la madre utiliza *nosotros,* se refiere a su hijo, lo cual significa que se excluye a sí misma de los referentes. Así que cuando uno usa *nosotros* pero no se incluye a sí mismo, va en contra del significado más básico del pronombre. Uno podría preguntarse por qué la madre no emplea *tú* cuando se dirige a su hijo si sólo se refiere

¿A qué o a quién se refiere "lo nuestro"?
¿Qué tipo de referencia deíctica indica?

a él. El *nosotros* que excluye al emisor suele transmitir un mensaje paradójico porque, por un lado, el que habla quiere dar la impresión, de manera simbólica, de que forma parte del grupo de referentes pero, por otro lado, en última instancia queda fuera del grupo de referidos. Dados los dos significados contradictorios, tal uso puede levantar sospechas, especialmente cuando el emisor se encuentra en una posición de poder. Por ejemplo, cuando el profesor anuncia en clase que *tenemos que estudiar más,* son los estudiantes los que tienen que estudiar más, no el profesor. Sin embargo, el uso de *nosotros* por parte del profesor sugiere solidaridad; insinúa que *todos estamos en el mismo barco,* de modo que el profesor se pone en el lugar de los estudiantes.

De la misma manera, en algunos libros de texto de lengua española se enseña lo que llaman *mandatos con nosotros* (Ej. ¡Hagamos la tarea! ¡Volvamos a casa!). Lo interesante de estos mandatos es que una persona no puede ordenarse a sí misma; es gramaticalmente imposible (¡salvo en casos de doble personalidad!), y por eso no existen mandatos con *yo.* Como consecuencia, ya que el emisor no puede dirigir un mandato a sí mismo, los mandatos con *nosotros* excluyen forzosamente al hablante. Así que se debería tener en cuenta que los mandatos con *nosotros* son, en realidad, mandatos de segunda persona.

Otro rasgo de *nosotros* es que puede incluir o excluir al receptor (o a los receptores). Por ejemplo, una madre puede decir a su hija: *Nosotros nos vamos a separar.* En este caso, se refiere a ella y al padre de la niña, incluso cuando el padre no está presente. Lógicamente, no se incluye a la hija receptora. Por otro lado, la madre puede decir a la hija: *Nosotros somos una familia feliz.* En este ejemplo, la madre incluye a la hija dentro de los referidos. Otro uso particular de *nosotros* aparece en estudios académicos cuando la autora emplea *nosotros* para dar la impresión de que más gente ha participado en la investigación. Tradicionalmente esta práctica se ha llamado el **plural de modestia** porque se supone que, por cuestiones de modestia, uno opta por no escribir en la primera persona de singular, aunque puede haber otros motivos también. Por ejemplo, pensando en las investigaciones científicas, los resultados parecen ser más válidos si hay un equipo de personas trabajando en el proyecto, en contraste con la subjetividad cuestionable que implicaría la perspectiva de una sola persona.

4.1.2 Deíxis de segunda persona

La segunda persona singular, *tú/vos* o *usted*, también conlleva algunas peculiaridades, aparte de las distinciones de formalidad discutidas brevemente en el capítulo 3. Generalmente se refiere al destinatario, pero no siempre. Tal vez el ejemplo más claro sea si usted lee un mensaje escrito para otra persona; obviamente el *tú* de la carta no se refiere a usted, el receptor no intencionado. Otro uso extendido de la segunda persona singular es cuando comprende un sentido impersonal o general, parecido a *uno* o *se*:

12) *Tienes que estudiar mucho para sacar buenas notas.*

Cuando el referente es impersonal, no refleja un uso deíctico porque no señala a nadie concreto del contexto (Levinson 1983).

A veces puede haber confusión entre el *tú* impersonal y el *tú* específico, ya que puede ser complicado distinguir entre una generalización sobre alguien en particular y un enunciado que tiene únicamente al destinatario como referente. Por lo general, no existe ninguna forma de saberlo con toda seguridad, si bien los elementos contextuales pueden proporcionar pistas.

Por otra parte, existe un uso del *tú*, utilizado en el contexto de una narración, que busca provocar la empatía del oyente hacia el/la protagonista del suceso relatado. Para poner un ejemplo, imagine que una persona está tratando de explicar a un amigo por qué lleva una semana entera enfadada: *Tú, imagínate. Te pasas siete horas haciendo cola en la calle. Hace mucho frío y está comenzando a nevar. Entonces, cuando por fin consigues las entradas para el concierto, un desgraciado te ataca por detrás y te roba la cartera con las entradas dentro. ¿Cómo no vas a estar enfadado toda la semana? ¡Y todo un mes!* Esta persona podría haber contado la misma historia empleando la primera persona *yo*, pero no habría causado el mismo impacto. El objetivo que persigue es hacer que el amigo se ponga en su lugar.

En algunas ocasiones surge confusión entre *usted* y la tercera persona singular, *él* o *ella*. Esta ambigüedad se debe a las conjugaciones verbales y a la posibilidad de prescindir del sujeto, como ocurre en el siguiente ejemplo:

13) En una consulta del dentista:
CINDY: *Buenas tardes. Mi hermano y yo tenemos citas hoy pero él no puede venir.*
ASISTENTE: *¿Cómo se llama?*
CINDY: *Se llama Julio.*
ASISTENTE: *No, perdone, ¿cómo se llama Ud.?*

Una diferencia significativa entre el español y el inglés se debe al pronombre "you" que sirve tanto para la segunda persona del singular, *tú/usted*, como para la del plural, *ustedes/vosotros*. Es una ambigüedad deíctica inherente en la lengua inglesa, ya que "you" tiene dos significados, independientemente del contexto. Incluso con los elementos contextuales no siempre resulta claro el referente de "you". Por eso, en diferentes dialectos, y sobre todo en el ámbito coloquial, se encuentran estrategias para distinguir la forma plural de la del singular. Uno puede oír opciones como, por ejemplo, "you guys", "all of you", "you all", "y'all" e incluso "yous" o "yous guys". A pesar de que estas opciones no forman parte del inglés estándar, su utilización tan extendida refleja un intento, por parte de los anglohablantes, de remediar una confusión deíctica, la cual no existe en español.

Hay otros fenómenos relacionados directamente o indirectamente con la deíxis personal. El llamado *vocativo* es una forma de dirigirse al receptor, usando nombres, títulos (*señor, doctora, maestro. . .*) o expresiones de cariño o de desprecio (*cielo, mi amor, tonto. . .*), pero dichos vocativos no son el sujeto gramatical. En los ejemplos (14) y (15), se ve que el vocativo no es el sujeto gramatical porque el verbo se conjuga para *tú*. Además, note que va seguido de una coma, o de una pausa en el lenguaje hablado:

14) *¿Jaime, estás bien?*
15) *No me hables más, idiota, que quiero dormir.*

En circunstancias especiales, el emisor puede emplear la tercera persona del singular para hablar de sí mismo, como se muestra en (16). De manera semejante, el

*Fíjese en el uso del posesivo "tu" en el mensaje
del contenedor de reciclaje. ¿A quién se refiere?
¿Por qué cree Ud. que no se ha empleado "su"?*

emisor puede referirse al receptor en tercera persona, como en (17). Tales prácticas convierten al referente en un protagonista más objetivo, como si no fuera uno de los interlocutores presentes:

16) PADRE (a su hijo): *Papá está cansado hoy y no quiere jugar.*
17) MADRE (a su hijo, Paquito): *¿Paquito quiere comer?*

PARA COMUNICARSE EN ESPAÑOL

Aunque las conjugaciones verbales para el *vos* varían según la región, en el español de Argentina se utilizan las siguientes conjugaciones para el presente de indicativo: *vos hablás, comés* y *vivís.* Para el imperativo, las conjugaciones del *vos* (*hablá, comé* y *pedí*) también son diferentes a las del *tú.* Fíjese en la posición del acento en estos verbos. En el caso de los mandatos con un pronombre, compare el uso de *tú* (*discúlpame*) con el de *vos* (*disculpame*). Este último se pronuncia poniendo énfasis en la 'a'. Por último, el pronombre reflexivo que se utiliza con *vos* es *te: Vos te lavás.*

4.1.3 El contacto visual

Para la deíxis, la interacción cara a cara es siempre muy importante para ver el uso de los deícticos de forma clara. Incluso se podría decir que los deícticos se desarrollaron para utilizarse cuando todos los interlocutores están presentes (Levinson 1983). Para ilustrar cómo la deíxis de persona sufre modificaciones cuando no se trata de la comunicación cara a cara, compare el ejemplo (18) con el (19):

18) Carlos toca la puerta de Nuria, y cuando ella abre, él le dice:
   Buenas tardes. *Soy Carlos, el nuevo vecino de abajo.*
19) Carlos llama a Nuria por teléfono y le dice:
   Buenas tardes. *Habla Carlos, el nuevo vecino de abajo.*

La diferencia es que, cuando Carlos habla por teléfono, emplea la tercera persona para presentarse (*habla Carlos*), equivalente a "This is Carlos speaking" en inglés, lo cual se contrasta con *Soy Carlos*, la opción apropiada en situaciones cara a cara. Tal vez la distinción entre (18) y (19) se debe sobre todo al contacto visual en (18); como Nuria puede ver a Carlos, él se identifica usando la primera persona, el *yo* deíctico. En la llamada telefónica (19), Carlos le comunica a Nuria a quién pertenece la voz que ella escucha y, para ello, hace uso de la tercera persona en vez de la primera. Aunque no todos los hispanohablantes marcan esta distinción de la misma manera, puede ser un contraste llamativo para los aprendices de español.

Un componente del contacto visual es la mirada, la cual es uno de los factores fundamentales que contribuye a la interpretación de los deícticos en su contexto. Imagine, por ejemplo, una reunión de trabajo entre un gerente y tres empleados suyos. Si en algún momento de la reunión el gerente grita *¡Oye, tú!*, mirando a alguien en concreto, los presentes pueden deducir quién es el referente intencionado. Sin embargo, si el gerente se diera la vuelta y hablara a sus empleados de espaldas, no sería tan fácil para ellos determinar a quién se refiere si gritara de repente *¡Oye, tú!*, a no ser que uno estuviera haciendo algo inapropiado que todos pudieran ver. Por lo tanto, las expresiones deícticas se combinan con la mirada, y los interlocutores cuentan con que todas las personas presentes sean capaces de determinar la dirección y el objetivo de sus indicaciones visuales.

El uso de la deíxis en situaciones cara a cara se puede denominar **directo**; se emplean los sentidos, sobre todo la vista y el oído, para interpretar las indicaciones. También hay maneras de simular la comunicación cara a cara mediante los aparatos tecnológicos (e.g. la cámara, el teléfono, la computadora, etc.); en este caso, la deíxis puede ser directa cuando los participantes siguen compartiendo el mismo espacio y el contacto visual de forma mediada. En los demás casos, la deíxis es **indirecta**. Por ejemplo, el *yo* de un mensaje de correo electrónico implica deíxis indirecta porque el receptor sabe quién es el referente gracias a la información que especifica quién es el remitente. Por último, existen casos intermedios; por ejemplo, uno podría reconocer la voz de un amigo por teléfono cuando dice *soy yo*, pero para el proceso de identificación se cuenta con información previa, su familiaridad con la voz del amigo.

Por lo general, el español y el inglés tienen sistemas de deíxis personal que son relativamente similares, con algunas excepciones anteriormente mencionadas. Para dirigirse al receptor, algunos idiomas contienen una mayor cantidad de distinciones gramaticales y pronominales que el sistema dual de *tú/usted* en español. Para poner un ejemplo, el tamil, hablado en una parte de la India, posee un complejo sistema de hasta seis pronombres para la segunda persona del singular. Por tanto, para dirigirse a su receptor, el emisor debe elegir cuál es la opción apropiada, teniendo en cuenta cuestiones de rango que se basan sobre todo en la edad, la casta y el parentesco (Brown y Levinson 1987; Levinson 1983). Estos sistemas de formas gramaticales y pronombres se llaman **honoríficos.**

4.2 LA DEÍXIS ESPACIAL

La deíxis espacial implica la relación de referencias espaciales con respecto a los interlocutores. Para entender cómo funciona este tipo de deíxis, fíjese en (20):

20) Roberto le manda un mensaje de texto a su amigo:
    Esta fiesta es fantástica. Hay mucha gente aquí. Ven.

En (20), *esta*, *aquí* y *ven* hacen referencia a un espacio físico donde hay una fiesta, pero no se sabe dónde puesto que es necesario conocer algunos elementos para entender dónde está el *aquí* y *esta fiesta*. El detalle más importante que se necesita es la localización del amigo, el punto de referencia o el **centro deíctico,** el cual se refiere a la ubicación del emisor en el momento que emite el enunciado. La confusión en (20) puede surgir por el hecho de que Roberto no especifica dónde está porque supone que el receptor sabe desde dónde está llamando.

Como la deíxis de persona, la deíxis espacial se desarrolló originalmente para la comunicación cara a cara donde todos los interlocutores comparten un espacio físico, de modo que las indicaciones como *aquí* y *esta* están relacionadas con un entorno al que todos tienen acceso. Por consiguiente, cuando los participantes no se encuentran en el mismo lugar, como en (20), es fundamental que cada uno sepa la ubicación del otro para poder emplear la deíxis espacial de forma indirecta.

4.2.1 Adjetivos y pronombres demostrativos

Algunas de las estructuras esenciales de la deíxis espacial son los adjetivos y pronombres demostrativos. Dado que el sistema de demostrativos en español es diferente al del inglés, vale la pena repasar cómo se conceptualizan estos mecanismos en español. Aunque en principio es un tema básico que se estudia en los cursos introductorios de lengua, la mayoría de los alumnos avanzados no llega a dominar todos sus matices.

El término *demostrativo* está vinculado a la idea de *demostrar,* así que se emplean los demostrativos para señalar elementos del contexto. En la tabla 4.1 se muestra la manera tradicional de presentar los demostrativos; no obstante, es fundamental tener en cuenta que este esquema no refleja fielmente el uso real de estas palabras. De acuerdo con este esquema tradicional de los demostrativos en español, las tres zonas espaciales corresponden aproximadamente con las tres personas gramaticales del verbo (en realidad, la zona 3 se asociaría con el espacio de la tercera persona o con cualquier zona no relacionada con la primera ni la segunda persona). Los siguientes ejemplos en (21) ilustran los usos prototípicos:

21) *Este bolígrafo que tengo no funciona.*
    Ese bolígrafo que tienes en la mano es nuevo.
    ¿Me puedes recoger aquel bolígrafo que dejamos en la biblioteca ayer?

Según algunos estudios, como los de Hottenroth (1982) y Richardson (1996), hay más excepciones a la regla que casos que la confirman. Por ejemplo, Richardson afirma que *este* se usa con frecuencia con referentes en la zona de la segunda persona, mientras que *ese* se suele emplear para referentes fuera de la zona de la segunda persona. En realidad, la distancia que el emisor comunica mediante los demostrativos tiene un componente subjetivo que no corresponde necesariamente con la conceptualización de las tres zonas expuestas en la tabla 4.1. En última instancia, el emisor es siempre quien decide cómo codificar y colocar simbólicamente una entidad en el espacio. Un ejemplo ilustrativo es el caso al que alude Hotten-

Tabla 4.1: Esquema tradicional de los demostrativos

Zona 1: Para señalar entidades en la zona aproximada del emisor	Zona 2: Para señalar entidades en la zona aproximada del receptor	Zona 3: Para señalar entidades ni en la zona aproximada del emisor ni en la del receptor
esta / estas	esa / esas	aquel / aquellos
este / estos	ese / esos	aquella / aquellas
esto	eso	aquello

roth (1982): un paciente, para explicarle al médico dónde siente dolor, podría decir algo como *no es esta parte de la pierna, es esa parte más abajo*. Aquí se percibe claramente la relatividad de los demostrativos: desde la perspectiva del emisor, y empezando con los ojos como punto de partida de su percepción visual, si emplea *este, ese* siempre va a indicar algo más allá de *este*, y si utiliza *ese, aquel* siempre va a indicar algo más allá de *ese*.

Varios autores han distinguido entre el uso deíctico gestual y el simbólico (Fillmore 1998). Para el gestual, el receptor debe ver el gesto del emisor señalando con el dedo para saber cuál es el referente, como en (22) donde el alumno debe ver el dedo índice de la instructora para saber a qué dedo se refiere. En cambio, para el uso simbólico no hace falta ver ningún gesto; en (23), el estudiante sabe en qué habitación se encuentra para la lección de música. Comparativamente hablando, son pocos los usos gestuales dentro del fenómeno de la deíxis.

22) Una instructora de piano a su alumno, mientras levanta el dedo índice:
   Usa este dedo para tocar la última nota.
23) Una instructora de piano a su alumno, después de que él ha tocado una canción:
   Esta habitación tiene muy buena acústica, ¿no crees?

Un tipo de extensión simbólica fuera del ámbito deíctico son los demostrativos *ese* y *aquel*, que se emplean para indicar desagrado o algún tipo de actitud despectiva hacia el sustantivo. Esta extensión es lógica; el emisor, mediante el lenguaje, coloca las cosas que no le gustan lejos y fuera de su espacio, como se observa en los siguientes ejemplos:

24) *Esa mujer está loca.*
25) *El hombre ese bebe demasiado.*
26) *No quiero volver a ver a aquella persona.*

Aunque es una cuestión gramatical, los estudiantes no siempre entienden bien cuándo usar las formas neutras: *esto, eso* y *aquello*. Estos pronombres se reservan para referirse a ideas completas y no a sustantivos concretos:

27) *Hoy tengo gripe y no puedo ir a mis clases. ¡Cómo me molesta esto!*
28) *Aquello que te dije la semana pasada es verdad.*

En (27), *esto* se refiere al hecho de que *el emisor tiene gripe y no puede ir a sus clases,* y en (28), *aquello* se refiere a *lo que la persona dijo la semana pasada.* Por último, en algunos casos uno puede utilizar estos pronombres para hacer referencia a un objeto, el cual todavía no se ha mencionado o identificado en el discurso. Para ejemplificar esta idea, suponga que un invitado va a tocar un plato caliente encima de la mesa. El anfitrión puede gritar *¡No toques eso!* y se entiende que el referente es el plato.

4.2.2 Adverbios de lugar

Volviendo otra vez al esquema tradicional de los demostrativos (tabla 4.1), se suele explicar que los adverbios de lugar siguen la misma representación. De acuerdo con esta exposición, se especificaría que, de forma aproximada, *aquí* corresponde con la zona 1, *ahí* con la zona 2 y *allí* con la zona 3. Sin embargo, los mismos problemas que se han mencionado antes surgen también con estos adverbios; el uso real tiende a ser más complejo. Para empezar, hay bastante variación dialectal en español con respecto al uso de estos adverbios, especialmente cuando se añaden las variantes *acá* y *allá* al repertorio. Además, para complicar más el asunto para los estudiantes de español, casi no se percibe la diferencia entre la pronunciación de *ahí* y *allí* en dialectos en que el sonido *-ll-* se suaviza.

Igual que ocurre con los demostrativos, se debe entender el concepto de distancia y espacio en el sentido relativo. Si se piensa en *aquí*, el hablante, en el momento que emite el enunciado, se imagina dentro de un determinado espacio, pero como se muestra en (29), la extensión de dicho espacio no tiene límites:

29) *Aquí en esta habitación hay mucho humo.*
    Aquí en esta universidad hay muchos estudiantes extranjeros.
    Aquí en esta ciudad hay mucho tráfico.
    Aquí en este país hay mucho desempleo.
    Aquí en este mundo hay mucha diversidad.
    Aquí en esta galaxia hay muchas estrellas.

Fíjese en la correspondencia entre *aquí* y *este/esta*. En situaciones normales, sería una contradicción deíctica combinar, por ejemplo, *aquí* con *ese/esa*:

30) *#Aquí en esa habitación.*

No obstante, uno podría designar un espacio con *aquí* y *esta*, y luego dentro de este espacio, señalar un objeto con *ese* y *ahí*:

31) *Me encanta leer <u>aquí</u> en <u>esta</u> habitación, con <u>esa</u> lámpara <u>ahí</u>.*

Existe también la posibilidad de que el emisor no esté físicamente en el espacio, indicado por *aquí*, cuando se trata de señalar lugares en representaciones gráficas o fílmicas (e.g. mapas, fotos, películas, etc.). Por ejemplo, si alguien que se encuentra en Nueva York mirara un mapa del mundo, podría señalar Buenos Aires con el dedo y decir *Quiero pasar las vacaciones aquí*. No obstante, como muestra Fillmore (1971), si el emisor puede señalar algo con el dedo, se neutralizan las opciones y uno disfruta de más libertad con las expresiones deícticas. De modo que, al señalar Buenos Aires en el mapa, alguien podría decir *quiero pasar las vacaciones aquí, ahí* o *allí* sin que hubiera ninguna confusión.

Con todo, hay que recordar que siempre existen varios usos no deícticos donde el objetivo no es precisamente situar algo en un espacio determinado. Un ejemplo es la expresión *por ahí*, la cual puede tener diferentes traducciones en inglés como "around", "around here", "around there", "out and about", etc.:

32) *Voy a dar un paseo <u>por ahí</u>.*
33) *Ella está <u>por ahí</u> viajando.*

Como se ha mencionado previamente, el uso de estos adverbios varía considerablemente según la variedad del español, por eso no es fácil presentar un esquema sistematizado de su aplicación. Para algunos hispanohablantes, *acá* y *allá* se utilizan sobre todo con verbos de movimiento, como *ven acá* y *vamos para allá*. Otra característica de éstos es que permiten grados de distinción, como se muestra en (34) y (35), y en estos casos no se podría sustituir *más aquí* en (34) o *más allí* en (35):

34) *Vente más acá.*
35) *La casa está más allá del río.*

Ciertas expresiones de orientación espacial también tienen un componente deíctico. Cuando el emisor afirma que hay algo detrás de, o delante de él o ella, es una indicación deíctica porque la persona que habla utiliza la ubicación actual de su cuerpo como punto de referencia. Sucede lo mismo cuando el emisor señala que algún objeto está a su derecha o a su izquierda. No obstante, como indica Levinson (1983: 83), un enunciado como *Bob está a la izquierda de Mark* tiene dos posibles interpretaciones y sólo es una cuestión de deíxis si significa que, desde la perspectiva del emisor, Bob está a la izquierda. Por el contrario, si el punto de referencia es Mark, y Bob está a *su* izquierda, la perspectiva del emisor ya no es pertinente. Incluso las indicaciones de distancia pueden estar relacionadas con la deíxis si el punto de referencia es el emisor, el cual suele ser implícito. Por ejemplo, en (36) se supone que la playa está a dos millas de donde está el emisor cuando está hablando:

36) *La playa está a dos millas.*

Si se incluyera otro punto de referencia, como surge en (37), la distancia indicada no dependería de la posición del emisor en el momento de la emisión:

37) *La playa está a dos millas del restaurante.*

PARA COMUNICARSE EN ESPAÑOL

A diferencia de los adverbios, las locuciones adverbiales, como *así mismo* o *boca arriba*, son expresiones fijas que equivalen a un adverbio. En ocasiones, algunas locuciones adverbiales pasan de ser dos palabras a una sola. Este es el caso, entre otros, de *en frente* o *en seguida*, que pueden escribirse *enfrente* y *enseguida*. Hoy en día, se tienden a escribir en una sola palabra, pero también es válida la grafía simple, tal y como lo recoge el *Diccionario de la Real Academia de la Lengua Española*. Es importante matizar que la locución adverbial *sobre todo* se escribe siempre en dos palabras como en *Inma disfruta sobre todo de la buena comida*. De hecho, *sobretodo*, cuando se escribe junto, funciona en algunas variedades de español como un sustantivo que se refiere a un tipo de abrigo.

4.2.3 Verbos de movimiento

Existen algunos verbos de movimiento, sobre todo *venir/ir* y *traer/llevar*, que pueden relacionarse con la deíxis espacial, aunque no siempre. Los verbos *venir* y *traer* implican movimiento hacia el emisor o hacia un lugar asociado con él o ella (e.g. su casa, oficina, etc.). En cambio, *ir* y *llevar* suelen sugerir movimiento hacia un lugar donde no está el emisor. Considere los siguientes ejemplos:

38) *Si vienes a mi casa a cenar, ¿puedes traer una botella de vino?*
39) *Si voy a tu casa a cenar, puedo llevar una botella de vino.*
40) *Si voy a la casa de Alberto a cenar, puedo llevar una botella de vino.*

Si se intenta intercambiar estos verbos, se darán resultados interesantes. Para poner algunos ejemplos, sería extraño usar *ir* y *llevar* en (41) si el emisor pensara que iba a estar en casa; de hecho, la implicación es que no va a estar:

41) *Si vas a mi casa a cenar, ¿puedes llevar una botella de vino?*

En (42), el uso de *venir* y *traer* parece insinuar que el emisor ya está en la casa del receptor cuando habla y así hace referencia a la posibilidad de volver más tarde para cenar:

42) *Si vengo a tu casa a cenar, traigo una botella de vino.*

Sin embargo, puede haber algo de flexibilidad con *venir*; si dos amigos estuvieran sentados en un café, uno podría emplear el (43) porque se asocia la casa de uno con su espacio personal, aunque no esté ahí en el momento:

43) *Nunca vienes a mi casa.*

No se pretende afirmar que estas normas de uso se siguen al pie de la letra en todas las variedades del español y en todos los registros. Se puede encontrar casos de neutralización en que la ubicación del emisor es insignificante. Un ejemplo es el uso de *traer* en algunas variedades del español donde el significado es "carry or have on one's person" (e.g. *¿Traes dinero?*). Junto a estos, *ir* y *venir* se pueden emplear sin ningún destino especificado; en tales casos la dirección del movimiento en relación con los interlocutores no importa (e.g. *Se ve mucho movimiento en la calle, la gente va y viene a lo largo del día*).

Aunque los detalles de estos verbos son complejos, una diferencia significativa entre el español y el inglés es que el inglés permite más flexibilidad con el uso de "come" y "bring" hacia lugares donde no se encuentran ni el emisor ni el receptor (véase Fillmore 1998 y Lenarduzzi 1993 para discusiones más exhaustivas). Fíjese en el siguiente ejemplo:

44) Sam llama a John; los dos están en el trabajo:
SAM: *"Mary lost her keys and can't get in the house. Can you help her?"*
JOHN: *"Yeah, I'll <u>bring</u> her my keys right away".*

Si John fuera hispanohablante, no podría usar *traer* como "bring" en inglés:

45) JOHN: *Sí, le *<u>*traigo</u> mis llaves en seguida.*

En cambio, tendría que usar *llevar* u otro verbo:

46) JOHN: *Sí, le <u>llevo</u> mis llaves en seguida.*

Por último, Richardson (1996) incluye uno de los contrastes más comunes entre las dos lenguas; cuando nos llama otra persona, en español no se suele responder con *venir* como en inglés sino con *ir*:

47) HEATHER: *"Mario, hurry up!"*
MARIO: *"I'm coming!"*
MARIO (en español): *¡Ya voy!*

4.3 LA DEÍXIS TEMPORAL

La deíxis temporal es la relación de referencias temporales con respecto al enunciado. Generalmente el momento de emisión es el punto de referencia o el centro deíctico (Ej. *ahora* corresponde con el momento en que el hablante está emitiendo el enunciado, *hoy* con el día en que se emite el mensaje, etc.). Preste atención a los siguientes ejemplos:

48) *Está nevando mucho <u>hoy</u>.*
49) *<u>Mañana</u> es el cumpleaños del presidente.*
50) *<u>Hace tres minutos</u> que Patricia se fue.*

En (48), para saber a qué día se refiere *hoy*, hay que saber cuándo fue emitido el enunciado. En (49), para saber qué día es *mañana*, también es necesario saber cuándo fue emitido y así se sabrá que *mañana* es el día siguiente. En (50), para saber cuándo se fue Patricia, hay que saber en qué momento se dijo.

Con la deíxis temporal, pueden ocurrir varios tipos de confusión, sobre todo cuando la interacción no es cara a cara. Por ejemplo, suponga que son las ocho de la mañana del lunes y usted recibe el siguiente mensaje de correo electrónico de una amiga:

51) *Mañana voy a la casa de mis abuelos.*

Al leer el mensaje, usted se da cuenta de que fue escrito a las dos de la mañana (2:00 a.m.). Una cuestión complicada es decidir a qué momento se refiere ya que no siempre se siguen de forma rigurosa los calendarios y los relojes cuando uno se comunica. Es probable que la amiga escribiera el mensaje antes de acostarse, y como era de noche todavía, para ella era domingo en términos prácticos y *mañana* se refería al lunes. Cuando son las dos o tres de la madrugada y todavía uno está despierto, es frecuente usar *mañana* para indicar lo que, en efecto, es el mismo día (es decir, se tiende a asociar el comienzo del día con la salida del sol, o con haber dormido, y no con la hora del reloj).

Otra fuente de confusión es la distinción entre el momento de producción y el de la recepción, sobre todo cuando queda un periodo de tiempo indeterminado entre los dos momentos (Ej. las cartas, el correo electrónico, los mensajes del buzón de voz, etc.). Aunque generalmente el centro deíctico está vinculado al momento de producción, puede haber varios tipos de desplazamiento. El emisor es capaz de proyectar el centro deíctico hacia el futuro para que *ahora* corresponda con el momento de recepción. Fillmore (1971: 236) incluye el siguiente ejemplo en que el *ahora* del autor se desplaza hacia el futuro:

52) *Ahora estás leyendo un libro que te va a cambiar la vida.*

Levinson (1983) afirma que el concepto de *ahora* varía considerablemente, incluso cuando se usa para hablar del presente. En (53), *ahora* se refiere justamente al instante en que se pronuncia la palabra *ahora*, mientras que en (54), *ahora* indica un periodo de tiempo indeterminado:

53) Un cazador dice a su hijo:
　　　¡Dispara ahora!

54) Una estudiante dice en una entrevista:
Ahora estudio psicología en la universidad.

Opciones como *ahora mismo* o *ahorita* en español ofrecen la posibilidad de enfatizar el grado de urgencia o de inmediatez implicado, pero aun así este significado añadido es relativo. Para ejemplificar este tipo de elasticidad temporal, se puede considerar el uso de *ahorita* en México; cuando alguien dice *ahorita te llamo* o algo parecido, puede significar que la persona va a llamar varias horas más tarde.

Las expresiones deícticas de tiempo también tienen usos no deícticos; se puede poner por caso *hoy* y *hoy día* que se utilizan con el sentido de *en el mundo actual*:

55) *Los jóvenes de hoy no respetan a los ancianos.*

Del mismo modo, es común usar los demostrativos con un significado temporal, para situar objetos o recuerdos en el tiempo. *Ese* y *aquel* se emplean para el pasado, con lo cual *aquel* indica algo más lejano en el pasado que *ese*:

56) *Ayer no pude encontrar ese suéter que me gusta tanto.*
57) *¿Te acuerdas de aquel día cuando fuimos al partido?*

El uso temporal de *este* generalmente corresponde con algo en el presente o futuro:

58) *En este momento no tengo hambre.*
59) *Voy a Londres este verano.*

Los tiempos verbales también incluyen un elemento deíctico. Si se piensa en (60), basado en un ejemplo de Levinson (1983: 56), el uso del tiempo presente implica que la afirmación de que *hay un hombre en la luna* corresponde con el momento de la emisión del enunciado:

60) *Hay un hombre en la luna.*

Aunque no se estipula que *ahora* hay un hombre en la luna, la idea de *ahora* está implícita en el tiempo verbal *hay*. Extendiendo este componente deíctico de los tiempos verbales, de igual modo que el presente indica simultaneidad con el momento de la emisión, el pasado implica anterioridad al momento de la emisión, y el futuro, posterioridad. Con todo, las excepciones son considerables, como el uso del presente histórico (Ej. *Colón llega a las Américas en 1492*), el pasado para reducir el grado de imposición (Ej. *Te llamaba porque quería pedirte un favor*) y el futuro para expresar conjetura (61):

61) Alguien toca la puerta mientras Enrique y Wendy están cenando. Wendy le pregunta a Enrique:
    ¿Quién será?

4.4 LA ANÁFORA Y LA CATÁFORA

La **anáfora** y la **catáfora,** en vez de señalar un referente en el contexto o en el entorno físico, hacen referencias a otros referentes en el co-texto lingüístico (o el discurso). Por eso se denominan también **deíxis discursiva.** Se vio un ejemplo anteriormente que se vuelve a incluir en (62):

62) *Oprah Winfrey es una mujer muy famosa. Ella nació en Mississippi.*

En este ejemplo, *Oprah Winfrey* es lo que se denomina el **antecedente** de *ella*. Además se dice que es un caso de **correferencia** porque *ella* y *Oprah Winfrey* se refieren a la misma persona que existe en el mundo real. Ahora considere otros ejemplos:

63) *He preparado un sándwich. Lo he puesto en la bolsa.*
64) *Vienen mi amigo y su novia.*
65) *Aunque su madre no lo sabe, Jorge tiene novia.*

En (63), el pronombre *lo* hace referencia al antecedente *sándwich* en la primera oración. En (64), el antecedente de *su* es *mi amigo*. Ahora, ¿cuál es el antecedente de *su* en (65) y cuál es la diferencia más obvia entre (64) y (65)? Tiene que ver con la localización del antecedente; en (64) el antecedente de *su* viene antes, y en (65), viene después. Se usan los términos *anáfora* y *catáfora* para diferenciar entre los dos casos. Mientras que la anáfora se refiere a algo expresado previamente en el discurso, como ocurre en (63) y (64), la catáfora se refiere a algo expresado posteriormente en el discurso, como sucede en (65).

En algunas ocasiones puede haber una combinación de deíxis y anáfora. Para imaginar cómo funcionaría tal caso, fíjese de nuevo en (62). Si un presentador dice (62) durante una ceremonia en la que Oprah está presente, *ella* se refiere tanto a la persona presente en la ceremonia como a la palabra *Oprah* que ya había sido mencionada en el discurso.

4.5 LOS ARTÍCULOS DEFINIDOS

Algo tan básico como los artículos definidos tienen una función deíctica. A continuación se ofrece un ejemplo para mostrar cómo el artículo definido señala elementos en el contexto comunicativo. Imagine un aula cinco minutos antes de que empiece la clase, cuando los estudiantes van entrando y tomando asiento. De repente, justo en el momento en el que un estudiante se va a sentar, alguien dice: *¡Cuidado, que la silla está rota!* Es posible que este aviso vaya acompañado con una indicación con el dedo, pero no sería necesario. Aquí, el artículo *la* en *la silla,* junto con la situación en progreso y todos sus elementos relevantes, le permite al receptor identificar el referente.

Recuerde que los artículos definidos en español son *el/la/los/las* y los indefinidos son *un/una/unos/unas.* Se podría decir que la decisión entre usar los definidos o los indefinidos se basa en gran parte en la deíxis. Compare los siguientes ejemplos:

66) *Compré el libro en Londres.*
67) *Compré un libro en Londres.*

La diferencia entre (66) y (67) es que en (66), *el libro* presupone que ha habido alguna referencia previa al libro en cuestión, o por lo menos que el oyente sabe, de una forma u otra, a qué libro se refiere el hablante. Ya que *el libro* señala algún libro específico de entre todos los libros posibles, el artículo *el* desempeña una función deíctica. En (67), con *un libro,* se introduce un nuevo elemento en el contexto, y luego, una vez introducido, el hablante podría añadir algo como *el libro sólo me costó tres dólares,* señalando algo que ya se ha mencionado.

Ahora, contemple los ejemplos (68) y (69):

68) *¿Tienes la llave?*
69) *¿Tienes una llave?*

El (69) es más apropiado, por ejemplo, si una persona está tratando de quitar un chicle de la suela del zapato y necesita un objeto duro y puntiagudo para la tarea.

En su libro sobre los artículos, Francisco Abad Nebot (1977: 30) afirma que el artículo definido "señala objetos presentes en el estado de conciencia" de los interlocutores. Éste es su uso deíctico. Se podría precisar que, con el uso del artículo definido, el hablante presupone que el objeto (o concepto) está presente en el estado de conciencia del oyente. Sin embargo, el hablante puede equivocarse, como en (70):

70) BEA: *Por fin encontré el libro en Londres.*
    TERE: *¿Qué libro?*
    BEA: *Ah, ¿no te lo había contado? Estaba buscando una copia de la primera edición de* Beloved *de Toni Morrison.*

Otros usos del artículo definido se pueden observar a continuación. Aunque siguen guardando un elemento deíctico, las reglas gramaticales también entran en juego:

71) *El amor es eterno.*
72) *Roberta se lavó el pelo.*
73) *Ayer vi una casa con la puerta abierta.*

En (71), se ofrece un ejemplo del artículo definido con conceptos supuestamente conocidos por todo el mundo (*el amor, la política, la biología*, etc.), así que, hasta cierto punto, también señalan elementos que están presentes en nuestro estado de conciencia. Este uso contrasta con el inglés donde se prescinde del artículo (Ej. "Love is eternal"). En (72), se podría decir que el uso de *el* en *el pelo* también señala algo conocido en el sentido de que se sabe que, por lo general, las mujeres tienen pelo. En (73), se ve un buen contraste entre *una* y *la* en la misma oración.

En resumen, con todos los tipos de deíxis que se han visto en este capítulo, hay que enfatizar que, en última instancia, lo que más importa, desde la perspectiva del receptor, es poder comprobar cuál es el referente intencionado del emisor. Si usted recuerda el dato de Bar-Hillel (1954), que más del 90 por ciento de nuestros enunciados contienen referencias deícticas, resulta asombroso que la deíxis funcione de manera tan eficiente. En la gran mayoría de los casos, gracias a la capacidad para revisar continuamente el entorno comunicativo, se encuentra el referente de forma automática, sin ningún tipo de esfuerzo adicional. Incluso en situaciones atípicas, las confusiones o malentendidos deícticos son poco frecuentes. Green

(1996: 18) propone un ejemplo interesante, que se ha adaptado y se presenta a continuación. El ejemplo subraya la facilidad con la que se deduce el referente intencionado: en situaciones prototípicas cuando alguien dice que *está lloviendo*, se refiere tanto al momento de la emisión como al lugar donde está ubicado el emisor. Es decir, se intuye que *está lloviendo* significa que *está lloviendo aquí, en este momento*. Ahora suponga que un grupo de amigos está mirando un partido de fútbol en diferido que tuvo lugar el día anterior en otro país. Si uno de ellos dice *está lloviendo* mientras todos ven el partido, es probable que los otros amigos entiendan fácilmente que *estaba lloviendo* ayer y en la ciudad donde juegan los futbolistas. Esto no quiere decir que no haya ambigüedades deícticas como ésta que pueden causar confusiones, aunque sean momentáneas. Para seguir con el mismo ejemplo, uno de los amigos, al oír que está lloviendo, puede haber mirado por la ventana y haber preguntado *¿en serio?*, sin caer en la cuenta de que la referencia es al partido en la televisión y no al entorno inmediato de la interacción.

PARA RESUMIR

En este capítulo se han incluido las siguientes ideas:

- ◆ La definición de deíxis y su relación con los referentes.
- ◆ La deíxis personal: la primera y la segunda persona.
- ◆ La distinción entre la deíxis directa y la indirecta.
- ◆ La importancia del contacto visual para delimitar el uso de los deícticos.
- ◆ La deíxis espacial: los adjetivos y los pronombres demostrativos, los adverbios de lugar y los verbos de movimiento.
- ◆ La deíxis temporal: los adverbios de tiempo y las formas verbales.
- ◆ Los conceptos de anáfora y catáfora.
- ◆ El empleo de los artículos definidos como elementos deícticos.

PARA PRACTICAR

1. ¿Las palabras subrayadas tienen un uso deíctico o no?

   a. Dos amigos están hablando en el parque y uno dice:
      ¿Ves _aquella_ casa en la colina? Mi tío vive _allí_.
   b. "With her it's always <u>me me me</u>!"

    c. *Yo estoy buscando mi 'yo' interior.*

    d. Un representante de una aerolínea le dice a un cliente por teléfono:
      Nosotros no podemos hacer nada. Todos los vuelos se han cancelado hoy.

    e. Un gerente a su equipo de empleados:
      Tú no puedes confiar en nadie hoy.

    f. Un padre a su hijo:
      Ahora dime, ¿quién eres tú para opinar?

    g. Una profesora a un estudiante, con un DVD en la mano:
      Esta película te hace pensar en muchas cosas.

2. Los siguientes ejemplos incluyen una variedad de expresiones deícticas en español e inglés, pero los usos no reflejan necesariamente *referencias* deícticas. Trate de explicar su significado, y si se puede, el motivo de su uso en el contexto.

    a. Un anciano, mientras señala un teléfono antiguo:
      En aquel entonces no había los aparatitos esos que todo el mundo usa ahora.

    b. Un político que dice durante su campaña:
      Mañana será un nuevo día.

    c. Un amigo a otro, hablando de los problemas de matrimonio:
      Tú te das cuenta de que las cosas ya no funcionan como antes y te marchas.

    d. MARÍA: *Hay una fiesta esta noche en la casa de Enrique.*
      PACO: *¡Ya nos fuimos!*

    e. "The party sounds great. I'm there!"

    f. "It's already past five? I'm outta here!"

    g. JOSÉ: *Pablo nunca quiere hacer nada con nosotros. Pasa todo el día en casa solo.*
      PAMELA: *Allá él. Me he cansado de invitarlo.*

    h. En una película de acción:
      Nadie me habla así. ¡Estás muerto!

3. Como *ahora*, los adverbios *ya* y *todavía* implican un componente temporal que es deíctico. Traduzca los siguientes ejemplos al inglés para mostrar que entiende el significado. Luego intente explicar su referencia deíctica.

    a. *Ya está nevando.*

    b. *Ya no está nevando.*

    c. *Todavía está nevando.*

    d. *Todavía no está nevando.*

4. Explique el uso de *nosotros*. ¿Cuál sería el motivo predominante, en su opinión, en cada ejemplo? ¿Es una cuestión de persuasión, de modestia, de solidaridad o refleja una combinación de motivos?

   a. En un restaurante, el camarero dice a sus clientes:
      ¿Cómo estamos hoy?
   b. En un libro de texto para niñas, de los años 50:
      Seamos hormiguitas y hormiguitas graciosas y amables.
   c. Un actor, en su discurso después de haber ganado un Oscar para mejor actor:
      Hemos trabajado mucho en este papel y esperamos que nuestro esfuerzo se refleje en el producto final.
   d. El presidente en uno de sus discursos:
      Este año vamos a tener que apretarnos el cinturón.
   e. Una jefa a su empleada:
      Sé que vives lejos, pero tenemos que tratar de llegar a tiempo.

5. Aunque parece algo muy básico, los estudiantes de español suelen tener problemas cuando convierten citas directas en indirectas. En estos casos, la deíxis entra en juego porque las citas directas contienen información vinculada al contexto en el momento del enunciado (*ahora, aquí, yo*, tiempos verbales, etc.), y hace falta desligar las conexiones deícticas del contexto. Siga el modelo y escriba una oración con la cita incorporada teniendo en cuenta los cambios que sean necesarios.

   MODELO: Ella dijo: *Yo vi mi coche en el garaje de mi ex marido.*
                  Ella dijo que había visto su coche en el garaje de su ex marido.
   a. El capitán dijo: *Llegamos ayer.*
   b. El padre insistió: *Hijo, pórtate bien mañana.*
   c. La niña gritó: *Abuela, ya me he bañado.*
   d. El gato preguntó: *Querido pájaro mío, ¿quieres venir a mi casa?*
   e. La profesora explicó: *De vez en cuando, los profesores tenemos que decir a nuestros alumnos: ¡Estudien más!*
   f. El chico escribió en una nota: *Todos mis primos me van a traer regalos mañana.*
   g. Los gemelos confesaron: *Anteayer no fuimos a la escuela.*

6. Haga un análisis de cada una de sus respuestas en el ejercicio anterior. Primero subraye los elementos deícticos y anafóricos que Ud. ha tenido que modificar y luego explique por qué.

7. Junto al empleo de los pronombres, otro caso interesante de anáfora es el uso de "former" y "latter" en inglés (Fillmore 1971). ¿Sabe Ud. cómo se expresan en español en el siguiente fragmento?

> "Baseball and basketball are both popular sports. While the former tends to seem a bit too slow for some people, the latter moves along at a rapid speed."

8. Decida cuáles son las dos opciones más lógicas y explique por qué:

> *Vi un árbol con la rama pintada de blanco.*
> *Vi un árbol con el tronco pintado de blanco.*
> *Vi un árbol con una rama pintada de blanco.*
> *Vi un árbol con un tronco pintado de blanco.*

9. Analice el uso de los artículos según las ideas presentadas en este capítulo:

   a. *Un hombre entró en una taberna y le dijo al camarero, "Tengo sed". El camarero sacó una botella de tequila y la puso en la barra. El hombre cogió la botella y la tiró al suelo.*
   b. *Ayer fuimos al zoo para ver al oso polar.*

PARA SEGUIR REFLEXIONANDO

1. En muchos discursos, los políticos emplean *nosotros* y no está claro quiénes son los referentes. ¿Qué ventajas podría tener este hecho para los políticos?

2. Explique dónde está la fuente del humor en el siguiente chiste.

> Un general dice a sus soldados: *Salgamos de las trincheras y no paren hasta tomar las del enemigo.*

3. a. Explique las diferencias entre el español y el inglés con respecto al uso de los pronombres de sujeto.
   b. Ahora, pensando en (3a), ¿cuál es la mayor dificultad que tienen los anglohablantes cuando aprenden español?

4. a. Levinson (1983) menciona el siguiente ejemplo: *El gato está detrás del coche.* El uso de *detrás de* puede ser deíctico o no, según la situación. ¿Puede Ud. describir las dos opciones o interpretaciones? Pensando en esta misma idea, ¿qué

sucede con *El gato está detrás del árbol?* ¿Se presta a las mismas dos interpretaciones? Haga dibujos para las diferentes opciones y luego justifique su decisión.

b. Ahora para las siguientes expresiones, trate de pensar en un ejemplo deíctico y
otro no deíctico:

i. el piso de arriba

ii. está cerca

iii. al otro lado

5. Aunque no se ha discutido en este capítulo, el adverbio *así* es deíctico. ¿Puede dar
algunos ejemplos y explicar por qué es deíctico?

PARA INVESTIGAR MÁS

Green, Georgia. 1996. *Pragmatics and Natural Language Understanding* (capítulo 2).
Mahwah, NJ: Lawrence Erlbaum.

Hottenroth, Priska-Monika. 1982. "The System of Local Deixis in Spanish". En *Here and
There: Cross-linguistic Studies on Deixis and Demonstration*, editado por Jürgen Weissenborn y Wolfgang Klein, 133–154. Amsterdam: John Benjamins.

Levinson, Stephen. 1983. *Pragmatics* (capítulo 2). Cambridge: Cambridge University Press.

Lyons, John. 1977. *Semantics*, vol. 2. Cambridge: Cambridge University Press.

Richardson, Bill. 1996. "Spanish spatial deictic features: Indices of entities, location and
movement". *International Review of Applied Linguistics in Language Teaching* 34(4),
215–231.

Capítulo 5

Las palabras vuelan, y lo escrito permanece
La oralidad y la escritura

PARA SITUARSE

Los mensajes de texto se han convertido en un fenómeno de comunicación que agiliza la interacción. Este tipo de mensaje conlleva una reducción significativa de la lengua por cuestiones de eficiencia. Aunque Ud. quizá no tenga experiencia con los SMS en español, trate de interpretar los siguientes mensajes:

Q tal los de+?

Bn aunk m an dixo k no bndrian a kmr.

Piense en los posibles problemas de descodificación para las personas que no están acostumbradas a este tipo de comunicación e identifique algunos rasgos característicos de los mensajes de texto en general.

David González de Pablos

Ya se ha mencionado en capítulos anteriores que la interacción cara a cara es el modelo prototípico de la comunicación, principalmente porque se reduce a su forma más básica y refleja el origen del habla en el sentido de que los seres humanos llevan más tiempo comunicándose así. Este paradigma del discurso oral es tan predominante que tiende a hacer sombra a los otros modos de comunicación, creando la impresión de que todos son idénticos. Aunque es solamente uno de los criterios que se podría aplicar para examinar las diversas prácticas comunicativas, las diferencias entre el lenguaje oral y el escrito tienen consecuencias significativas para el estudio de la pragmática.

Es probable que hace cincuenta años las diferencias entre el lenguaje oral y el escrito fueran más marcadas. Con los avances tecnológicos de las últimas décadas, se han multiplicado las opciones para la interacción lingüística, y, como resultado, lo oral y lo escrito se han ido contagiando. Un ejemplo es el correo electrónico. Estrictamente hablando, es una modalidad escrita, pero por su uso ampliamente extendido, tanto en el ámbito privado como en el profesional, y por la rapidez con la que la gente intercambia mensajes, se aleja considerablemente de la correspondencia tradicional por carta. En comparación con el correo electrónico, la correspondencia tradicional, mediante las cartas, requiere más tiempo; sólo el envío suele tardar varios días, mientras que uno puede intercambiar docenas de mensajes electrónicos a lo largo del día. Debido a este rasgo de instantaneidad, el correo electrónico ha adquirido un elemento de informalidad que es más característico del habla oral (Ej. el uso del lenguaje coloquial, oraciones incompletas, un estilo menos cuidadoso, etc.). Como afirma López Alonso (2006), esta cualidad informal es un rasgo imprescindible del propio género:

> En todos los trabajos sobre el correo electrónico se destaca el carácter cotidiano de este tipo de escritura y es que, sin duda, la primera característica que impera en estos textos es su función comunicativa, por encima de la expresión y corrección sintácticas: se trata de una escritura del momento, del instante, no reflexiva y donde el teclado sustituye a la voz sin que se presente habitualmente un plan controlado del texto. Esta imperfección formal —que no siempre se encuentra en todos los textos, por supuesto—, no puede considerarse como un desprestigio sino como una marca de género.

Tal vez la mensajería instantánea, tanto por su rapidez como por la brevedad de los mensajes, ejemplifique todavía un paso más hacia la informalidad extrema, pero no deja de ser un modo escrito.

Tabla 5.1: El discurso oral y el discurso escrito

Discurso oral	Discurso escrito
Vocalidad (el uso de la voz)	Grafismo (letras y símbolos escritos)
Discurso primario	Discurso secundario
Comunicación natural	Comunicación artificial
Elementos paralingüísticos y kinésicos	Elementos textuales y multimodales
(+) Interactividad	(–) Interactividad
(+) Sincronicidad	(–) Sincronicidad
(+) Espontaneidad	(–) Espontaneidad / (+) Planificación
(+) Dependencia del contexto	(–) Dependencia del contexto / (+) Dependencia del co-texto
(+) Fugacidad	(–) Fugacidad

La tabla 5.1, una adaptación de Portolés (2007) y con algunas ideas de Eggins (1994), contrasta el discurso oral con el discurso escrito y expone ciertos parámetros que tradicionalmente se han asociado con cada modalidad; no obstante, como se acaba de observar en el caso del correo electrónico, no se trata de distinciones categóricas. De hecho, en algunas de las categorías se utiliza (+) y (–) para enfatizar que uno se encuentra ante un continuo, con grados variables de aplicación. Esta síntesis sirve como punto de partida para comparar y contrastar los dos tipos de discurso, con el objetivo de resaltar algunas de las características más relevantes. De todas formas, valdría la pena tener en cuenta el hecho de que siempre va a haber "manifestaciones de lo oral en lo escrito y de lo escrito en lo oral" (Briz 2009: 19).

5.1 EL DISCURSO ORAL

5.1.1 ¿Primario y natural?

Generalmente, se ha considerado que la escritura siempre es una imitación imperfecta del lenguaje oral. En palabras de Halliday y Matthiessen (2004: 7), todos los sistemas de escritura son, en su origen, "parásitos del habla oral"; por eso se incluyen el discurso primario y la comunicación natural como características del lenguaje oral, comparados con lo secundario y lo artificial para el discurso escrito (véase la tabla 5.1). Esta perspectiva ha sido la predominante, por lo menos desde la época de Darwin, cuando se afirmaba que el ser humano nace con el instinto del habla, lo cual queda ejemplificado en los bebés que empiezan a balbucear desde

muy pronto. Junto a esto, históricamente, la capacidad para el lenguaje se originó
con el habla oral, un fenómeno biológico que se desarrollaba simultáneamente
con la paulatina evolución del ser humano en sus múltiples etapas (Ej. *Homo erec-
tus*, *Homo sapiens*, etc.).

Otra indicación, ampliamente citada, es el hecho de que hay dialectos y lenguas que originalmente no tenían ninguna versión escrita, como la lengua de los
mosuo en China, el corso en Córcega o varias lenguas indígenas de las Américas.
No obstante, a pesar de la posición indispensable del lenguaje oral, recientemente,
algunos lingüistas han empezado a cuestionar esta percepción de que el lenguaje
escrito es secundario, reivindicando, por tanto, la escritura como una manifestación
comunicativa independiente del lenguaje oral y con sus propias aplicaciones
(Aaron and Joshi 2006). Por ejemplo, una de las primeras funciones que tenía la
escritura en el Antiguo Egipto era su utilización para cuestiones de administración
y contabilidad (Fischer 1999), de modo que guardaba una utilidad autónoma. Otro
ejemplo del mundo contemporáneo es la importancia que se le da a la **alfabetización** como indicador del conocimiento y del desarrollo de una cultura. En realidad,
las dos perspectivas no son incompatibles porque se puede reconocer la importancia que ha tenido, y que sigue teniendo, el lenguaje oral, sin olvidar las contribu-
ciones y los méritos de la escritura.

5.1.2 El paralenguaje y la kinésica

Se vio en el capítulo introductorio que una faceta significativa de la competencia pragmática comprende lo que se expresa indirectamente mediante el **lenguaje corporal** o la entonación. Se emplea el término **paralenguaje** para designar
todas las señales comunicativas que no están codificadas directamente en el propio lenguaje como: la entonación, el tono, el ritmo, el énfasis, etc. Por otro lado,
la **kinésica** se ocupa de lo que se puede comunicar de forma no verbal o extralingüística: las expresiones faciales, los gestos y otros tipos de lenguaje corporal.
Es en la interacción cara a cara donde los interlocutores pueden aprovechar los
elementos extralingüísticos en su totalidad.

La **entonación** se refiere a las bajadas (↓) y a las subidas (↑) de tono cuando
hablamos. En algunas lenguas del mundo, como el chino mandarín y el tailandés,
una diferencia de tono puede distinguir una palabra de otra. Por ejemplo, en el
mandarín hay cuatro significados distintos (*madre, caballo, reñir* o *cáñamo*) que corresponden a la secuencia "ma" (O'Grady et al. 1996) y un hablante nativo de mandarín sabría aplicar el tono apropiado para el significado deseado. Aunque en len-

guas como el inglés y el español una variación en el tono no puede alterar el significado de una palabra, un cambio de entonación sí puede afectar al significado de un enunciado. Compare estos ejemplos:

1) *¿Ella no quiere ir?* (↑)
2) *Ella no quiere ir.* (↓)

En (1), la única forma de indicar que se está realizando una pregunta es mediante la entonación ascendente en contraste con la descendente en (2) para una afirmación. Sucede lo mismo con todas las preguntas que no empiezan con una palabra interrogativa (*qué, cómo, dónde,* etc.), aunque a veces el orden de las palabras varía también. Ya que la entonación puede contribuir a distinguir una función de otra, como la de hacer una pregunta frente a una afirmación, es un fenómeno que se estudia en la pragmática.

Otra función de la entonación, destacada por Briz (2009), son los enunciados suspendidos que, por un lado, terminan como si fueran incompletos pero, por otro lado, expresan cierta actitud añadida del emisor. En (3), un ejemplo modificado de Briz (2009: 86), el tono suspendido (indicado con el símbolo →) sirve para reducir el grado de responsabilidad del emisor:

3) CÉSAR: *Oye, ¿mañana me puedes echar una mano con la mudanza?*
FERNANDO: *Mañana no voy a estar. Si me lo hubieras dicho antes.* (→)

El emisor también puede alterar el tono o la frecuencia de su voz para conseguir un efecto de ironía o de burla. Escandell Vidal (2005: 52) incluye el siguiente ejemplo de una persona que añade una cita de otra mujer para insinuar distanciamiento irónico (la letra sobreescrita indica una frecuencia más alta):

4) *Todavía parece que la oigo: "Yo nunca te haría una cosa así". ¡Qué falsa!*

Otro contexto en el que el emisor altera la frecuencia de su voz ocurre cuando los adultos se dirigen a los niños y adoptan un tono más alto. Se supone que esta modificación, junto con otras alteraciones en el habla, contribuye a una exitosa adquisición lingüística por parte de los niños (Fernald y Simon 1984).

Además de la entonación, con la voz también se pueden enfatizar ciertas palabras para expresar un grado más alto de intensidad (Ej. *estoy MUY enfadado*) o de emoción (Narbona Reina 2000). Una función más sutil es que, con este tipo de énfasis, uno puede poner de relieve un contraste implícito. Considere los siguientes ejemplos:

5) *Quiero ir a la playa.*
6) *Quiero ir a la PLAya.*

En comparación con *playa* en (5), la versión enfatizada de *PLAya* en (6) transmite un elemento de contraste mediante el cual el emisor resalta su deseo de ir a la playa, y no a ningún otro lugar. A primera vista no parece una revelación extraordinaria, pero la ligera diferencia entre (5) y (6) ilustra que solamente el énfasis es capaz de transmitir el matiz adicional de marcar un contraste.

El lenguaje corporal y las expresiones faciales abarcan un mundo aparte y su estudio es complejo. El macro sistema no verbal es muy amplio y engloba no sólo las señales intencionadas, sino también las no intencionadas. Por ejemplo, una persona puede comunicar mensajes mediante su postura, su forma de fumar, de masticar chicle, de caminar, de sudar o de enrojecer, entre una multitud de otras posibilidades (Poyatos 1985). Incluso la distancia física que se establece entre los interlocutores es un factor importante para la comunicación, el cual se estudia en el campo de la **proxémica**. Dentro de la pragmática, interesa sobre todo lo que el emisor desea comunicar, pero los demás factores no quedan completamente excluidos porque, aunque no sean intencionales, forman parte del contexto de la interacción y pueden influir en la transmisión e interpretación de significados.

La cara en sí es un sistema de múltiples señales y mensajes; proporciona información a través del movimiento muscular de la frente, los ojos, las cejas, los labios, los orificios nasales, las mejillas y el mentón. Pese a la profusión de señales emitidas por la cara, la mayoría de las personas, como no son especialistas en la interpretación de estas pistas, no aprovechan toda esta riqueza de información por dos motivos; primero porque, como interlocutor, generalmente uno no mira a la cara con tanta intensidad y, segundo, porque las expresiones más relevadoras son instantáneas y difíciles de captar (Ekman y Friesen 2003). La cara es la fuente principal para la expresión de emociones, mucho más directa y fiel que el uso de las palabras (Ekman 2003). Aunque todas las señales de la cara pueden funcionar junto con la información verbal para expresar un mensaje coherente, en algunos casos, las expresiones faciales contradicen lo que una persona expresa verbalmente. Imagine, por ejemplo, que un hombre le dice a su novia que no está enfadado con ella, pero al mismo tiempo no le puede mirar a los ojos. Cuando los interlocutores expresan emociones mediante el lenguaje corporal que no quieren revelar, Ekman (2003) lo llama "leakage". Esta es una de las desventajas de la interacción cara a cara: la gente se expone a los demás interactuantes sin poder controlar todos los mensajes que emite su cuerpo. No obstante, esta manifestación incontrolable de mensajes no verbales también tiene su lado beneficioso porque los participantes en una conversación tienen acceso inmediato a las reacciones de los demás y, por eso, el emisor puede ir modificando lo que dice según las señales que percibe en el receptor. Por ejemplo, si el emisor nota que cierto tema provoca vergüenza en el receptor por su forma de sonrojarse, puede cambiar el rumbo de la conversación. Con el discurso escrito, el emisor no goza de esta posibilidad.

5.1.3 La interacción

La comunicación oral se distingue por su interactividad, la cual típicamente implica una conversación entre dos o más interlocutores, caracterizada por el intercambio de turnos y una estructura dinámica y espontánea. Este aspecto del habla se ha estudiado sobre todo desde la perspectiva del **análisis conversacional,** un método de investigación que empezó a florecer en los años 70. Algunos rasgos de la interacción oral que se suelen analizar son: las normas que rigen la organización del habla, la toma de turnos, la risa y otros elementos **paralingüísticos** o no lingüísticos, como el uso de la entonación y la mirada.

Se incluyó brevemente en el capítulo 3 el fenómeno de los pares adyacentes: un intercambio de enunciados en el que el primer turno provoca una reacción (Ej. pregunta/respuesta, saludo/saludo, oferta/agradecimiento, chiste/risa, etc.). En interacciones reales, los pares adyacentes se encadenan de forma que la segunda parte de un par puede a la vez ser la primera parte de otro par (Clark 1996):

7) MAESTRA: *¿Cuál es la capital de Uruguay?* (Pregunta)
   ESTUDIANTE: *Montevideo.* (Respuesta)
   MAESTRA: *¡Muy bien!* (Evaluación de la pregunta)

Otra tendencia consiste en la inserción de turnos en un par adyacente; en este tipo de casos, el par no es, por tanto, literalmente *adyacente.* El siguiente ejemplo está tomado de Márquez Reiter y Placencia (2005: 93), con el par adyacente subrayado:

8) A: *¿Vas a salir?*
   B: *¿Por qué?*

A: *Estoy esperando una llamada pero tengo que ir a hacer una compra.*

B: <u>*No.*</u>

Otra posibilidad para la organización de los pares adyacentes es el empleo de una **pre-secuencia** antes de iniciar el turno deseado para preparar al interlocutor o para averiguar de antemano si su objetivo va a ser bien recibido (Clark 1996). Antes de pedirle un favor a alguien, por ejemplo, el emisor puede indagar para determinar si el destinatario está disponible o no. En casos así, la pre-secuencia y su respuesta sirven como par adyacente preliminar:

9) GERARDO: *¿Vas a estar en casa esta noche?*

NATALIA: *Sí, ¿por qué?*

GERARDO: *Porque te iba a preguntar si podías echar un vistazo a mi ensayo.*

Cuando se trata de la segunda parte de un par, a veces se estipula que cierto tipo de enunciado es preferido mientras que otros no lo son. Una contribución preferida es una que se espera en el contexto determinado; es la aportación considerada más ordinaria, la que encaja mejor (Boyle 2000). Tal vez, el ejemplo más evidente se perciba en los saludos; se espera que un saludo sea correspondido con otro saludo, realizado mediante una fórmula convencional y apropiada (Ej. *hola/ hola, ¿cómo estás?/bien,* etc.). De modo que, no contestar a un saludo, o responder con algo irrelevante, representaría un turno no preferido. Otro ejemplo son las invitaciones y ofertas; cuando alguien formula una invitación o hace una oferta, la respuesta preferida sería una aceptación, versus la no preferida, la del rechazo (Levinson 1983). Aunque se supone que la idea de preferencia está basada en las normas organizativas del habla, y no necesariamente en lo que prefiere o desea el emisor en el momento, la distinción no siempre queda clara. Además, el concepto de preferencia ha sido interpretado y utilizado de diversas maneras a lo largo de los años (Boyle 2000).

En cuanto a la organización de los turnos, Sacks et al. (1974) observaron una serie de características para las conversaciones en inglés, y aunque no se manifiestan exactamente de la misma forma en todas las interacciones verbales, han servido como base de un modelo de análisis que se ha aplicado a muchas lenguas. Entre los fenómenos estudiados se encuentran los siguientes:

i. En la mayoría de los casos, un solo interlocutor habla al mismo tiempo, aunque pueden ocurrir instancias de **solapamiento;**

ii. Tanto el orden como la extensión de los turnos muestran flexibilidad;

iii. Para la distribución de turnos, el emisor puede seleccionar al siguiente emisor (Ej. mediante una pregunta) o una persona puede auto-seleccionarse al empezar a hablar;

iv. Se emplean mecanismos para reparar violaciones de las normas conversacionales.

En el capítulo 10 se verán algunos ejemplos de cómo estos fenómenos se manifiestan de diferentes maneras en inglés y en español. Por ejemplo, parece ser que el solapamiento y las interrupciones, cuando dos interlocutores hablan a la vez, son más habituales en algunas comunidades hispanas y menos problemáticos que en el mundo anglohablante.

5.2 EL DISCURSO ESCRITO

Como ocurre con el paralenguaje en el habla oral, en el discurso escrito existe la posibilidad de transmitir información paralela mediante los mecanismos gráficos tales como: el tamaño y estilo de la letra, el uso de la puntuación, la utilización del espacio en la página, el color de la tinta y las ilustraciones (tablas, diagramas, fotos, dibujos, etc.), entre otras posibilidades. A continuación, se va a incluir lo que el emisor puede revelar de manera intencionada.

La puntuación realiza, sobre todo, funciones organizativas, como las comillas para señalar citas directas y la coma para dividir oraciones en unidades de menor extensión. No obstante, la puntuación también ejecuta funciones actitudinales, como el caso del signo de exclamación, que es capaz de añadir múltiples matices al enunciado acompañante (Borochovsky Bar-Aba 2003). La puntuación es una parte imprescindible de un texto y, si se altera o se elimina, es suficiente para cambiar el significado, como se muestra en los ejemplos (10) y (11):

10) *Juan, estudia mucho.*

11) *Juan estudia mucho.*

Las convenciones de la puntuación componen un sistema análogo a la prosodia en el lenguaje oral; por ejemplo, una breve pausa puede representarse por medio de una coma, o la entonación ascendente por medio de un signo de interrogación, pero la relación entre la prosodia y la puntuación no es perfectamente simétrica. Para ejemplificar esta idea, suponga que dos personas están escribiendo una transcripción del mismo discurso emitido por un político. Al final, es probable que las dos versiones tengan algunas diferencias con respecto al uso de la puntuación. Tal vez, uno de los transcriptores utilice más comas, debido a la manera en que ha interpretado las pausas en el habla del político. Es decir, ya que no es una ciencia exacta, es complicado decidir cuándo se debe representar una pausa con una coma, un punto y coma, un punto, dos puntos o, quizá, nada. Además, a la hora de transcribir un discurso oral, el transcriptor se encuentra entre dos mundos; por un lado existen las propiedades del discurso oral (pausas, patrones de entonación, etc.), y por otro, las normas de puntuación a las que uno intenta adherirse cuando escribe. Se puede llegar a la conclusión de que el empleo de la puntuación tiene un elemento subjetivo y variable, un fenómeno que llega a su extremo en el ámbito de la escritura creativa. Para los poetas, por ejemplo, la puntuación es una herramienta manipulable para lograr el máximo grado de expresión posible. Incluso los novelistas experimentan con la puntuación; quizás uno de los experimentos más conocidos en español es la novela de Juan Goytisolo, *Reivindicación del conde don Julián* (1970), en la que el autor rompe todas las normas de puntuación y se apoya casi exclusivamente en los dos puntos.

Hoy en día, otra dimensión del uso creativo de la puntuación se halla en el mundo cibernético. Por ejemplo, se supone que la utilización continua de letras mayúsculas expresa enfado (12), los puntos suspensivos pueden expresar vacilación (13) y el alargamiento de una sílaba, mediante la repetición extendida de una vocal, suele denotar algún tipo de estado eufórico (14).

12) *NO QUIERO VERTE*
13) *No sé..............................¿qué hacemos?*
14) *¡Qué bueeeeeeeeeno!*

Esta práctica ha culminado en el empleo de los *emoticonos*, una extensión del sistema de puntuación que permite al emisor añadir una multitud de emociones y actitudes a los enunciados (Garrison et al. 2011).

Existe una línea de estudio que está vinculada a la escritura a mano y a la expresión de información no intencionada: la grafología. Esta práctica se basa en la idea de que un análisis metódico de la escritura de una persona puede revelar información sobre su personalidad, o incluso sobre su estado emocional cuando escribió el texto en cuestión. Aunque no es una metodología universalmente aceptada, como fenómeno pseudo-analítico, la grafología goza de cierto prestigio en algunas partes del mundo y ha sido el enfoque de una cantidad de estudios a lo largo de los años (Miller 1982). Fuera del ámbito de la grafología, es posible que un texto escrito a mano pueda, en algunos casos, revelarnos detalles básicos sobre su autoría. Por ejemplo, frecuentemente el estilo de letra nos permite distinguir entre textos que fueron escritos de prisa o con cuidado, por un hombre o una mujer, por un niño o un adulto, por un zurdo o un diestro. Incluso la escritura a máquina puede revelar detalles no intencionados; puede ser que la presencia excesiva de faltas de ortografía sea un indicador de un texto escrito con prisa. Por último, igual que la pronunciación en el discurso oral, la ortografía puede ofrecer pistas sobre la identidad del escritor, especialmente respecto a su origen o a su nivel de educación. En inglés, por ejemplo, la utilización de formas no estandarizadas (Ej. "shoulda", "gonna", "wanna", etc.) puede indicar un determinado nivel de escolarización, pero también existe la posibilidad de que sea una opción estilística. De manera similar, la diferencia entre la ortografía del inglés británico y la del inglés americano proporciona datos potencialmente valiosos sobre la nacionalidad de una persona. En el mundo hispanohablante puede haber faltas de ortografía, entre ellas la conocida confusión entre la *b* y la *v* (*benir* en vez de *venir*) y entre la *h* y ø (*hecho* confundido con *echo*). Tales errores se detectan a veces en la escritura de los niños y en la de los adultos sin formación académica.

5.3 OTROS RASGOS DEL DISCURSO ORAL Y DEL ESCRITO

Las demás distinciones incluidas en la tabla 5.1 son bastante evidentes y no requieren una explicación detallada. Si se vuelve a usar la interacción cara a cara como modelo, la naturaleza de la comunicación oral es sincrónica, como ya se ha indicado en el capítulo 3, y en la mayoría de los casos, espontánea. Con respecto a esta última cualidad, una excepción son los discursos públicos, las entrevistas y las ponencias profesionales que se preparan, al menos parcialmente, de antemano. Por el contrario, el lenguaje escrito, típicamente asincrónico, permite al autor planear lo que quiere expresar, hacer revisiones y realizar modificaciones. Como consecuencia, el discurso escrito suele ser estilística y gramaticalmente más cuidadoso que el habla oral, con un vocabulario más variado, una selección de palabras más precisas y una estructura más ordenada. En cambio, el lenguaje oral se caracteriza por su naturaleza *defectuosa,* la cual incluye repeticiones, **muletillas,** errores gramaticales y **circunlocución.**

Las muletillas, palabras y expresiones como *bueno* y *pues,* pertenecen a un grupo de mecanismos más amplio que se conoce como **marcadores discursivos.** Estos marcadores se han investigado en una variedad de lenguas con el fin de determinar la función que realizan en el discurso. Una serie de marcadores tiende a realizar funciones textuales para proporcionar coherencia y organizar el discurso, mientras que otros mecanismos ejecutan funciones interpersonales. Ejemplos de este último uso son el caso del emisor cuando trata de comprobar si su destinatario ha entendido el mensaje (*¿entiendes?*), de ver si está de acuerdo (*¿verdad?*), o de indicar que los dos comparten los mismos detalles u opiniones (*tú sabes*). Algunos investigadores han subrayado la naturaleza multifuncional de los marcadores (Brinton 1996; Schiffrin 1987). Por ejemplo, en un estudio sobre las interjecciones como *oh, ah* y *uy* en español, Montes (1999) analiza casos como (15) y concluye que *oh* no sólo sirve para llamar la atención del destinatario, sino también para mostrar que el emisor ha notado algo llamativo:

15) *¡Oh mira el pelo!*

Si bien los marcadores discursivos se emplean indistintamente tanto en el lenguaje oral como en el escrito, el tipo de marcador varía según la modalidad y la formalidad del registro. Por ejemplo, es de esperar que las muletillas, las interjecciones y lo que en inglés se denominan "tag questions" (*¿no? ¿verdad?*), sean más características de la interacción verbal e informal. El siguiente ejemplo, modificado de Briz (2009: 76), ilustra cómo los marcadores pueden llegar a saturar el lenguaje oral:

16) A: *¿Dónde está la calle de la Paz?*
    B: *Pues mire, vaya, bueno. . .¿ve aquel edificio? Pues tire hacia delante hacia adelante, aquel cartel de allí, ¿lo ve? y entonces la primera no, espere un momento, sí sí la primera no, la otra tampoco, o sea la siguiente ¿eh? a mano izquierda.*

Aparte de varios marcadores discursivos, este fragmento contiene diferentes elementos del discurso oral y coloquial, entre ellos, repeticiones, correcciones y confirmaciones de comprensión. Asimismo, se puede apreciar la combinación de *usted* con un estilo que, por lo demás, se calificaría de informal.

Por último, en situaciones prototípicas, la escritura implica duración en el tiempo en comparación con el lenguaje verbal, el cual es fugaz. Aunque hay varias excepciones, cada modalidad, en su forma más básica, constituye una diferencia importante; la escritura permanece durante un tiempo indeterminado, crea un texto tangible que uno puede volver a leer repetidas veces, mientras el habla oral es efímera y no deja huellas, a menos que sea grabada o filmada.

PARA COMUNICARSE EN ESPAÑOL

En Chile, en el registro informal, muchas personas emplean *sipo* y *nopo* en vez de *sí* y *no*. Se supone que el origen de estas palabras son las expresiones *sí, pues* y *no, pues,* las cuales se han reducido con el paso del tiempo a *sipo/ nopo.* Este tipo de cambio sería parecido a las formas coloquiales de "wanna" o "gonna" en inglés, las cuales son versiones reducidas de "want to" y "going to".

5.4 EL CONTEXTO Y EL CO-TEXTO

Antes de considerar la diferencia entre el contexto y el co-texto, sería conveniente explicar qué se entiende por **texto** ya que no se corresponde precisamente con la concepción ordinaria de la palabra. Halliday y Matthiessen (2004: 3) ofrecen una definición muy clara del concepto *texto:* "Cuando las personas hablan o escriben, producen texto. El término se refiere a cualquier instancia del lenguaje, en cualquier medio, que tenga sentido para alguien que conozca el idioma". De modo que un texto englobaría indistintamente una novela, un discurso político, un mensaje telefónico y una señal de stop, independientemente de su extensión. El **co-texto** es un concepto que se reserva para todas las partes que forman el conjunto de cualquier texto. Por ejemplo, el co-texto del texto que usted está leyendo ahora es todo lo que viene antes—el contenido de los capítulos anteriores y de las primeras secciones del presente capítulo—además de todo lo que viene después. En cambio, como ya se ha expuesto en el capítulo 3, el contexto se refiere a todos los elementos no lingüísticos que se manifiestan paralelamente al texto o que son significativos para su producción y comprensión. Se podría decir, por tanto, que el co-texto hace referencia a todo lo que se incluye dentro del mismo texto, mientras que el contexto se ocupa de todo lo relevante que se incluye fuera del texto.

En la tabla 5.1, se estipula que, en comparación con el discurso oral, el escrito implica más dependencia del co-texto y menos dependencia del contexto. Esto se debe al simple hecho de que, por lo general, "el texto [escrito] crea su propio contexto" (Brown y Yule 1983: 50); es decir, en comparación con la interacción oral, la escritura depende más del propio texto para crear el contexto. Una buena manera de ejemplificar el contraste es pensar en una obra de teatro. Si usted ha leído una obra de teatro alguna vez, sabrá que se incluyen descripciones de la escenografía (vestuario, decorado, etc.) para que el lector tenga una imagen de cómo debe ser la actuación. Los siguientes fragmentos están sacados de la obra *La plaga* de José Ovejero (2007). Fíjese en cómo las descripciones crean el contexto para el lector:

> Un salón comedor ocupa la mitad derecha del escenario. Decoración típica de casa de alquiler en algún lugar de la costa; barata, funcional, cuadros vulgares, objetos de artesanía supuestamente típicos. (127)

> El Sr. Spieker entra por la puerta de la calle. Sólo lleva un bañador puesto [. . .] En sus manos una sombrilla, un periódico y una bolsa de plástico. (128)

Obviamente, cuando uno va al teatro, observa y escucha todos los elementos con-textualizados en la obra, sin la necesidad de recurrir a descripciones.

Aparte de describir el contexto, el concepto del co-texto es fundamental por dos motivos: condiciona al lector y es fuente de referencias textuales.

5.4.1 Condicionamiento textual

El co-texto puede condicionar al lector de varias maneras. Piense primero en un libro impreso y en el primer factor co-textual que condiciona al lector. En la mayoría de los casos, la portada generalmente implica lo que se llama la **multimodalidad;** la combinación gráfica de imágenes y palabras, su distribución en la página, el uso de colores y de espacio, y todos los aspectos relacionados con el diseño. Todos estos elementos son capaces de transmitir significados. Incluso la calidad y la textura del papel de un texto pueden ser factores multimodales. Considere las ideas que evocan el papel de un libro antiguo (tiempo, tradición, importancia, etc.) o la manera en que un papel especial para las invitaciones de boda sugiere elegancia, clase y formalidad. Si se aplica esta idea a una portada de un libro, una tapa dura, por ejemplo, no es igual a una tapa blanda respecto a lo que cada una transmite. Si se piensa en el ámbito lingüístico de la portada, el título de un libro, tanto el significado como el formato gráfico (estilo, color, etc.), y el nombre del autor (¿es conocido? ¿es hombre o mujer?) ofrecen una primera orientación al libro. Seguro que, en alguna ocasión, todos hemos elegido o descartado un libro por el tipo de impresión que ha causado la portada. Lo mismo se podría decir cuando escogemos una revista, un DVD o cualquiera de los productos ordinarios que se compran en el supermercado.

Otro género escrito, el de un mensaje de correo electrónico, puede condicionar al receptor por el título que ha puesto el emisor. Imagine cómo cada uno de los siguientes títulos influiría en la actitud o en el estado de ánimo del receptor al recibir un mensaje: *¡Felicidades!; Un favor; Fiesta mañana; Un mal día.* Después del título del correo, el saludo, o incluso la ausencia de saludo, contribuyen a marcar el tono, desde lo más formal (*Muy estimado señor*) hasta lo más informal (*¡Qué pasa!*).

PARA COMUNICARSE EN ESPAÑOL

En la comunicación escrita, a través de cartas o de mensajes de correo electrónico, se suelen emplear las siguientes fórmulas de saludo para dirigirse al interlocutor en un contexto formal: *Estimada señora, Muy señor mío* o *Muy señor nuestro*. Como contraste, existen otras formas de tratamiento (*Distinguido señor, Notable señor, Respetable señor* y *Amable señor*) que han quedado en desuso. Para los saludos en los intercambios informales se emplea generalmente *Hola*; sin embargo, también las fórmulas *Buenos días/Buenas tardes* se pueden utilizar en las comunicaciones electrónicas. Para las despedidas, en un contexto formal, se suele emplear: *Atentamente, Atentamente se despide, Atentamente le saluda, Un atento saludo, Aprovechamos para saludarle muy atentamente*, y en un tono un poco menos formal: *Cordialmente, Reciba un cordial saludo, Un cordial saludo* o *Cordialmente le saluda*, o simplemente, *Un saludo* o *Saludos*. En un registro íntimo o amistoso, es común usar *Querido/a*. En español no existe una fórmula de saludo multifuncional como "Dear" en inglés que sirva tanto para los registros formales como informales. Tenga en cuenta que después de los saludos se deben utilizar los dos puntos en español (*Estimado Sr. Pérez:*) y no la coma, como ocurre en inglés.

Un texto no sólo condiciona al lector de manera unidireccional; en cualquier fase de la lectura uno puede encontrar nuevos detalles en el co-texto que contribuyen a la comprensión y a la interpretación del contenido. En el caso de una novela, es común que el lector descubra información clave al final de la historia que le obliga a reflexionar sobre los acontecimientos anteriores. De modo parecido, en un correo electrónico, un amigo podría añadir al final *¡Es broma!,* después

¿Cree Ud. que el uso de la multimodalidad
es efectivo en esta señal? ¿Por qué sí o no?

de contar una noticia sorprendente que el lector podría haber creído como verdadera. Estos dos ejemplos son ilustraciones evidentes de cómo el co-texto opera
en dirección contraria, y el mismo fenómeno sucedería en mayor o menor medida
en cualquier texto.

El condicionamiento textual sucede de manera parecida en el discurso oral.
Por ejemplo, cuando se recibe una llamada telefónica de un desconocido, igual que
se vio con el correo electrónico, la apertura del saludo le condiciona a uno de inmediato, junto con el elemento auditivo. La reacción inicial depende en gran parte
de cómo se interpretan las primeras señales del co-texto, las cuales determinan si
el receptor del mensaje cuelga, se enfada, se alegra, etc.

5.4.2 Referencias co-textuales

Se hacen referencias a otras partes de este texto cuando se escribe *en el capítulo 1 o arriba se ha visto que,* etc. Los fenómenos de la anáfora y la catáfora, presentados en el capítulo 4, también representan un proceso habitual de hacer referencias al co-texto. Este tipo de vínculo referencial funciona dentro de una sección del

co-texto relativamente limitada, porque un pronombre como *ella* no puede tener su referente muy lejos o se pierde la conexión. A veces, se usa el término *deíxis discursiva* para aludir a varias clases de referencias co-textuales. Considere los siguientes ejemplos:

17) *Roberto es un mentiroso compulsivo. El hombre casi nunca dice la verdad.*

18) *No queda pan, pero Elena ha bajado a comprar más.*

En (17), *el hombre* funciona como el pronombre *él* y se refiere a *Roberto*. En (18), para entender a qué alude *más*, hay que tener presente la palabra *pan*.

Junto a los ejemplos (17) y (18), que son suficientemente transparentes, cuando se trata de varios tipos de conectores como *pero, sin embargo, en cambio, de todas formas, además, a pesar de*, etc., el proceso de referencia se entiende mejor como una especie de relación de dependencia. Reflexione a partir de los siguientes ejemplos:

19) *Los niños han jugado mucho hoy pero no están cansados.*

20) *Estaba cansado de esperarte. Además, hacía mucho frío.*

En (19), aunque *pero* no se refiere a ninguna palabra concreta, existe una relación de dependencia entre *pero* y la idea de que *los niños han jugado mucho hoy*. Lo que aporta *pero* es la noción de contraste; sugiere que la información que viene después es contraria a la que viene antes. En el caso de (19), el emisor cree que lo lógico sería que los niños estuvieran cansados después de haber jugado mucho, por lo cual *pero* introduce una idea que va en contra de lo esperado. En (20), *además* señala la introducción de información adicional, agregada a, y relacionada con, lo que se propone en la primera oración. Ciertos conectores pragmáticos pueden emplearse de manera que la conexión implicada no se refiere al propio contenido, sino al acto mismo de la enunciación. Para ejemplificar esta idea, considere (21) y (22), sacados de Moeschler y Reboul (1999: 21):

21) *Pedro se ha casado, pero es un secreto.*

22) *¿Estás libre esta tarde? Porque hay una buena película en el cine.*

En (21), la conexión con *pero* está vinculada al hecho de *decir* que Pedro se ha casado. De modo parecido, en (22) el enlace de *porque* está conectado con el mismo acto de hacer una pregunta, lo cual sería equivalente a *te pregunto porque* hay una buena película en el cine.

En suma, todos los conectores marcan un vínculo entre un aspecto del co-texto y otro. En términos gramaticales, la conexión puede ser entre cláusulas, oraciones o párrafos. Igual que se señaló anteriormente con los marcadores discursivos, los conectores se emplean indiferentemente en la modalidad escrita y en la hablada, aunque el inventario de mecanismos se adhiere al grado de formalidad del discurso; una conversación coloquial entre amigos no comprendería los mismos conectores que un ensayo académico. Los estudiantes de español como lengua extranjera aprenden tarde o temprano, sobre todo en los cursos de composición, que no se puede depender exclusivamente de los conectores habituales *pero* y *también* para componer sus trabajos.

PARA COMUNICARSE EN ESPAÑOL

Cuando se escriben cartas o mensajes de correo electrónico en español, hay ciertas expresiones que implican una diferencia gramatical importante entre el español y el inglés. Dichas expresiones están relacionadas con el empleo del tiempo presente. En inglés uno utiliza el presente progresivo para escribir expresiones como "I'm writing you", "I'm sending you", "I'm attaching", etc. Sin embargo, en español se hace uso del presente simple: *le/te escribo para. . ., le/te mando. . ., le/te adjunto.*

5.5 IMPRESIONES FINALES

Como destaca Briz (2009), al comparar y contrastar lo oral con lo escrito, es imprescindible recordar la idea de los registros presentados en el capítulo 3. En teoría, uno puede hablar y escribir en cada uno de los cinco registros, lo cual resultaría en diez posibilidades (registro íntimo oral, registro íntimo escrito, registro informal oral, registro informal escrito, etc.), aunque no se debe olvidar que esta categorización en cinco grupos es relativamente arbitraria. Si se tiende a asociar la oralidad con lo informal y la escritura con lo formal, será porque existe un estilo prototípico de cada modalidad que ha predominado, a pesar de que siempre ha habido casos en los que se escribe como se habla y viceversa.

Como se ha mencionado en la introducción de este capítulo, las diferencias entre lo oral y lo escrito se están reduciendo con el paso de los años. Una de las fuentes principales del cambio yace en el discurso escrito, el cual se está acercando cada vez más a la cualidad informal y coloquial de la modalidad oral. Esta transformación se percibe en casi todos los medios de comunicación. Un motivo son los avances tecnológicos y el mundo cibernético, donde surgen nuevos medios de transmisión a un ritmo acelerado. Considere por un momento los foros de debate que ya llevan tiempo funcionando en Internet. Aquí, uno se encuentra ante un sistema híbrido de comunicación, con rasgos de la producción oral por un lado, como la espontaneidad y la informalidad, y de la producción escrita por otro, el sistema gráfico y la distancia espacio-temporal entre los interlocutores (Gouti 2006). De manera general, se puede concluir que, en el mundo de la informática, la escritura se está alejando de una de sus cualidades más básicas, la de la planificación. Las condiciones en las que se opera, especialmente la velocidad con la que uno escribe y la rapidez con la que se intercambian mensajes, no favorecen la reflexión ni la redacción planificada.

Otro factor que induce al cambio de la escritura parece ser el gusto contemporáneo por lo informal y la cercanía, capitalizado por los intereses comerciales. Tanto para el mercado literario como para el periodístico, el estilo informal tiene más probabilidad de agradar a un público amplio porque es familiar y accesible. En cambio, el registro formal se asocia con un sector culto y reducido.

A pesar de esta transición, es importante insistir en la idea de que para los estudiantes de español como lengua extranjera, alcanzar una competencia desarrollada de la lengua implica un dominio de los registros, incluso del estilo escrito formal. En el ámbito profesional y académico, el empleo de los registros formales, tanto en la producción oral como en la escrita, es imprescindible para llegar a ser usuarios competentes de una lengua en todos los ámbitos. Además, la preferencia actual por el estilo informal en el discurso escrito puede ser una moda pasajera y en el futuro puede cambiar de rumbo cuando el mercado se sature y se vuelva a asociar el estilo formal con un discurso más profesional, objetivo, verídico y prestigioso.

PARA RESUMIR

En este capítulo se han incluido las siguientes ideas:

- La distinción entre las características del discurso oral y del discurso escrito.
- Los conceptos de co-texto y contexto.
- La importancia del paralenguaje y la kinésica en el discurso oral.
- La forma en que los pares adyacentes contribuyen a la organización de los turnos de habla.

◆ El discurso escrito y algunos usos de la puntuación.

◆ La aportación de la multimodalidad en el discurso escrito.

◆ Las referencias co-textuales: el empleo de la deíxis discursiva.

PARA PRACTICAR

1. A veces, los aprendices de una segunda lengua no aprenden las estrategias que usan los hablantes nativos para iniciar, mantener y terminar fluidamente una conversación. Por ejemplo, hay convenciones para señalar que uno de los interlocutores quiere terminar la conversación y así hace una transición hacia el cierre. Es decir, en medio de una conversación, salvo en casos de urgencia, uno no dice de repente *¡Adiós!* o *¡Tengo que irme!*, sin haber indicado o insinuado de forma más sutil su deseo o necesidad de terminar la interacción. Pensando en esta etapa, que se suele llamar el *pre-cierre*, o los turnos anteriores a la despedida, complete los siguientes diálogos e intente que la conversación fluya de la forma más natural posible.

   a. Dos amigos llevan 20 minutos conversando en la cafetería cuando uno de ellos, Javier, se da cuenta de que tiene que marcharse. Esta es la última parte de la conversación donde Marcos está terminando de contarle a Javier lo que le había pasado el día anterior. . .

   MARCOS: *Entonces mi hermana regresó a las seis y limpiamos la casa entera en media hora, antes de que vinieran mis padres. ¡Jamás vuelvo a organizar una fiesta tan grande cuando sé que mis padres van a venir el día siguiente!*

   * [Inserte aquí los turnos que hagan falta para hacer la transición.]

   JAVIER: *Nos vemos mañana.*

   MARCOS: *¡Adiós!*

   b. Patricia está en el despacho de la profesora Álvarez para hablar del próximo examen de literatura. Después de un buen rato hablando, Patricia se da cuenta de que su clase de química empieza en cinco minutos. Aquí tenemos la última parte de la interacción:

   DRA. ÁLVAREZ: *Y no olvides volver a leer todos los cuentos cortos que están en el libro de texto.*

   * [Inserte aquí los turnos que hagan falta para hacer la transición.]

   PATRICIA: *Nos vemos el lunes.*

   DRA. ÁLVAREZ: *Hasta luego.*

2. Pares adyacentes: Suponga que los siguientes diálogos son entre amigos. Complete el par adyacente de forma lógica y apropiada.

   a. A. *Encantado de conocerte.*
      B.
   b. A. *Te queda muy bien el pelo así.*
      B.
   c. A.
      B. *Me encantaría pero tengo planes este sábado.*
   d. A. *Tengo un examen importante mañana pero estoy tan cansada que no puedo estudiar.*
      B.
   e. A.
      B. *Claro, si no te importa caminar hasta mi carro porque aparqué un poco lejos.*

3. Facilite un saludo y una despedida apropiados para cada situación.

   a. un mensaje de correo electrónico a su profesora
   b. una carta de presentación al gerente de una empresa para solicitar un trabajo
   c. una ponencia académica ante un público de cien personas
   d. una nota a su compañera de trabajo para pedirle un favor
   e. un mensaje de texto a su compañero de clase para pedirle los apuntes

4. Indique si las siguientes afirmaciones son verdaderas o falsas:

   a. El discurso escrito siempre es más formal que el oral.
   b. *Efímero* y *asincrónico* son dos adjetivos que describen la mayor parte de los textos escritos.
   c. Un tipo de par adyacente son los conectores pragmáticos.
   d. El discurso oral es más defectuoso que el discurso escrito.
   e. La kinésica es el estudio del lenguaje corporal.
   f. Dentro del lenguaje no verbal se comunica más mediante el movimiento muscular de la cara que con el movimiento de los brazos y las manos.
   g. Un ejemplo de una muletilla en español es la palabra *hola*.
   h. En comparación con el lenguaje escrito, el discurso oral depende más del co-texto.
   i. Todo lo que se comunica mediante el lenguaje corporal son señales intencionadas.

j. La organización de los pares adyacentes es arbitraria.

k. Los sistemas de escritura son parásitos del habla oral.

5. Marque las ideas que no están relacionadas con la multimodalidad:

a. ___ la música de fondo de una película

b. ___ el tamaño de la letra de un cartel

c. ___ el color de las hojas de un árbol

d. ___ el espacio en los márgenes de una novela

e. ___ el tamaño y la forma de un piano

f. ___ el sonido del motor de un tren

g. ___ el olor que desprende un anuncio de perfume en una revista

PARA SEGUIR REFLEXIONANDO

1. Aparte de los ejemplos dados en este capítulo, ¿ha observado Ud. algunos usos de la puntuación creativa en el ciberespacio en su propia experiencia? Si es así, describa el uso y la función atribuida.

2. El espacio físico que se establece entre los interlocutores, un fenómeno que se estudia en la proxémica, es un factor fundamental de la comunicación no verbal. Briz (2009) subraya que en España, el espacio físico entre los interlocutores se percibe más como un espacio compartido. Como consecuencia, hay menos pre-ocupación en España por respetar el espacio personal de cada uno, sobre todo en comparación con una cultura como la anglosajona. ¿Cómo podría reaccionar un visitante anglosajón en un país como España con esta conceptualización del espacio? ¿Y viceversa? Por último, ¿ha experimentado Ud. alguna diferencia de este tipo al interactuar con gente de otra cultura?

3. El marcador discursivo "ok" ("okay"; "okey") no es sólo uno de los marcadores más usados en inglés, sino que se ha extendido a diversas lenguas del mundo, entre ellas el español. Haga un poco de investigación sobre "ok" en inglés para poder contestar las siguientes preguntas. ¿De dónde proviene? ¿Cuáles son las funciones que realiza? ¿Puede Ud. pensar en algunos equivalentes diferentes en español?

4. Gracias al lenguaje corporal, seguramente todos experimentamos situaciones en las que somos capaces de percibir lo que nuestro interlocutor está sintiendo o

pensando, sin la necesidad de que lo articule verbalmente. Cuando Ud. conversa con sus amigos y familiares, ¿en qué aspectos del lenguaje no verbal se fija? ¿Conoce a alguien que sea particularmente expresivo en esta faceta de la comunicación? Por último, ¿es Ud. consciente de sus propias señales extralingüísticas que transmite mediante el cuerpo y la cara de forma involuntaria?

5. Haga un poco de investigación sobre la grafología. Luego decida qué opina de este tipo de análisis. ¿Le parece una metodología válida? Justifique su respuesta.

6. Como se ha mencionado en este capítulo, una dificultad que experimentan los estudiantes cuando escriben ensayos en español es que *escriben como hablan* al optar por un registro demasiado informal. ¿Puede mencionar algunos elementos que el registro formal escrito requiere? ¿Y sabe qué es lo que se debe evitar al elaborar un ensayo formal?

7. Hay personas que se creen mejores habladores que escritores y otros que se creen mejores escritores que habladores. Pensando primero en inglés, ¿en qué modalidad, la oral o la escrita, se siente más cómodo/a y por qué? Luego conteste la misma pregunta con respecto al español.

PARA INVESTIGAR MÁS

Briz, Antonio. 2009. *El español coloquial en la conversación.* Barcelona: Ariel.

Gouti, Gérard. 2006. "Intercambios en los foros de debate: algunos elementos de reflexión para un acercamiento lingüístico". *Estudios de Lingüística del Español (ELiEs)* 24, http://elies.rediris.es/elies24/gouti.htm.

López Alonso, Covadonga. 2006. "El correo electrónico". *Estudios de Lingüística del Español (ELiEs)* 24, http://elies.rediris.es/elies24/lopezalonso.htm.

Poyatos, Fernando. 1985. "The Deeper Levels of Face-to-face Interaction". *Language and Communication* 5(2): 111–131.

Reyes Trigos, Claudia. 2002. "*Este* y algunos otros marcadores pragmáticos en narraciones orales". *Signos Literarios y Lingüísticos* 4: 75–86.

Torres, Lourdes. 2002. "Bilingual discourse markers in Puerto Rican Spanish". *Language in Society* 31(1): 65–83.

Capítulo 6

Entre lo dicho y lo hecho
Los actos de habla

PARA SITUARSE

Este capítulo trata la idea de utilizar las palabras para hacer cosas, como realizar invitaciones o sugerencias. Esta habilidad es algo que los niños aprenden desde pequeños para cubrir sus necesidades y deseos. A partir de esta idea, escriba una lista de las primeras cosas que aprenden a hacer los niños con palabras. ¿Qué funciones comunicativas son las más esenciales para los niños?

David González de Pablos

"Sticks and stones may break my bones but words will never hurt me". Este dicho en inglés afirma que *las palabras nunca me harán daño* y transmite una buena lección a los niños para que aprendan a no ofenderse tanto por los insultos de otros chicos. Sin embargo, no sólo refleja una perspectiva ingenua de la vida sino que también es una falsedad. En la vida real, las palabras sí pueden hacer daño. Cuando un juez dice *le condeno a muerte,* quizás sólo son cuatro palabras, pero es difícil imaginar algo más dañino para una persona que una condena a muerte.

Se tiende a pensar en las palabras como *solamente palabras,* pero no hay duda de que las palabras son poderosas y pueden usarse para cambiar la realidad o para cambiar el mundo. Los gobiernos usan las palabras para pronunciar declaraciones oficiales de guerra, o por lo menos en otras épocas lo hacían. Los jueces y los sacerdotes casan a los novios cuando proclaman *los declaro marido y mujer,* una serie de palabras que cambia el estado de las cosas y hace que el matrimonio entre en vigencia *hasta que la muerte los separe.* En todos estos casos, ciertas condiciones tienen que cumplirse para que las palabras tengan su efecto. En el caso de los jueces que condenan a los acusados, o el sacerdote que casa a los novios, debe haber alguna institución detrás de la emisión de las palabras, como el Gobierno o la Iglesia. Hay una variedad de declaraciones que son así. Cuando un policía dice *está usted arrestado,* las palabras crean la realidad, crean la condición de estar arrestado. En los deportes, cuando el árbitro grita *penalti,* la emisión de la palabra es lo que crea la condición de penalti para los jugadores. En el lenguaje escrito también existen ejemplos de este tipo; cuando se firma un contrato que dice *Yo acepto las condiciones de este contrato,* firmar en el espacio designado es equivalente a decir que uno acepta, y a partir de este momento, entran en vigencia las condiciones del contrato.

Este capítulo se centra en toda la diversidad de objetivos que se puede llevar a cabo mediante las palabras, un tema de la pragmática que se estudia bajo la rúbrica de los **actos de habla.** Algunos ejemplos típicos de actos de habla son: promesas, peticiones, disculpas, invitaciones, ofertas, consejos, quejas, saludos, despedidas y amenazas. La teoría de los actos de habla procede de la filosofía, más concretamente de la filosofía del lenguaje, y de la observación de que hablar no es sólo una cuestión de emitir mensajes, sino que también es una forma de hacer algo. Dicho de otro modo, se hacen cosas *con* o *mediante* las palabras cuando se invita a los amigos, se pide perdón, se dan las gracias, se hacen promesas, etc. La teoría de los actos de habla se enfoca en las funciones del lenguaje, en las intenciones del emisor y en los cambios que se efectúan mediante el lenguaje.

Para adentrarse en el tema, se va a volver a considerar un ejemplo del primer capítulo con respecto al concepto de *enunciado:*

1) En un restaurante con patio:
    CAMARERO: *¿Quiere Ud. una mesa dentro o fuera?*
    CLIENTE: *Dentro.*

Usted recordará que *dentro* funciona aquí como un enunciado porque, por si solo, realiza una función comunicativa. Se puede añadir también que *dentro*, como enunciado, es un acto de habla. Un acto de habla es la unidad mínima de comunicación. Cuando el cliente en (1) dice *dentro*, contesta la pregunta del camarero y afirma que preferiría una mesa dentro. Una gran parte de lo que decimos, toda la información habitual que transmitimos a lo largo del día, son afirmaciones de este tipo: *hoy es miércoles, me llamo Fran, hace calor*, etc. Una afirmación es un acto de habla básico mediante el cual el emisor expresa que lo que cree es cierto. Aparte de las afirmaciones, se produce una variedad de actos de habla en la interacción cotidiana. Intente identificar los siguientes actos de habla comunes:

2) *Hola.*
3) *¡Qué bonitas son tus botas!*
4) *¿Dónde queda una gasolinera por aquí?*
5) *¿Quieres tomar un café conmigo?*

Seguro que, incluso sin información sobre el contexto, es fácil reconocer que (2) es un saludo y (3) es un cumplido, pero tal vez (4) pueda provocar dudas. Alguien diría que (4) es una pregunta, pero las preguntas no corresponden necesariamente a ningún tipo de acto de habla específico. Fíjese en que varios saludos pueden aparecer en forma de preguntas (*¿Qué tal? ¿Cómo estás?*). A pesar de que (4) y (5) son preguntas, realizan funciones diferentes. En (4) el emisor pide información y es, por lo tanto, una petición, mientras que en (5) el propósito es efectuar una invitación. Igual que una pregunta puede representar una variedad de actos de habla, también existen otros tipos de categorías gramaticales que no delimitan la función comunicativa. Este es el caso, por ejemplo, de las exclamaciones y los mandatos. El ejemplo (3) es una exclamación que sirve como cumplido, sin embargo, las exclamaciones pueden emplearse en una multitud de actos, como se muestra en (6) y (7):

6) A Jorge se le cae uno de los vasos nuevos de Gabriela y se rompe:
    JORGE: *¡Qué tonto soy!* (disculpa)
7) Yolanda quiere que su marido suba la calefacción y dice lo siguiente:
    ¡Qué frío tengo! (petición)

©Miguel Brieva

¿Dónde está el humor en esta
viñeta?

De manera parecida, los mandatos, los cuales se tienden a asociar con las peticiones (Ej. *abre la puerta, no hagan ruido,* etc.), se pueden utilizar para varios actos de habla:

8) *Sírvete otra copa si quieres.* (oferta)
9) *Perdóname.* (disculpa)
10) *Pásatelo bien.* (despedida)

Mientras que hay que considerar la función comunicativa para distinguir un acto de habla de otro, desde la perspectiva del emisor, lo que él o ella trata de conseguir es que su intención sea reconocida por el destinatario. En una de las preguntas de discusión al final del capítulo 1, se cuestionaba si una tos podía considerarse un enunciado. La respuesta sería afirmativa porque si se empleara una tos, o por lo menos una tos fingida, para llevar a cabo alguna función comunicativa concreta (Ej. para avisar), podría ser calificada como un enunciado lingüístico, y a su vez, como un acto de habla. No obstante, siempre es posible que la intención del emisor, en este caso fingir una tos para llamar la atención de alguien, no sea reconocida por el receptor al que se dirige el mensaje, y si es así, no realizaría la función esperada. Se podría decir que un acto de habla exitoso ocurre cuando el emisor logra expresar su intención al destinatario. Esta idea volverá a aparecer a lo largo del capítulo.

PARA COMUNICARSE EN ESPAÑOL

A veces, cuando los estudiantes viajan a países hispanohablantes se dan cuenta de que puede ser difícil aprender a realizar los actos de habla tal y como los llevarían a cabo los hablantes nativos, incluso los actos más sencillos. Esto se debe sobre todo a la variación lingüística que existe en el mundo hispanohablante. Por ejemplo, para pedir algo de beber en un bar o café, las convenciones varían sutilmente. En España, entre las convenciones más comunes se encuentran *¿Me pone(s) un café?*, o simplemente *Un café, por favor*. En algunos países de Latinoamérica, como Costa Rica y Colombia, se pueden escuchar diferentes versiones con el verbo *regalar*, como *¿Me regalas un café?* En Argentina, una opción interesante es *¿Puede ser un café?* A pesar de estas diferencias, hay fórmulas más estándares que funcionan en cualquier país, como *¿Me trae(s) un café?* o *¿Me sirve(s) un café, por favor?*

6.1 LOS ACTOS DE HABLA PERFORMATIVOS

El conocido libro de uno de los padrinos de la pragmática, John Austin, se titula en inglés "How to Do Things with Words" (1962). En este libro, Austin destaca una serie de verbos cuya articulación, bajo ciertas circunstancias, produce algún cambio en el mundo. Austin se refiere a estos verbos con el término *verbos performativos* porque, basándose en la palabra "perform" en inglés, "the verbs perform the very action that they refer to". En español, a veces, se prefiere el término *realizativo* debido al verbo correspondiente *realizar*, pero en este libro optamos por usar el término *performativo* porque así mantenemos la conexión con la idea de "perform". Además de los verbos performativos, también se habla de **actos** o **enunciados performativos,** porque los verbos ocurren en el contexto de los enunciados y todo el conjunto realiza el acto. Por ejemplo, cuando un padre le dice a su hijo *Te ordeno que te vayas a tu cuarto*, el verbo performativo *ordenar* indica cuál es el acto que se está realizando. Otras expresiones como *te felicito*, una felicitación, o *te prometo*, una promesa, contienen verbos performativos y realizan actos performativos. Este tipo de enunciado se contrasta con otros como *te veo en el parque* o *te canto una canción*, frases que se refieren a una acción pero que no consisten en realizar el mismo acto expresado en el verbo.

Al intentar clasificar los actos de habla, Austin (1962) se centra mucho en los nombres de los verbos en inglés. Por ejemplo, cree que verbos como "suggest" o "insist" marcan un tipo específico de acto de habla. Compare los siguientes ejemplos:

11) *Insisto en que te vayas.*
12) *Insisto en que la respuesta está en la página cinco.*

En (11), el verbo *insistir* funciona como una orden porque el emisor quiere influir en la acción del destinatario (de ahí el uso del subjuntivo en español). Sin embargo, en (12), *insistir* no funciona como una orden sino como una afirmación; o sea, es similar al verbo *decir* (Ej. *Digo que la respuesta está en la página cinco*) pero se expresa con más intensidad. Así que (11) es un ejemplo de una orden o petición pero (12) es un caso de una afirmación, por lo tanto son dos actos de habla diferentes, aunque tienen el mismo verbo *insistir*. Los ejemplos (11) y (12) muestran que para identificar un acto de habla, no se puede confiar demasiado en los verbos sin considerar cómo se utilizan en cada contexto.

Con respecto a los enunciados performativos, Austin hace hincapié en la importancia de las circunstancias porque, como ya se ha adelantado en la introducción, no basta con que cualquier persona diga *los declaro marido y mujer* para que un matrimonio sea válido. Es necesario, además, que estos enunciados sean emitidos por las personas apropiadas y que se cumplan determinadas condiciones y, en algunos casos, requisitos legales que varían en diferentes países. Por ejemplo, cuando una pareja decide casarse, los novios no pueden estar casados con otras personas y tienen que ser mayores de edad. Cuando esto no ocurre y las circunstancias no se satisfacen, Austin puntualiza que aunque el enunciado se realice verbalmente, se trata de un **acto fracasado** o **desafortunado**. Incluso una promesa puede ser un acto desafortunado si, por ejemplo, el emisor promete hacer algo en el futuro sabiendo que no tiene ninguna intención de realizar la acción prometida. Austin (1963) enfatiza la idea de que este tipo de promesa insincera sería un abuso de la fórmula de prometer.

Considere los siguientes enunciados relacionados con las restricciones sobre la realización de un acto performativo exitoso:

13) *Te prometo que iré mañana.*

14) *Te prometemos que iremos mañana.*

15) *Ella te promete que irá mañana.*

16) *Te felicito por el buen trabajo.*

17) *Te felicité ayer por el buen trabajo.*

De estos cinco enunciados, sólo dos son actos de habla performativos. Para que un verbo (o un acto) funcione como performativo, debe estar conjugado en la primera persona del singular y en el presente de indicativo. Por eso, el emisor no puede prometer por otra persona, lo cual excluye (14) y (15), y tampoco puede felicitar a alguien en el pasado (17). Existe la posibilidad de felicitar a alguien por algo que él o ella hizo en el pasado (*te felicito por el buen trabajo ayer*), pero el acto de felicitar debe ocurrir en el presente para que funcione como perfomativo.

Observe ahora el ejemplo (18) y decida si es un acto performativo o no:

18) *Yo te prometo muchas cosas.*

Aunque a primera vista (18) cumple con la condición del presente de indicativo, en este caso, es un *presente habitual*, y como tal, no refleja una acción puntual que se está realizando a la vez que se emite el enunciado. Por lo tanto, (18) no es un acto performativo.

Otra distinción significativa, también destacada por Austin, es la diferencia entre un acto performativo explícito y uno implícito. Mientras que el primero contiene un verbo performativo en la primera persona del presente de indicativo, los enunciados implícitos realizan la misma función pero prescinden de dicho verbo. Para poner un ejemplo, *te prometo que iré mañana* sería una realización explícita de una promesa, contrastada con *iré mañana*, una versión implícita. Una peculiaridad de la opción implícita es su ambigüedad; además de una promesa, *iré mañana* podría ser una amenaza o un aviso, lo cual supone distinciones que se examinarán más adelante.

John Searle siguió desarrollando de forma más detallada las ideas propuestas por Austin sobre los actos de habla. Con respecto a los actos performativos, Searle (1979) señaló que todos los actos de habla son, a fin de cuentas, performativos. *Decir* o *afirmar* algo también es realizar un acto. Es otro tipo de acto, no cambia la realidad como un juramento o una promesa, sino que sirve para afirmar que algo de la realidad es verdad, según la perspectiva del emisor. Para entender esta idea, reflexione de nuevo sobre la distinción que se acaba de ver sobre los actos explícitos e implícitos, pero ahora en el contexto de una afirmación:

19) *Digo que* hace buen tiempo hoy. (explícito)
20) *Afirmo que* hace buen tiempo hoy. (explícito)
21) *Hace buen tiempo hoy.* (implícito)

En (19), (20) y (21) el emisor afirma lo mismo, que hace buen tiempo hoy; por este motivo no serían necesarias las formas verbales introductorias, *digo que* o *afirmo que,* porque al decir simplemente *hace buen tiempo hoy,* el emisor manifiesta que lo que dice es lo que percibe como la verdad. Una prueba de esto es pensar en lo absurdo que sería decir algo como *hoy es miércoles pero no es verdad* o *me llamo Paco pero no lo creo.* Es decir, no se puede afirmar algo y luego negar que sea cierto. Esta idea es fundamental porque nos ayuda a entender que decir siempre es hacer, que hablar inevitablemente implica producir algún tipo de acto de habla. No obstante, hay que tener cuidado a la hora de analizar un acto porque, como ya se ha visto, los verbos pueden engañar. Considere estos enunciados:

22) *Te odio.*
23) *Te culpo a ti por mi infelicidad.*

En (22), el emisor afirma o describe su sentimiento, pero al decir *te odio* no está realizando el acto performativo de *odiar,* entonces no deja de ser una afirmación. Paralelamente, en (23), el emisor indica a quién atribuye la responsabilidad de su infelicidad, pero al pronunciar las palabras no está realizando el acto performativo de culpar a la persona.

6.2 LA FUERZA ILOCUTIVA Y LAS CONDICIONES DE ACTOS DE HABLA

En su libro *Speech Acts* (1969), Searle destaca la importancia del concepto de la **fuerza ilocutiva,** un aspecto clave para los actos de habla. La fuerza ilocutiva se refiere a cómo se va a interpretar el contenido del acto. El emisor comunica con éxito la fuerza ilocutiva si el destinatario reconoce la intención deseada. Por ejemplo, una promesa no es una promesa a menos que el receptor reconozca el enunciado como tal. De forma parecida, una invitación sólo funciona como invitación cuando el receptor capta que el emisor tiene la intención de invitar. Se supone que varios componentes contribuyen a la fuerza ilocutiva de un enunciado como, por ejemplo: la entonación (o el uso de la puntuación en el lenguaje escrito), el orden de las palabras, los verbos (Ej. *te prometo, te invito*), el tiempo verbal (e.g. *te prometo* versus *te prometí*) y el contexto.

En el capítulo anterior se incluyeron dos enunciados que mostraban cómo la entonación se puede utilizar para distinguir una pregunta de una afirmación:

24) *Ella no quiere ir.* (↓)
25) *¿Ella no quiere ir?* (↑)

Ahora, si se aplica el concepto de la fuerza ilocutiva, se puede observar que la subida de tono en (25) aporta la fuerza ilocutiva de una pregunta; mientras que la bajada de tono en (24) transmite la fuerza ilocutiva de una afirmación.

A veces se combinan la entonación y la alteración en el orden de las palabras para marcar la fuerza ilocutiva. Ya que el orden de las palabras es tan flexible en español, un ejemplo contrastivo en inglés resulta más ilustrativo puesto que el orden es menos flexible:

26) *I should go now.* (↓)
27) *Should I go now?* (↑)

En (26) se muestra la combinación estándar en inglés para las llamadas *oraciones declarativas* desde la perspectiva de la gramática: una bajada de tono al final y el sujeto ("I") situado delante del componente verbal ("should go"). Esta combinación, en términos de la pragmática, constituye la fuerza ilocutiva de una afirmación. En cambio, la subida de tono en (27) se combina con el pronombre de sujeto, "I", posicionado detrás del verbo auxiliar, "should", para formular una pregunta y transmitir la fuerza ilocutiva de una petición.

A pesar de la claridad del contraste entre dos ejemplos como (26) y (27), no se debe asumir que la fuerza ilocutiva siempre es fácil de reconocer porque puede haber una especie de ambigüedad pragmática cuando dos o más interpretaciones son lógicas. En tales situaciones, puede ser que el destinatario no capte la fuerza ilocutiva intencionada del emisor. Searle resalta algunas de las dimensiones relevantes, entre ellas el grado de compromiso implicado y los intereses de los interlocutores. Pensando en el grado de compromiso implicado, hay una diferencia entre una expresión de intención y una promesa, ya que la promesa denota una especie de pacto verbal que está ausente en la expresión de intención. Sin embargo, para un destinatario es complicado distinguir si un enunciado como *mañana te paso a buscar a las seis* expresa una intención o una promesa. Es evidente que el contexto suele aportar pistas, pero las pistas siempre están abiertas a la interpretación. Con respecto a los intereses de los interlocutores, si alguien dice *creo que va a nevar mañana,* este tipo de enunciado puede ser interpretado como una predicción o un aviso; tal vez la única diferencia sea que para ser un aviso, el emisor puede pensar que es probable que la nieve perjudique al destinatario de una forma u otra y, por eso, debe estar informado. El punto principal aquí es que la transmisión de la fuerza ilocutiva no es una ciencia exacta y no hay ninguna garantía de que la intención del emisor vaya a ser interpretada acertadamente.

Un aspecto relacionado con la fuerza ilocutiva es el concepto de la **perlocución** (Austin 1962; Searle 1969). Esta idea se refiere a los efectos que los actos tienen en el destinatario. Por ejemplo, una petición puede tener el efecto de conseguir que el destinatario haga algo o un aviso puede hacer que el destinatario tenga miedo o que se sorprenda.

Otro concepto importante de Austin, y posteriormente ampliado por Searle (1969), es la idea de que hablar una lengua implica realizar actos según una serie de reglas. Estas reglas se basan en un conjunto de condiciones que deben ser necesarias y suficientes para que el acto en cuestión se realice con éxito. Para dar un ejemplo, Searle describe, de forma detallada, las reglas y las condiciones necesarias para hacer una promesa:

 i. El contenido proposicional (lo que se propone): un acto futuro realizado por el emisor.
 ii. Las condiciones preparatorias: el receptor prefiere que el emisor haga un acto futuro a que no lo haga; y para el emisor y el receptor, no parece obvio que el emisor vaya a hacer el acto en el transcurso normal de los eventos.
 iii. Las condiciones de sinceridad: el emisor tiene la verdadera intención de hacer el acto.
 iv. Las condiciones esenciales: el emisor sabe que la enunciación de una promesa le obligará a hacer el acto.

Piense en el enunciado *mañana iré a verte.* Según (ii), para que una promesa se lleve a cabo con éxito, el receptor tiene que desear una visita de esta persona, o dicho de otra manera, el emisor, al decir *mañana iré a verte,* debe suponer que al receptor le

agradará una visita suya. Además, no sería una promesa completamente afortu-
nada si todos los días el emisor fuera a visitar al receptor sin falta porque, en este
caso, sería algo esperado. Es decir, tiene que existir una posibilidad de que el emisor no vaya a ir. Así que, según (ii), se considera que para prometer algo, no puede
ser obvio que el emisor vaya a realizar la acción en circunstancias normales.

Ahora, suponga que el emisor dijera *mañana iré a verte*, sabiendo que al destinatario no le iba a agradar su presencia. Imagine, por ejemplo, que un jefe de una
banda de mafiosos lleva meses pidiendo dinero a alguien que está en deuda con él
y le dice *mañana iré a verte*. Este caso sería una amenaza. La diferencia entre una
promesa y una amenaza está relacionada con (ii) porque, para realizar una promesa,
el emisor supone que el acto futuro es algo deseable para el receptor. En cambio,
cuando se trata de una amenaza, el emisor presupone que el acto futuro es algo
indeseable para el receptor. Esta distinción es fundamental y sirve para ilustrar
cómo dos actos parecidos pueden discrepar en una de las condiciones.

Gracias a la regla (iii), y como Austin ya había propuesto, se estipula que uno
no puede prometer algo de forma legítima si no tiene la intención de realizar la
acción (o si se hace, se dice que es una promesa insincera). El conocido dicho en
inglés de "promises are made to be broken" alude a la precariedad de la promesa,
ya que es fácil prometer algo y luego posteriormente cambiar de opinión. Sin embargo, este tipo de incumplimiento no está relacionado directamente con el acto
lingüístico de *prometer*.

Todos los actos de habla tienen condiciones parecidas que deben cumplirse
y que se pueden explicar como reglas. Por ejemplo, para ordenar que alguien haga
algo, el emisor debe estar en una posición de autoridad sobre el receptor, debe
desear que el acto se realice y debe tener la intención de que el enunciado sea un
intento de conseguir que el receptor haga dicho acto. Incluso una acción tan sencilla como saludar requiere que el emisor acabe de encontrarse con el receptor y
que el enunciado cuente como una muestra de cortesía.

6.3 CATEGORÍAS DE LOS ACTOS DE HABLA

Como se ha mencionado anteriormente, no se puede confiar en los verbos, o
en la acción descrita por el verbo de la cláusula principal (Ej. *prometer, recomendar,
insistir*, etc.) para clasificar los actos de habla. Además, una gran parte de los actos
no contiene un verbo performativo explícito, así que cualquier sistema de clasificación no puede basarse en los verbos. Searle (1979) propuso un sistema de clasifi-

cación organizado de acuerdo con el objetivo del acto, y aunque no es un esquema perfecto, se ha empleado extensamente a lo largo de los años. A continuación, se presentan las cinco categorías de Searle, con ejemplos para cada grupo:

i. Actos asertivos: El objetivo es que el emisor se comprometa con la expresión de la verdad, o por lo menos que exprese la creencia de que algo es verdad. Puede haber varios grados de compromiso y de creencia. En los siguientes ejemplos, el grado de compromiso a la verdad va aumentando:

> *La tienda está abierta.*
>
> *Te cuento que la tienda está abierta.*
>
> *Te garantizo que la tienda está abierta.*
>
> *Insisto en que la tienda está abierta.*

ii. Actos directivos: El objetivo para el emisor es conseguir que el receptor haga algo. El grado de deseo o de interés puede variar:

> *Deberías ir al supermercado.*
>
> *Debes ir al supermercado.*
>
> *Es urgente que vayas al supermercado.*
>
> *Te ruego que vayas al supermercado.*

El acto directivo puede realizarse para beneficio del emisor (a), del destinatario (b) o de los dos (c):

> a) *¿Me traes un vaso de agua?*
>
> b) *Necesitas dormir más.*
>
> c) *¿Por qué no nos pides una pizza?*

iii. Actos comisivos: El objetivo es que el emisor se comprometa con una acción en el futuro. Ejemplos de este tipo de acto de habla son tanto prometer (a) como aceptar (b):

> a) *Te prometo que iré mañana.*
>
> b) SAMUEL: *¿Quieres ir al cine conmigo mañana?*
>
> MARTA: *Sí, me encantaría.*

iv. Actos expresivos: El objetivo para el emisor es expresar su estado psicológico (sentimientos y actitudes) con respecto a un hecho.

> *Te felicito por el buen trabajo.*
>
> *Me alegro de que estés aquí.*
>
> *Gracias por tu ayuda. (= estoy agradecido por tu ayuda)*

v. Actos declarativos: El objetivo es cambiar el estado de la realidad; realizar una declaración es alterar el estado de las cosas. Generalmente debe haber algún tipo de poder institucional involucrado:

El juez al acusado: *Le condeno a tres años de prisión.*
El policía al sospechoso: *Está Ud. detenido.*

Como todos los sistemas de categorización, las divisiones no siempre se pueden realizar de forma precisa. Cuando se analizan enunciados que representan una variedad de funciones, es inevitable encontrar que se pueden combinar elementos de más de una categoría. Este es el caso de las invitaciones. Por un lado, el acto de invitar supone la esencia más fundamental de los directivos porque el emisor aspira a influir en las acciones del invitado, pero por otro lado, cuando alguien realiza una invitación, entra en una especie de compromiso asociado con los actos de habla comisivos. Este último aspecto se percibe en el hecho de que la persona que invita debe cumplir con su palabra, la invitación, y hacer algo con el invitado en el futuro.

Otra dificultad surge cuando se examina cómo los actos de habla se desarrollan en las conversaciones. Para entender este fenómeno, es preciso distinguir entre **macro-** y **micro-actos**. Fíjese en el siguiente ejemplo, el cual consiste en el macro-acto de una queja:

28) Una compañera de casa a otra:
   Es muy tarde y tengo un examen mañana. (micro-acto: asertivo)
   ¿Puedes bajar la música? (micro-acto: directivo)
   Me molesta que no tengas más respeto. (micro-acto: expresivo)

Una interpretación de (28) es considerar el macro-acto de la queja como un acto directivo, dado que el objetivo principal es conseguir que la otra persona baje la música. Siguiendo esta línea de análisis, el micro-acto directivo (*¿Puedes bajar la música?*) sirve como el **acto principal,** el que realiza la función más básica. La compañera de casa comienza con un micro-acto, una afirmación designada como acto asertivo, que explica la situación y justifica su queja. A veces, se emplea el término de **acto** o **elemento de apoyo** (Blum-Kulka 1989) para los segmentos que sirven para apoyar o justificar el acto principal. El último micro-acto de (28), el que se ha calificado como expresivo, es un tipo de reproche mediante el cual la emisora pretende mostrar su decepción ante la falta de respeto por parte de su compañera de casa. En realidad, la identificación del acto principal siempre implica un proceso de interpretación, y como uno no se puede meter en la cabeza del emisor, se debe conformar con poder realizar un análisis relativamente objetivo de los datos que tiene a su disposición.

Un rasgo de los macro-actos es que pueden suceder a través de varios turnos de habla. (29) es un ejemplo de un acto directivo, pero se ve que el acto principal, la propia petición, ocurre al final:

29) ANDREA: *Oye, ¿qué vas a hacer esta noche?*
    BEATRIZ: *Nada. No tengo planes.*
    ANDREA: *Entonces no necesitas tu coche, ¿verdad?*
    BEATRIZ: *No, ¿por qué?*
    ANDREA: *Porque el mío está en el taller. ¿Me dejas usar el tuyo?*

Antes de proceder a pedir el favor, Andrea averigua la disponibilidad del auto. La ventaja de hacer este tipo de indagación antes de realizar la petición es que uno puede evitar la molestia de pedirle algo a alguien si descubre que no va a ser posible. En (29), Andrea podría haber decidido no realizar la petición si Beatriz hubiera necesitado el coche. Este tipo de fenómeno será el enfoque del capítulo 8 que se ocupa de la cortesía.

Otro ejemplo, basado en Spencer-Oatey (2000: 23), es el del macro-acto de rechazo (de una invitación). A continuación se presentan varios micro-actos que se pueden combinar, aunque es improbable que alguien utilice todos a la vez:

30) i.   Rechazo explícito: *No puedo ir.* (acto principal)
    ii.   Expresión de apreciación: *(Pero) gracias por la invitación.*
    iii. Excusa o explicación: *(Es que) voy a estar ocupado.*
    iv.   Expresión de pesar: *Lo siento.*
    v.   Expresión de sentimientos o deseos positivos: *Ojalá pudiera ir.*
    vi.   Un condicional: *Si me lo hubieras dicho antes, habría ido contigo.*
    vii. Ofrecimiento de una alternativa: *¿Qué te parece el domingo?*

Note como cualquier segmento, si se emplea solo, puede funcionar como el acto principal para rechazar una invitación:

31) A: *¿Quieres ir al cine esta noche?*
    B: *Ojalá pudiera ir.*

32) A: *¿Quieres ir al cine esta noche?*

    B: *¿Qué te parece el domingo?*

En estos casos, las respuestas en (31) o (32) funcionan como actos indirectos, el tema del siguiente apartado, porque la persona rechaza la invitación de forma implícita, sin decir que no. Quizás se puede considerar la respuesta en (32) como un rechazo parcial; B no acepta todas las condiciones de la invitación, el cuándo, pero muestra interés en la actividad al sugerir una alternativa.

PARA COMUNICARSE EN ESPAÑOL

Una estrategia útil en español es el uso de *¡cómo que. . .!,* el cual expresa incredulidad ante algo. Por ejemplo, si un amigo le dice a Ud. que no tiene hambre y no quiere salir a cenar con Ud., le puede contestar: *¡Cómo que no tienes hambre!,* o si Ud. no cree que a su madre le ha tocado la lotería, una reacción lógica sería *¡Cómo que has ganado la lotería!* El equivalente de esta expresión en inglés es "what do you mean. . .?" (Ej. "What do you mean you won the lottery?")

6.4 LOS ACTOS DE HABLA INDIRECTOS

6.4.1 Los fundamentos de los actos indirectos

El tema de **los actos de habla indirectos** ya se ha mencionado implícitamente en otros capítulos cuando se hablaba del contexto, de los enunciados, del conocimiento común, etc. En esta sección se va a reflexionar sobre este fenómeno con más detalle.

Searle (1979) se cuestiona el hecho de que el emisor puede decir una cosa aunque realmente quiere decir otra. Tal vez el ejemplo más típico, el que se ha citado en numerosas ocasiones en la literatura sobre los actos de habla, sea cuando, durante una comida, alguien pide la sal diciendo *¿Me puedes pasar la sal?* Si se limita todo estrictamente al significado literal, la pregunta *¿Me puedes pasar la sal?* se refiere a la capacidad que tiene el otro para pasar la sal, pero no le pide abiertamente que lo haga. Hay varios detalles claves que explican cómo una persona se comunica usando actos indirectos y por qué son tan comunes. El aspecto convencional del lenguaje, el cual ya se ha tratado anteriormente, es un factor fundamental. Recuerde que las convenciones son modelos de comportamiento que son familiares para los miembros de una comunidad de habla y que facilitan la interacción humana. Igual que se emplean convenciones no lingüísticas como dar la mano, besar y abrazar, también uno depende de las convenciones lingüísticas para expresar sus intenciones y asume que se van a entender sin ningún esfuerzo. Algunas convenciones lingüísticas que se establecen en una lengua son indirectas; el emisor quiere comunicar *más de lo que dice,* pero como la mayoría son fórmulas conocidas, se suelen interpretar automáticamente. Aun así, debe haber una manera de explicar cómo una persona puede llegar a entender el significado indirecto sin demasiado esfuerzo cognitivo. Por eso, Searle (1979) propone un esquema teórico para el proceso de comprensión de los actos de habla indirectos, expuesto desde la perspectiva del emisor. A continuación, se destacan algunos detalles esenciales:

i. Se presupone que el principio de cooperación, el tema del capítulo 7, está vigente. Por eso se da por hecho que los interlocutores están cooperando y que no están tratando de engañar a nadie.

ii. Uno cuenta con el conocimiento que sus interlocutores poseen del mundo, de la conversación, de la situación, etc.

iii. Se cuenta con la capacidad del receptor de inferir, hacer conexiones, razonar, sacar conclusiones, etc.

6.4.2 Los actos indirectos no convencionales

Donde realmente se observa la importancia de estas pautas es cuando se trata de los actos indirectos *no* convencionales, sobre todo en el ámbito de los directivos. El acto indirecto anteriormente mencionado, *¿Me puedes pasar la sal?,* es convencional, pero también existen **actos indirectos no convencionales.** En el lenguaje cotidiano esto se corresponde con los llamados "hints" en inglés e *indirectas* en español. Este tipo de indirectas insinúan lo que el emisor desea, pero su interpretación depende más del contexto que en los actos convencionales (Blum-Kulka 1989). Como consecuencia, requieren más de los factores (ii) y (iii), previamente mencionados. Esto quiere decir que existe la posibilidad de que el acto no se interprete como el emisor desea. Para ilustrar el concepto, observe un ejemplo sacado de un estudio sobre las peticiones en Cuba (Ruzickova 2007). En un programa de radio, el presentador habla con una mujer que ha llamado. En un momento de la llamada, ella empieza a hablar de lo que hace por las noches y la intención del presentador es terminar la conversación. Para hacerlo, él opta por una estrategia indirecta no convencional, justo cuando ella se pone a explicar que le gusta leer por las noches:

33) MUJER: *[. . .] y de verdad que, que venían cosas muy interesantes [. . .] muy buenas.*
    PRESENTADOR: *Ya las compartirá con nosotros.*
    MUJER: *Bueno, seguro que sí.* (Ruzickova 2007: 1184)

Fíjese en que esta petición es tremendamente sutil y se realiza con delicadeza por parte del presentador, porque no hace ninguna referencia a lo que realmente desea, que ella deje de hablar. De hecho, implica todo lo contrario: que la mujer tendrá la ocasión de compartir las ideas con él y con los radioyentes en un futuro ficticio. La clave, entonces, es el uso del tiempo futuro (*compartirá*) que muestra la indirección de forma clara; es decir, si él quiere que ella comparta las ideas en el futuro, no quiere que lo haga en el momento presente. Queda claro en el siguiente turno de la mujer (*Bueno, seguro que sí*) que ella no sólo ha captado el significado indirecto sino que también sigue el juego simulado, como si creyera de verdad que iba a tener la oportunidad de compartir sus ideas en otra ocasión. Es probable que los presentadores de radio tengan que desarrollar estrategias para perfeccionar la elocuencia en este tipo de situaciones, especialmente porque no cuentan con los componentes visuales del entorno.

Para ejemplificar la importancia de los aspectos visuales, suponga que dos colegas están conversando en la casa de uno de ellos hasta muy tarde y, por fin, a la una de la mañana el anfitrión quiere que su invitado se vaya para poder acostarse. Para pedirle que se marche, opta por utilizar una estrategia indirecta no convencional, en la que no hay ninguna referencia explícita a la partida del colega:

34) *Bueno, desafortunadamente tengo que levantarme temprano mañana.*

Para encaminar al invitado hacia la interpretación deseada de (34), el anfitrión podría incorporar diferentes tipos de señales no lingüísticas (Ej. bostezar, acercarse a la puerta, empezar a recoger los vasos de la mesa, etc.). En cambio, el presentador de radio en (33) no dispone de estas opciones por la ausencia del componente visual.

Una característica de las estrategias indirectas no convencionales es que no se combinan bien con *por favor* (House 1989). Puesto que el emisor no realiza una petición explícita, el uso de *por favor* resulta incompatible con la cualidad insinua-

*Haga un análisis de este letrero. ¿Qué tipo de
acto de habla es, directo o indirecto, y cuál es
su función?*

dora de este tipo de enunciado. Es importante resaltar que ninguna de las estrategias en (33) o (34) se podría combinar con *por favor*.

6.4.3 Los actos indirectos convencionales

Volviendo al tema de los actos indirectos convencionales, Searle enfatiza el
hecho de que no son exactamente expresiones idiomáticas, pero aun así, tienen
un elemento idiomático. Tal y como se vio en el capítulo 2 con respecto a las expresiones idiomáticas, en teoría, alguien podría entender el significado de todas las
palabras sin entender el significado de la expresión. Con los actos de habla indirectos, alguien podría entender el significado de todas las palabras sin captar la verdadera intención. Un buen ejemplo es la expresión *sería tan amable de* para realizar
peticiones formales:

35) *¿Sería Ud. tan amable de* apagar la música?

La indirección de esta petición viene dada por tres elementos. El primero es el uso
del condicional (*sería*), el cual no se refiere al mundo real sino a uno que podría ser
real si el receptor cumpliera con la petición (Haverkate 1994). En otras palabras, el
receptor podría ser amable si apagara la música. El segundo elemento reside en
el vínculo que existe entre la amabilidad y la realización de una petición. Aunque
parezca una conexión lógica, no deja de ser una convención cultural establecida,

casi como una forma de halagar al destinatario, pero con la condición de que lleve a cabo el acto en cuestión. Por último, no se debe pasar por alto el hecho de que (35) es una pregunta, y si se eliminara la interpretación no literal, la indirecta, sólo quedaría una pregunta concreta sobre una situación hipotética, contestable con un *sí* o *no*.

A pesar de su carácter idiomático, los actos indirectos convencionales pueden mantener su significado literal en algunos contextos. Por ejemplo, si un paciente que se está recuperando de una lesión en la muñeca va al médico, éste puede preguntarle lo siguiente para informarse sobre el proceso de recuperación: *¿Puede abrir la puerta?* Aquí no es una petición indirecta sino una pregunta para obtener información relativa al estado de la muñeca del paciente. Otro caso es el uso de *¿por qué no...?* en la siguiente conversación telefónica entre dos amigas:

36) PATRICIA: *Oye, ¿te importaría dejarme dormir en tu sofá esta noche?*
    CATALINA: *Claro que no, ¿pero <u>por qué no vas a la casa de tus padres</u>?*
    PATRICIA: *Porque están de vacaciones y no tengo la llave.*

Lo interesante en (36) es que *¿por qué no vas a la casa de tus padres?* se presta a las dos interpretaciones: como una pregunta sincera o como una sugerencia indirecta. El hecho de que los actos indirectos tengan más de una interpretación contribuye a que sean estrategias efectivas. Esto ocurre, sobre todo, con los actos directivos porque ofrecen al destinatario una especie de salida ya que se le ofrece a uno la libertad de no cumplir la petición. De forma similar, también los actos directivos indirectos le dan al emisor, por lo menos en teoría, la posibilidad de negar la interpretación adicional. En (37) se ve otra versión de la conversación de (36), pero ahora Patricia responde a las dos interpretaciones posibles; primero contesta el significado literal de la pregunta (*porque están de vacaciones y no tengo la llave*), y después responde a la interpretación indirecta (*pero puedo llamar a Claudia si prefieres que no vaya a tu casa*). Luego, al final, Catalina niega haber hecho una sugerencia y resalta su intención inicial:

37) PATRICIA: *Oye, ¿te importaría dejarme dormir en tu sofá esta noche?*
    CATALINA: *Claro que no, ¿pero por qué no vas a la casa de tus padres?*
    PATRICIA: *Porque están de vacaciones y no tengo la llave, <u>pero puedo llamar a Claudia si prefieres que no vaya a tu casa</u>.*
    CATALINA: *<u>¡No no, ven! Sólo me extrañaba que no fueras a la casa de tus padres</u>.*

La idea de ofrecer posibilidades también ocurre con otros actos de habla. Note en la invitación en (38) cómo el uso del condicional le proporciona al receptor la posibilidad de expresar interés en la idea, a la vez que rechaza la invitación:

38) MÓNICA: ¿*Te gustaría* salir a cenar conmigo este viernes?
    JOSÉ: *Sí, me encantaría, pero ya tengo planes.*

La idea de proporcionar alternativas y de evitar imposiciones directas contribuye a la proliferación de los actos de habla, y según Searle (1979), su uso tan extendido está relacionado con la cortesía, ya que hablar de forma indirecta suele ser más cortés. Si bien es cierto que esta generalización puede ser el motivo principal que se encuentra en el uso del lenguaje indirecto, al estudiar la cortesía se verá que no todas las culturas asocian lo indirecto con lo cortés de la misma manera. Pensando en el español y el inglés, el fenómeno de los actos indirectos es parecido en los dos idiomas, pero no siempre idéntico. Si se toman como ejemplo los actos directivos, la categoría con la mayor diversidad de estrategias indirectas, todos los siguientes subgrupos, destacados por Searle, existen en español y en inglés, aunque los recursos utilizados son distintos en cada lengua:

i. Estrategias relacionadas con la capacidad del destinatario para realizar una acción (¿*Puedes/podrías ayudarme?*).
ii. Estrategias relacionadas con el deseo del emisor (*Quiero que me ayudes; Me gustaría que me ayudaras; Estaría muy agradecido si me ayudaras*).
iii. Estrategias relacionadas con la realización de una acción por parte del destinatario (¿*Me ayudas/ayudarás/ayudarías?*).
iv. Estrategias relacionadas con el deseo o la disposición del destinatario (¿*Te importaría ayudarme? ¿Quieres ayudarme?*).
v. Estrategias relacionadas con las razones por las cuales el destinatario debe realizar una acción (¿*Por qué no me ayudas?; Debes/deberías ayudarme; Sería buena idea que me ayudaras*).

Aunque estas estrategias surgen en una multitud de lenguas, no son necesariamente **universales** en el sentido de que aparecen como formas convencionales en todos los idiomas del mundo. Para ilustrar esta idea, las estrategias del grupo (i), que están relacionadas con la capacidad del destinatario para realizar una acción específica (¿*Puedes/podrías ayudarme?*), no sirven para producir actos directivos en el polaco (Wierzbicka 1985) o en el checo (Searle 1979). De hecho, un estudio sobre los hablantes bilingües de quechua y español en Otavalo, Ecuador, indica que estos no emplean ni reconocen las peticiones con *¿puede(s) X?* como peticiones, aparentemente por la influencia del quechua, una lengua indígena que no hace uso de este tipo de estrategia (Hurley 1995).

PARA COMUNICARSE EN ESPAÑOL

En el contexto cotidiano del español es común hablar de las *indirectas* que generalmente se corresponden con actos de habla indirectos. La palabra *indirecta* se puede combinar con diferentes verbos como *coger/comprender/captar la indirecta*. La expresión equivalente en inglés es "to take a hint". Entonces, cuando alguien observa que otra persona no ha percibido la intención en lo que se ha dicho, se puede decir que *él/ella no ha captado la indirecta*. En cambio, si una persona quiere resaltar el hecho de que ha captado la indirecta dirá *he cogido la indirecta*. Otra palabra en español que significa "hint" es *pista,* pero se emplea en otros contextos. Por ejemplo, cuando alguien está tratando de adivinar la respuesta de una pregunta, otra persona le puede *dar pistas*.

6.5 LOS ACTOS DE HABLA Y LA CONVERSACIÓN

La teoría de los actos de habla ha sido objeto de crítica (Marmaridou 2000) por el énfasis que se ha puesto en lo que sucede en la mente del emisor, esto es, en las intenciones que tiene al expresar un enunciado. Además, la crítica se ha centrado en la poca o casi nula atención dedicada a los aspectos interactivos del proceso de comunicación. Si bien es cierto que las primeras publicaciones sobre el tema no se ocupan directamente del componente interactivo, una serie de estudios posteriores ha tratado de integrar los actos de habla en un marco más amplio de la conversación. Incluso algunos de los ejemplos anteriores ilustran que, para entender cómo los actos de habla operan en contextos reales, se necesita tener en cuenta el intercambio de turnos y la interpretación de los enunciados por los interlocutores en el momento. Aunque las grabaciones o las transcripciones de las conversaciones ofrecen información valiosa para el analista, tampoco resuelven el problema de la interpretación de las intenciones de los interlocutores. Incluso con una reproducción exacta de la interacción, nadie puede meterse en la cabeza del emisor para saber cuáles son los aspectos relevantes del diálogo y del contexto desde su perspectiva. Por este motivo, el analista siempre corre el peligro de sobre-interpretar los datos estudiados si identifica y analiza matices que no fueron percibidos por los propios interlocutores (Márquez Reiter y Placencia 2005).

En el ámbito de los actos de habla, uno puede asignar una intención a cualquier enunciado desde el punto de vista teórico, sin embargo, en el mundo real, el emisor no siempre tiene una intención concreta cuando produce un enunciado (Ellis 1999). Imagine que dos personas, un hombre y su mujer, están en la cocina preparando la cena cuando, de repente, él se corta el dedo con un cuchillo y grita *¡Carajo!* Esta reacción podría ser simplemente una exclamación espontánea, un acto expresivo pronunciado al sentir dolor, pero también podría interpretarse como una petición de ayuda o como una llamada de atención. Existe la posibilidad de poder interpretarse como una queja o una protesta; por ejemplo, quizás al hombre no le guste cocinar y cada vez que se ve obligado a ayudar en la cocina, le pasa algo. Por eso, siempre busca una excusa para poder protestar y volver al salón para ver la televisión. Un investigador que analizara la expresión *¡Carajo!* y que tuviera acceso a una trascripción del transcurso del diálogo, se plantearía algunas preguntas relativas al valor del enunciado, a la intención que tiene el hombre al emitirlo, a la reacción de su mujer y a la dirección que toma la conversación a partir de la exclamación. Son cuestiones difíciles de resolver y dependen, en gran parte, de los objetivos de la persona que realiza el análisis y de la importancia que quiere atribuir a las intenciones del emisor.

Por lo menos, en algunas ocasiones, uno puede fijarse en los turnos siguientes a un determinado enunciado para ver cómo lo dicho fue interpretado, pero no hay ninguna garantía de que la interpretación del otro interlocutor corresponda a la intención del emisor. De todas formas, podría ser la mejor opción disponible dada la imposibilidad de descubrir los pensamientos del emisor. Volviendo al ejemplo del marido que se corta el dedo y exclama *¡Carajo!,* a continuación se incluyen tres opciones hipotéticas que ilustran cómo la reacción de su mujer puede orientar a alguien hacia una interpretación u otra:

39) HOMBRE: *¡Carajo!*
    MUJER: [Al ver que se ha cortado] *¡Ay pobre! Déjame ver el dedo.*
    La mujer interpreta la exclamación como una llamada de atención.
40) HOMBRE: *¡Carajo!*
    MUJER: [Al ver que se ha cortado] *Espera, que te pongo una tirita.*
    La mujer interpreta la exclamación como una petición de ayuda.
41) HOMBRE: *¡Carajo!*

MUJER: [Al ver que se ha cortado] *¿Te has cortado otra vez? Pues déjalo y termino yo de preparar la cena.*
La mujer interpreta la exclamación como una queja.

Si en cada caso el hombre no corrigiera la interpretación de su esposa, se podría concluir que él no está en completo desacuerdo con la dirección que tomó la interacción, o que por lo menos no vio la necesidad de remediar lo sucedido.

Algunos investigadores han intentado solucionar el problema de la intención mediante entrevistas con los participantes después de la recolección de datos. Aunque este método puede revelar detalles útiles para el análisis, como se ha mencionado previamente, el mismo emisor no siempre tiene una intención clara cuando emite un enunciado. Además, la autoreflexión de una persona sobre su propia aportación a una conversación no es una fuente completamente fiable.

En otras situaciones, identificar el acto de habla es una tarea fácil, pero su identificación no revela necesariamente cuál es el aspecto más significativo de su contribución a la conversación. En tales casos, la intención del emisor puede ir más allá del alcance del acto de habla para señalar otra función discursiva. Aquí es donde se observan varios niveles de funciones pragmáticas. Considere ahora el acto de una petición. Suponga que un grupo de mujeres está conversando y una dice lo siguiente:

42) *¿Sabéis ya lo de Ingrid?*

Sin tener en cuenta el contexto, esta pregunta es una petición que anticipa una respuesta afirmativa o negativa, pero podría, a la vez, realizar una función discursiva más substancial. En un estudio sobre los chismes entre mujeres españolas, García Gómez (2000–2001) incluye esta misma petición como ejemplo de una estrategia utilizada para iniciar una secuencia de cotilleo. Con su contribución, la emisora no sólo espera la aprobación de sus interlocutores sobre el tema del cotilleo, sino que también intenta provocar interés y anticipación entre ellas. De hecho, para iniciar un intercambio para hablar del cotilleo, no hace falta que sea una pregunta o una petición de este tipo, así que el acto de habla utilizado es, hasta cierto punto, secundario. Por ejemplo, una afirmación puede realizar la misma función, como muestra el siguiente fragmento de García Gómez (2000–2001: 132):

43) MUJER 1: *Tengo noticias jugosas.*
    MUJER 2: *¿Sí?*
    MUJER 3: *¡Suelta! Vamos...*

De forma semejante, en ciertos casos, el significado convencional de un acto de habla casi se anula cuando el enunciado desempeña la función de otro acto en el contexto. Un ejemplo es la expresión de agradecimiento. Uno puede dar las gracias en una multitud de circunstancias: al recibir un regalo, una invitación, un cumplido, etc., pero un caso particular es cuando se va al cine y, antes de que empiece la película, aparece el siguiente mensaje en la pantalla: *Gracias por apagar su teléfono*. En realidad, este agradecimiento es una petición realizada de forma cortés para que se apague el teléfono.

Otra fuente de crítica de la teoría de los actos de habla es el hecho de que no se ocupa suficientemente de las diferencias culturales. Un ejemplo ilustrativo entre el español y el inglés concierne a los actos de habla indirectos. Se ha mencionado en el resumen anterior que, según Searle, uno de los motivos para el uso de los actos indirectos es la cortesía, de modo que es más cortés ser indirecto que directo. Sin embargo, en los siguientes capítulos se va a mostrar que la relación entre la indirección y el ser cortés no es comparable en las dos lenguas, dado que un acto directo en español, y en otros idiomas también, puede ser interpretado como más cortés que un acto indirecto.

A pesar de las diferentes críticas, la teoría de los actos de habla ha sido, y sigue siendo, uno de los principios más básicos de la pragmática.

PARA RESUMIR

En este capítulo se han incluido las siguientes ideas:

- La definición de acto de habla.
- La clasificación de Austin sobre los actos de habla performativos y las modificaciones posteriores de Searle.
- La fuerza ilocutiva de los actos de habla.
- La propuesta de Searle sobre las categorías de los actos de habla: actos asertivos, actos directivos, actos comisivos, actos expresivos y actos declarativos.
- El macro-acto de habla y el micro-acto de habla: el acto principal y los elementos de apoyo.
- La distinción entre los actos de habla indirectos convencionales y no convencionales.

PARA PRACTICAR

1. Decida si el verbo principal, en cada uno de los siguientes casos, puede funcionar como performativo o no (es decir, si el verbo realiza la misma acción expresada). Si puede ser performativo, estipule las circunstancias y/o la relación que hay entre los interlocutores para que el acto sea *afortunado*.

   a. *Te quiero mucho.*
   b. *Apruebo tu decisión.*
   c. *Me despido de ti.*
   d. *Te despido de tu trabajo.*
   e. *Dimito de mi trabajo.*
   f. *Te miento.*
   g. *Te aseguro de que no estoy mintiendo.*
   h. *Elijo la puerta número uno.*
   i. *Te ruego que te vayas.*
   j. *Dedico esta canción a mi novia.*
   k. *Me río de ti.*
   l. *Le entrego a Ud. la llave de la ciudad.*
   m. *Te ofrezco mil dólares por tu coche.*
   n. *Te insulto.*
   o. *Yo te doy mi palabra de que voy a estar aquí mañana.*
   p. *Propongo que vayamos al cine esta noche.*
   q. *Te apuesto diez dólares.*
   r. *Acepto su oferta.*
   s. *Me quejo de mi trabajo.*

2. Trate de imaginar las condiciones para los siguientes actos de habla. Incluya: i) el contenido proposicional (lo que se propone); ii) las condiciones preparatorias; y iii) las de sinceridad.

   a. las disculpas (pedir perdón)
   b. las quejas
   c. las invitaciones
   d. los cumplidos
   e. los rechazos
   f. dar la bienvenida

3. Piense en un ejemplo en español para cada tipo de acto de habla, suponiendo que el receptor es un/a amigo/a más o menos de la misma edad de Ud. Luego decida a qué grupo pertenece cada uno: asertivos, directivos, expresivos, comisivos o declarativos.

   a. un cumplido
   b. una invitación
   c. una amenaza
   d. un nombramiento
   e. dar el pésame
   f. una sugerencia

4. Intente formular un acto de habla que, a su juicio, le parezca apropiado para los siguientes casos:

   a. Ud. entra en un café y después de pagar, cree que no ha recibido el cambio justo. (La persona encargada es una mujer de unos 45 años).
   b. Ud. no encuentra su bolígrafo y le quiere pedir uno a su compañero/a de clase, que está a su lado.
   c. Pida a su superior en el trabajo que le deje salir una hora antes para ir al médico.
   d. Ud. quiere pedirle una cita a alguien (para ir a un concierto).
   e. Su tía le envía por correo electrónico una invitación para cenar, pero Ud. no quiere ir. Conteste el mensaje.
   f. Su vecino del piso de arriba está dando una fiesta y Ud. está tratando de dormir.

5. ¿Puede pensar en un acto indirecto <u>no</u> convencional (*a hint*) para *a, b, c, d* y *f* de la actividad anterior?

6. Explique los siguientes ejemplos según las indicaciones:

   a. ¿Qué acto(s) de habla se expresa(n) en este caso?
      Una señal de tráfico en la carretera pone:
      Hombres trabajando a 200 metros.
   b. ¿Cómo se explica la discrepancia que hay entre la intención de la pregunta y la interpretación por parte del señor 2?
      En una estación de autobuses, dos señores están en la sala de espera y uno empieza a fumar:
      SEÑOR 1: *¿Quieres dejar de fumar?*
      SEÑOR 2: *Sí, quiero dejarlo, pero es difícil.*

c. ¿Cómo se explica la discrepancia que hay entre la intención de la pregunta y la interpretación por parte del hijo?

MADRE: *¿Cuántas veces te he dicho hoy que no mires la tele?*

HIJO: *Tres.*

7. Para los turnos enumerados de los siguientes diálogos, primero decida cuál es el acto principal. Luego explique, usando sus propias palabras, cuáles son las funciones de los elementos de apoyo. Puede haber más de una interpretación posible.

A: *¿Tienes planes este sábado?* (1)

B: *No, no tengo nada planeado. ¿Por qué?*

A: *Porque me han regalado dos entradas para el concierto de Ojos de Brujo.* (2) *¿Quieres ir?* (3)

A: *Buenos días.*

B: *Buenos días.*

A: *Venía a preguntarle si no me podía ayudar en algo.* (1)

B: *A ver. . . ¿qué ha pasado?*

A: *Pues me llegaron las facturas de la electricidad y tengo que pagar.* (2)

Si no pago, la verdad es que me van a echar de la casa. (3)

Quería pedirle por favor, si Ud. me podía prestar algo de dinero. (4).

A: *Oye, mi coche está estropeado hoy y tengo que ir a trabajar. ¿Me podrías llevar en tu coche?*

B: *Pues no te puedo llevar. . .* (1)

. . .pero te acerco lo más posible y te doy para el taxi. (2)

Si fuera otro día sí, pero hoy no. (3)

Perdón. (4)

Oye, estuvo muy bien tu presentación. (1)

Me interesó mucho. (2)

¿Sabes dónde podría conseguir más información sobre el tema? (3)

8. ¿Puede proporcionar una versión equivalente en español de las siguientes oraciones? Intente no realizar una traducción literal. Pueden existir varias opciones.

a. "Would you mind letting me see your passport?"

b. "Please help yourself to more cake".

c. "The drinks are on me".

   d. "It's my turn to treat".

   e. "Long time no see!"

   f. Al tropezar con alguien: "I'm sorry. I didn't do it on purpose".

   g. "You are more than welcome to stay for dinner".

9. Teniendo en cuenta las diferentes teorías de los actos de habla, ¿qué diferencia hay entre los siguientes pares de ejemplos?

   a. *Te pido perdón* y *Lo siento.*

   b. *Te doy mi bendición* y *Te voy a dar mi bendición.*

   c. *¡Qué sed tengo!* y *¿Me puedes dar un vaso de agua?*

PARA SEGUIR REFLEXIONANDO

1. a. En su experiencia como estudiante de español, y sin tomar en cuenta este curso de pragmática, ¿cree que Ud. ha aprendido a formular algunos de los actos de habla más comunes en español?

   b. ¿Qué actos de habla son los más problemáticos para Ud. en español? ¿Cuáles son los más fáciles? ¿Por qué? (Considere, por ejemplo, saludos, despedidas, invitaciones, ofertas, rechazos, disculpas, peticiones, quejas, sugerencias/consejos, promesas, amenazas, expresiones de agradecimiento, felicitaciones, expresiones de desacuerdo, cumplidos, respuestas a un cumplido, reprimendas, etc.).

2. Piense en algunas ceremonias en las que Ud. ha participado o ha observado a lo largo de su vida (Ej. bodas, bautizos, entierros, etc.). ¿Puede recordar algún acto de habla, en inglés o español, que formara parte de la ceremonia?

3. ¿Sabe Ud. qué son los piropos? ¿Cómo se expresaría este fenómeno en inglés? ¿Cree que los piropos son sexistas?

4. Después de haber aprendido sobre los actos de habla, ¿cómo puede esta información ser ventajosa en el proceso de aprendizaje de una lengua extranjera? ¿Le ha hecho reflexionar sobre cómo se utilizan ciertos elementos de la lengua en inglés o en español?

5. En cuanto a la idea de las intenciones del emisor, ¿Ud. siempre tiene una intención clara e identificable cuando realiza un enunciado? Es decir, ¿siempre es consciente de su propia intención al decir algo? ¿Puede pensar en una situación cuando no fue así?

PARA INVESTIGAR MÁS

Mulder, Gijs. 1998. "Un estudio empírico de los actos de habla directivos en español". En *La pragmática lingüística del español: Recientes desarrollos,* editado por Henk Haverkate, Gijs Mulder y Carolina F. Maldonado, 237–275. Amsterdam: Rodopi.

Portolés, José. 2007. *Pragmática para hispanistas* (capítulo 9). Madrid: Síntesis.

Sbisà, Marina. 2002. "Speech acts in context." *Language and Communication* 22: 421–436.

Searle, John. 1979. *Expression and Meaning: Studies in the Theory of Speech Acts.* Cambridge: Cambridge University Press.

Vanderveken, Daniel. 1990. *Meaning and Speech Acts.* Vol. 1, *Principles of Language Use.* Cambridge: Cambridge University Press.

Capítulo 7

Hablando se entiende la gente
Las normas de conversación

PARA SITUARSE

Ud. se encuentra en la siguiente situación: Un día va paseando por la calle
y un desconocido le para y le hace la siguiente pregunta:

¿Sabe si hay una parada de autobús cerca de aquí?

¿Cuántas interpretaciones hay para esta pregunta? Piense en una respuesta lógica para cada interpretación y decida cuál es la respuesta más
informativa y por qué.

Partiendo del ejemplo incluido en la sección *Para situarse,* uno puede imaginar una simple respuesta afirmativa a la pregunta: sí. A pesar de esta posibilidad, esta respuesta no contesta a la pregunta de forma apropiada según las normas de conversación y las expectativas del transeúnte al preguntar *¿Sabe si hay una parada de autobús cerca de aquí?* De todas maneras, es curioso que la petición se formule de esta manera, como si el emisor solamente quisiera saber si el receptor disponía del conocimiento de la existencia de una parada de autobús. En realidad, la intención de esta pregunta es averiguar no sólo si hay una parada de autobús cerca del lugar donde se encuentran los interlocutores, sino que, en el caso afirmativo, el objetivo también es descubrir la localización de dicha parada. En conclusión, lo que dice el transeúnte (*¿Sabe si hay. . .?*) no concuerda con lo que quiere comunicar o implicar. Es decir, la comunicación equivale a lo que se dice más lo que se implica, igual que se ha visto en los capítulos anteriores con respecto a los actos de habla indirectos. A pesar de ser una aserción, un enunciado como *tengo sed,* en un contexto determinado, puede entenderse como una petición.

Paul Grice (1975), en su trabajo "Logic and Conversation", parte de un principio mediante el cual intenta establecer un sentido lógico para la interacción verbal. Se entiende que cuando alguien habla, sus intervenciones no son inconexas, tienen que estar relacionadas y ser coherentes. Aquí es donde entra en juego lo que este filósofo de la lengua denominó el **principio de cooperación.** En cualquier interacción, los participantes reconocen que existe un objetivo, o una serie de objetivos en la comunicación, que pueden estar fijados de antemano. Esto no significa que dichos objetivos no puedan variar o modificarse a medida que la conversación se desarrolla. El contenido del enunciado que se emite puede ser evaluado desde el punto de vista de la verdad o de la falsedad. Volviendo al ejemplo inicial, el enunciado que incluye la respuesta afirmativa (sí) es verdadero si el emisor sabe que hay una parada de autobús cerca. No obstante, en la pregunta del transeúnte hay un contenido o una información implícitos. Esto es lo que Grice denomina **implicatura.** Según el principio de Grice, se entiende que existe un acuerdo tácito, algo que no se expresa de forma explícita, entre los participantes de una conversación. Se asume que los interlocutores, cuando se comunican, previamente han establecido un acuerdo hipotético por medio del cual se comprometen a cooperar para que la comunicación tenga éxito y funcione de manera apropiada.

PARA COMUNICARSE EN ESPAÑOL

Cuando una persona no interpreta de forma correcta el significado en una conversación, se dice que se ha producido un *malentendido*. Esta palabra funciona como sustantivo y su plural es *malentendidos*, y no *malosentendidos* como algunas personas piensan. No debe confundirse con otra expresión, escrita de forma separada, *mal entendido*, que es una combinación del adverbio *mal* junto con el participio *entendido*. Esta forma se utiliza como un adjetivo: *El comentario fue mal entendido por el público.* El equivalente de *malentendido* en inglés es "misunderstanding" y el de *mal entendido* sería "misunderstood".

7.1 LAS NORMAS QUE RIGEN LA CONVERSACIÓN

Para que una conversación funcione y tenga sentido, es conveniente establecer unas normas que todos los interlocutores cooperativos deben cumplir. Grice propone una serie de normas, denominadas **máximas y submáximas,** que forman parte del principio de la conversación. La idea es que los interlocutores se adhieren a estas normas, aunque no de manera rigurosa, porque la comunicación es una labor cooperativa. Al hablar, los participantes cooperativos tienen en cuenta la información transmitida, la forma en que se transmite y el conocimiento previo que los dos poseen.

Imagine que un matrimonio, Paco y Pilar, se encuentran en casa charlando sobre la invitación de unos amigos suyos, Luis y Carmen:

1) PACO: *Cariño, ¿al final vamos a la cena en casa de Luis y Carmen esta noche?*
PILAR: *Carmen no ha llamado.*
PACO: *Me encanta cómo nos avisan en el último momento.*
PILAR: *Y también sabes cómo son sus cenas con amigos. ¿Recuerdas la última vez?*
PACO: *Prefiero no recordarla.*

En la primera intervención de Paco, se debe determinar si Pilar contesta a la pregunta formulada por él, y si la respuesta de ella está relacionada con el contenido de la pregunta. Si se analiza la pregunta inicial, Paco sólo quiere saber si ellos van a cenar en casa de unos amigos esa noche. La respuesta de Pilar (*Carmen no ha llamado*) no se ajusta precisamente a lo esperado, ya que ella debería haber respondido *sí* o *no*, o quizá, *no sé*, si desconoce la información. Cuando Pilar explica que Carmen no ha llamado todavía, lo que se implica es que desconoce la respuesta a la pregunta de Paco. Su respuesta es equivalente a decir *no lo sé*.

En su siguiente intervención, Paco dice *Me encanta cómo nos avisan en el último momento*. Si uno intenta comprender este enunciado de forma literal, se puede pensar que él está encantado con la idea de no saber sus planes hasta el último momento. No obstante, este tipo de respuesta se puede interpretar con un sentido irónico dado que Paco quiere expresar lo contrario de lo que dice. La ironía, como se verá más adelante, es un recurso lingüístico que incumple las normas que forman parte del principio de cooperación. Por último, Pilar concluye su segunda intervención con una pregunta (*¿Recuerdas la última vez?*) que Paco no contesta directamente. A pesar de eso, Paco responde con *Prefiero no recordarla*, lo que en términos prácticos se puede considerar una respuesta afirmativa a la pregunta.

Aunque esta conversación pueda parecer lógica, de acuerdo con el principio de cooperación en la conversación, no se cumple una serie de normas que Grice (1975: 45–47) denomina **máximas de la conversación.** Estas máximas se presentan en la tabla 7.1:

Tabla 7.1: Máximas de la conversación (Grice 1975: 45–47)

1. Máxima de **cantidad:**
   - Haga que su contribución sea todo lo informativa que el intercambio requiera.
   - No haga que su contribución sea más informativa de lo que el intercambio requiera.
2. Máxima de **calidad:**
   - No diga lo que crea que es falso.
   - No diga nada de lo que no tenga pruebas adecuadas.
3. Máxima de **relación:**
   - Haga su contribución relevante.
4. Máxima de **manera.**
   - Sea claro.
   - Evite la oscuridad.
   - Evite la ambigüedad.
   - Sea escueto.
   - Sea ordenado.

Una persona que observa la **máxima de cantidad** no expresa ni más ni menos de lo requerido. Imagine que dos hombres se conocen durante un viaje en avión y empiezan a hablar de su vida. Uno de los hombres, Rafa, le dice al otro, Adán, que tiene dos casas, una en la ciudad y otra en la costa. En ese momento, Adán dice *Tengo dos casas también.* Al decir esto, la implicación, si es una contribución cooperativa, es que Adán tiene exactamente dos casas, ni una más ni una menos. Sin embargo, lo interesante de esto es que, según las leyes de la lógica, Adán podría decir que tiene dos casas incluso si tuviera cuatro. Es decir, si una persona con cuatro casas dice que tiene dos, está diciendo la verdad. No obstante, según la máxima de cantidad, esta intervención sería menos informativa de lo que debería ser.

La segunda máxima propuesta por Grice es la **máxima de calidad.** Si alguien obedece esta norma, uno asume que esta persona está expresando lo que cree ser la verdad según la información que posee. Aunque puede resultar demasiado obvio, la observación de esta máxima implica que cuando alguien habla, no intenta engañar a su interlocutor. Por ejemplo, si una mujer le ofrece un consejo a su hermana menor y le dice que debe renunciar a su trabajo, esto implica que cree de verdad que es una buena idea. De manera parecida, el mero hecho de pedir información mediante la realización de una pregunta implica que el emisor no sabe la respuesta. Por lo tanto, el interlocutor cooperativo no pregunta si ya sabe la respuesta.

La tercera máxima, la **máxima de relación,** indica que los participantes de una conversación deben contribuir con información relevante. De ser así, la buena cooperación exige que siempre haya alguna conexión entre lo dicho y el contexto, aunque un comentario en principio parezca fuera de lugar. Gracias a esta máxima uno puede insinuar una variedad de mensajes de modo indirecto. Sin embargo, como los siguientes diálogos ilustran, el emisor cuenta con que su interlocutor vaya a aplicar sus habilidades de deducción:

2) BEA: *Creo que me voy a acostar ya.*
   ÁNGEL: *El vecino de arriba acaba de llegar.*

En (2), si Bea supone que Ángel, su esposo, está cooperando, debe haber una conexión entre su deseo de querer acostarse y la llegada del vecino. Para entender el mensaje que Ángel quiere expresar, Bea cuenta con su conocimiento del mundo y/o el conocimiento que los dos comparten (Ej. el hecho de que el ruido del vecino puede interferir en su sueño).

Para la **máxima de manera,** el interlocutor cooperativo debe expresar su mensaje de forma clara, concisa y ordenada. Esta norma coincide con la inclinación natural del ser humano hacia la economía lingüística; es decir, invertir un esfuerzo innecesario en la comunicación generalmente va en contra de los intereses del emisor y del destinatario. Al suponer el cumplimiento de esta máxima, cualquier mensaje que sea contrario al principio de claridad debe ser interpretado como intencionado, salvo casos en los que haya algún tipo de impedimento a la producción clara (Ej. la embriaguez, la falta de concentración, la ansiedad, etc.). Uno de los ejemplos más comunes del habla poco clara son los contratos legales que le resultan incomprensibles al lector común, aunque tanta complejidad lingüística tiene objetivos concretos, como el de cumplir con todos los requisitos impuestos por las leyes. Otro caso conocido son ciertos textos literarios, los cuales pueden presentar una dificultad innecesaria para el lector, pero dicha cualidad artística pertenece al componente estético de la creación literaria. En algunos casos, la falta de claridad es intencional porque, al fin y al cabo, la claridad es algo subjetivo. Imagine que, al final de una clase, un profesor transmite el siguiente mensaje a sus alumnos:

3) *La semana que viene, deben completar los ejercicios del capítulo 9, pero no todos los ejercicios. Sólo los que están relacionados con los dos primeros conceptos.*

En este caso el profesor ha incumplido la máxima de manera puesto que su mensaje no es claro y puede resultar ambiguo por la falta de especificidad en sus instrucciones (*los dos primeros conceptos*). Por lo tanto, los interlocutores deben ser conscientes de que si incumplen o infringen las máximas, es posible que se produzcan malentendidos en la comunicación.

PARA COMUNICARSE EN ESPAÑOL

En las interacciones se emplean una serie de fórmulas para mantener la atención de ambos interlocutores en la conversación o para mostrar interés y sorpresa. En tales casos, el contenido informativo que aportan estos elementos es secundario. Sin embargo, desde el punto de vista estratégico, ayudan a comprobar que se mantiene el contacto o el hilo de la conversación entre los dos interlocutores. Esto es lo que se denomina la **función fática** de la comunicación. Algunas de estas expresiones en español son: *Ah ¿sí?, ¿De verdad?, ¿De veras?, ¿En serio?, ¡Qué bueno!, ¡Qué bien!, ¡Eso es increíble!, No te puedo creer, No lo creo*, etc.

7.2 LA INTENCIÓN EN LA CONVERSACIÓN

El emisor puede no cumplir con una máxima para comunicar una variedad de ideas. Según Grice, existen varias maneras de transgredir una máxima, aunque todos los matices que él propone no son del todo transparentes. Por ejemplo, no siempre queda claro cuándo el incumplimiento de una máxima representa una falta de cooperación o no, ya que en algunos casos, el emisor desobedece una máxima con la esperanza de expresar algo en concreto. De hecho, hay situaciones en las que el emisor, para poder obedecer una máxima, se encuentra obligado a incumplir otra. Tal situación resulta bastante común. Suponga, por ejemplo, que usted está pasando un mal día y su vecino, con el cual usted no tiene mucho trato, le saluda en el ascensor con una pregunta como *¿Qué tal estás?* Según la máxima de cantidad, esta situación, un saludo cortés de alguien poco conocido, sólo requiere una respuesta corta y amable. Es decir, no es el momento de explicarle al vecino todas las desgracias que usted ha padecido. Por eso, se suele responder con una fórmula convencional (*bien, no me puedo quejar, regular,* etc.) para no causar una mala impresión al contar demasiada información personal. Sin embargo, si uno contesta, por ejemplo, que está bien cuando no es cierto, se considera una violación de la máxima de calidad.

A pesar de las ambigüedades teóricas con respecto a las diferentes posibilidades de transgredir una máxima, lo que más importa es la idea de que, al no seguir las máximas al pie de la letra, uno puede expresar implicaturas conversacionales. Considere los siguientes ejemplos:

4) *Tengo mil cosas que hacer hoy.*
5) *Me muero de ganas de verte.*
6) Cuando alguien está muy enfadado:
   Estoy un poco cansado de tus juegos.

El uso de la ironía y de las metáforas es un caso común mediante el cual se sacrifica la obediencia a la máxima de calidad para poder enfatizar una idea. Aunque la idea general que se expresa puede ser cierta, el significado literal no lo es. En (4), si bien es verdad que el emisor tiene mucho que hacer, es una exageración decir que tiene mil cosas que hacer. De modo parecido, en (5) se reconoce el uso idiomático de *morirse de ganas de algo,* el cual también es una exageración. Por último, en (6) se percibe la ironía en el empleo de *un poco cansado* cuando quiere decir precisamente lo contrario, que el individuo en cuestión está muy cansado. En todos estos casos, el emisor implica algo que no concuerda fielmente con el significado literal.

Para ilustrar con más detalle el concepto de implicatura, se presenta el siguiente diálogo entre Joseph y Carlos. Joseph es un chico inglés que está de visita en España y se ha alojado en casa de Carlos, un amigo español. Cuando Carlos regresa a casa después de un día de trabajo, se encuentra que su amigo ha ordenado y limpiado el apartamento; todo está impecable y Carlos está muy sorprendido. Esta es la conversación que mantienen:

7) CARLOS: *¡Pero hombre! ¿Por qué has limpiado todo?*
   JOSEPH: *Pensé que era una buena idea. ¿Crees que no lo he hecho bien?*
   CARLOS: *Sí, por supuesto. Pero no era necesario y no deberías haberte molestado. Eres el invitado más ordenado del mundo. Muchas gracias de todos modos.*

En la primera intervención, la pregunta formulada por Carlos parece indicar que éste quiere saber por qué su amigo ha limpiado su apartamento. Sin embargo, mediante la realización de una pregunta su intención es expresar sorpresa e implicar que no era necesario limpiar el apartamento. La realización de preguntas es un recurso ampliamente utilizado para manifestar asombro. Además, existe la posibilidad de entender esta pregunta como un agradecimiento por lo que ha hecho Joseph. Tal y como se incluía al comienzo de este capítulo, lo que Carlos dice no es realmente lo que quiere comunicar. Lo mismo sucede cuando Carlos interviene por segunda vez y añade *Eres el invitado más ordenado del mundo*. En este caso infringe la máxima de calidad al producirse la exageración o hipérbole.

De entre todos los tipos de implicaturas propuestos por Grice, los que más interesan, desde el punto de vista de la interacción, son las implicaturas conversacionales, especialmente las que se denominan *particularizadas*. Esto se debe al hecho de que implican el uso del lenguaje en contexto. De acuerdo con lo visto en el ejemplo (7), tanto la intervención inicial (*¡Pero hombre! ¿Por qué has limpiado todo?*), como la última intervención de Carlos (*Eres el invitado más ordenado del mundo*), se prestan a ser interpretadas como implicaturas conversacionales ya que ambas dependen directamente del contexto de emisión.

Otra manera de no cumplir una máxima es cuando alguien opta conscientemente por no cooperar. Si un estudiante le hace una pregunta a la profesora sobre un concepto que no entiende durante un examen, es probable que ella evite obedecer la máxima de cantidad ya que no puede revelar demasiada información relacionada con la respuesta. Lo mismo sucede cuando una persona se da cuenta de que no es el mejor momento para contar la verdad. Un ejemplo son los entierros o situaciones en las que uno está apenado por la muerte de un ser querido. En tales casos, los amigos o familiares normalmente enfatizan el lado positivo del fallecido y se abstienen de hacer comentarios negativos, aunque pueda implicar no decir la verdad.

Un caso típico en que se infringe la máxima de manera es cuando los hablantes no nativos usan el circunloquio, la idea de hablar dando rodeos, por el hecho de que no dominan la lengua. Por ejemplo, si un estudiante de español no supiera o no se acordara de la palabra *buzón*, podría decir algo como *la cosa donde puedo dejar una carta*. Sin embargo, en estas circunstancias, el rodeo innecesario no representa una violación de la máxima de manera porque no es intencional. El fenómeno del circunloquio también sucede entre hablantes nativos cuando tienen un lapsus y se olvidan de una palabra o expresión.

En su trabajo sobre la lógica de la conversación, Grice (1975: 44–45) distingue entre varios tipos de implicaturas. Las más básicas son las implicaturas convencionales, las que se derivan del mismo significado de las palabras y no del contexto. Considere los siguientes ejemplos con la palabra *pero*:

8) *Vivo en Francia pero no hablo francés.*
9) *#Vivo en Francia pero hablo francés.*

Entre estas dos oraciones, (8) expresa una idea lógica, mientras que (9) no tiene mucho sentido. La razón por la cual (9) no funciona está relacionada con el hecho de que *pero* señala que la cláusula subsecuente va en contra de lo esperado. Entonces si una persona dice que vive en Francia, uno supone que debe de hablar francés; por eso la implicación de *pero* en (8) es razonable ya que esta expectativa no se cumple en la segunda cláusula (*pero no habla francés*). Por el contrario, en (9) el contenido de la segunda cláusula se ajusta a la expectativa de que si una persona vive en Francia, hablará francés.

PARA COMUNICARSE EN ESPAÑOL

Algunos de los sinónimos de la palabra *conversar* son: *hablar, charlar, platicar, tertuliar* y *dialogar*. Sin embargo, dependiendo del país hispanohablante se emplean unas palabras u otras con más frecuencia. Por ejemplo, en

México se usa el verbo *platicar,* mientras que en Argentina y en España, el verbo *charlar* es más frecuente, especialmente cuando se refiere a una conversación informal. Como nota curiosa, la expresión *hablar por los codos* se refiere a una persona que habla mucho y de forma incansable. El equivalente en inglés sería "to talk someone's ear off" o, en el inglés británico, "to talk for England". Por último, el verbo *discutir* tiene dos significados; puede significar "discuss" pero también a veces es más parecido a "argue" en el sentido de una disputa verbal.

7.3 LA SIMPLIFICACIÓN DE LAS NORMAS DE CONVERSACIÓN: LA TEORÍA DE LA RELEVANCIA

Sperber y Wilson (1986; 1994), responsables de la **teoría de la relevancia,** intentan simplificar el principio de conversación de Grice al centrarse sólo en una de las máximas de la conversación: la máxima de relación. La propuesta de la teoría de la relevancia es conseguir explicar el proceso de la comunicación lingüística, y para ello, cuenta en gran parte con el conocimiento del mundo de los interlocutores. Por lo general, Sperber y Wilson creen que Grice pone demasiado énfasis en el papel de la cooperación en la comunicación. Por ejemplo, los autores señalan que, al contrario de lo que propone la máxima de cantidad, el emisor no siempre revela toda la información que su interlocutor quisiera saber en cada momento de la interacción.

El elemento principal de cooperación en la comunicación es la meta, compartida por los interlocutores, de lograr una comunicación exitosa, es decir, expresar y entender el mensaje. Eso también implica que el emisor no debe obligar al destinatario a realizar un esfuerzo innecesario al interpretar el mensaje. Si el receptor tiene que invertir demasiado esfuerzo en el proceso de interpretación, puede desaprovechar la relevancia del enunciado. Para Sperber y Wilson, la relevancia, sobre todo la idea de optimizar la relevancia de un enunciado, es la clave de la comunicación. En este apartado se van a tratar de sintetizar algunas de las ideas más básicas de la manera más sencilla posible. Quien desee leer más sobre el tema puede consultar algunas de las fuentes citadas.

Para que un enunciado sea lo más relevante posible, el objetivo del emisor es maximizar los efectos contextuales y minimizar el esfuerzo cognitivo del receptor. Primero se debe entender lo que significa *maximizar los efectos contextuales.* Básicamente un mensaje lingüístico tendrá efectos contextuales para el receptor si aporta información nueva que es relevante en el contexto dado. Dicho de otra manera, los efectos contextuales son mayores cuando alguien contribuye con una aportación informativa. Para poner un ejemplo sencillo, considere el mismo enunciado en dos situaciones diferentes:

10) Nuria y su esposo, Roberto, están en su restaurante favorito para comer. A los dos les gustan mucho las hamburguesas y es lo que siempre piden. Hoy, cuando los dos están sentados en su mesa favorita esperando al camarero, Nuria dice:
Voy a pedir una hamburguesa.

11) Nuria y su esposo, Roberto, están en su restaurante favorito para comer. Nuria es vegetariana y lleva siete años sin comer carne. Hoy, cuando los dos están sentados en su mesa favorita esperando al camarero, Nuria dice:
Voy a pedir una hamburguesa.

En (10), con la información disponible, no es fácil entender la aportación del enunciado de Nuria ya que Roberto sabe que los dos siempre piden hamburguesas. Parece que el comentario hace referencia a una obviedad, algo que es muy evidente para los dos, entonces no aporta nada nuevo a lo que ya saben. Por eso, los efectos contextuales son, desde la perspectiva del receptor, nulos, así que no queda claro lo que ella quiere expresar. Tal vez la única interpretación lógica es que sea un intento de decir algo chistoso dado que señala una obviedad y no ofrece ninguna aportación informativa. Por lo contrario, en (11) la afirmación de Nuria tiene más sentido porque resalta algo sorprendente: el hecho de que después de tanto tiempo sin comer carne, va a pedir una hamburguesa. De modo que, los efectos contextuales aquí son evidentes, el enunciado de Nuria resalta un hecho imprevisto. Su decisión de pedir una hamburguesa es contradictoria a las suposiciones existentes que tiene Roberto, ya que ella lleva siete años sin comer carne.

Otra consecuencia de los enunciados como el de (10) es que, cuando la intención comunicativa del emisor no está clara, requiere demasiado esfuerzo cognitivo de parte del receptor. Según Sperber y Wilson, la gente normalmente no se comunica así, obligando a su interlocutor a invertir energía innecesaria en la interpretación. Uno de los aportes del principio de la relevancia es la expectativa del receptor de que cualquier enunciado emitido para él o ella tenga una relevancia óptima, y como consecuencia, que sea fácilmente interpretable. Aunque esta situación ideal no siempre se cumple (Ej. si uno dice algo que su interlocutor ya sabe), la expectativa de una relevancia óptima es lo que facilita el proceso de interpretación.

Para saber qué es relevante para su destinatario, el emisor debe determinar qué es lo que ya sabe su interlocutor y cuáles son los detalles contextuales que tendrá a su disposición en el proceso de interpretación. Considere un ejemplo sencillo: dos personas, María y Pedro, están admirando un paisaje bonito desde la altura de una colina. María se fija en una iglesia en la distancia y dice: *He estado en esa iglesia* (Sperber y Wilson 1986: 43). Al referirse a *esa iglesia*, María está bastante convencida de que la iglesia es un objeto manifiesto en la vista panorámica de Pedro. Por lo tanto, para lograr comunicarse, María tiene que saber algo del entorno cognitivo de Pedro. Normalmente cuando dos interlocutores ocupan el mismo espacio físico, tienen alguna idea de los detalles que están mutuamente manifiestos para los dos.

Una de las afirmaciones de esta teoría es la idea de que la relevancia óptima sustituye todas las máximas de Grice. De hecho, Sperber y Wilson (1994) opinan que la máxima de calidad, la de no decir falsedades, es errónea porque la gente no siempre está tan comprometida a expresar la verdad literal. Un ejemplo ilustrativo trata de la costumbre de redondear números en las interacciones cotidianas. Si alguien le dice a una amiga que un libro que acaba de comprar costó $10.00 dólares cuando sabe que costó $9.75, no está diciendo la verdad, pero según la teoría de la relevancia, el emisor no tiene la obligación de expresar la verdad, sino algo que sea relevante. En la mayoría de los casos, cuando uno redondea números, supone que el número exacto no es lo más relevante. Sin embargo, en ciertos casos para lograr la relevancia óptima se tendría que dar el número preciso. Imagine que el cajero de una tienda ve a una niña contando todas las monedas que lleva en la mano. Si la niña se acercara luego al cajero para preguntarle cuánto costaba una barra de chocolate, el cajero sabría que el precio exacto era relevante para la niña porque la intención de ella es asegurarse de que tiene suficiente dinero. De modo que en esta situación, para expresar la relevancia óptima, habría que dar el precio exacto.

En conclusión, este capítulo se ha centrado en uno de los medios que se emplea para transmitir ideas a otras personas mediante la conversación. Se han incluido las normas propuestas para explicar cómo los interlocutores cooperan en la transmisión de significados implícitos, aunque dichas normas tienden a presentar un modelo idealizado de la conversación. Además, se han presentado algunos detalles sobre los casos en que se originan el significado implicado y las implicaturas. Esperamos que estos elementos sirvan para hacer reflexionar a los aprendices de español sobre algunos aspectos de la conversación. Al fin y al cabo, hay que tener en cuenta que la universalidad del principio de cooperación es un tema polémico y discutible. Por último, uno no debe olvidar que los interlocutores, durante una conversación, producen significados implícitos que pueden causar malentendidos en la comunicación, especialmente cuando la interacción se realiza entre un hablante nativo y uno no nativo de una lengua.

PARA RESUMIR

En este capítulo se han incluido las siguientes ideas:

◆ La explicación del principio de cooperación de la conversación de Grice.
◆ Las reglas que rigen la conversación: la máxima de cantidad, la máxima de calidad, la máxima de relación y la máxima de manera.
◆ El concepto de implicatura y su relación con la conversación.
◆ La teoría de la relevancia como propuesta de simplificación al modelo de Grice.

PARA PRACTICAR

1. De acuerdo con la información incluida en este capítulo, indique si las siguientes afirmaciones son verdaderas o falsas y justifique sus respuestas.

   a. _____ Cooperar en la conversación significa siempre dar respuestas completas a preguntas. Un *sí* o un *no* en la respuesta no es suficiente.

   b. _____ La máxima de relación se refiere a que la información que transmitimos es coherente con respecto a la situación.

   c. _____ Es imposible intervenir en una conversación sin realizar una implicatura.

   d. _____ La máxima de calidad se refiere al hecho de ser ordenado.

   e. _____ Si decimos una mentira, incumplimos la máxima de cantidad.

   f. _____ La máxima de relación está vinculada con la teoría de la relevancia de Sperber y Wilson.

2. Lea con detenimiento el siguiente diálogo (inspirado en un sketch del programa de humor *Splunge*) que tiene lugar en la taquilla de un cine. Seguidamente, analice las dos intervenciones subrayadas teniendo en cuenta el principio de cooperación y el (in)cumplimiento de las máximas de la conversación.

HOMBRE: *Dos entradas, por favor.*

TAQUILLERA: *¿Para la película en la que se salvan todos después del huracán o para la del chico que se enamora de la hermana de su mujer?*

HOMBRE: *No sé, en la que se salvan todos, ¿no muere ni el malo al final?*

TAQUILLERA: *¡Qué va! El malo, ¡cómo se va a morir!*

HOMBRE: *Pues deme dos para la del chico que se enamora de su cuñada.*

TAQUILLERA: *Muy bien. Dos para la del chico que se enamora de su cuñada y luego la mata.*

HOMBRE: *Gracias. ¿El chico vuelve con su mujer después de matar a la cuñada?*

TAQUILLERA: *Claro, hombre. ¡Cómo no va a volver con ella!*

3. Complete el texto sobre el principio de cooperación con las palabras que se ofrecen a continuación:

indispensable	progreso	ignorado	participante
reglas	interesado	comunicativo	información
conocer	involucrado	intercambio	producirse
relaciones	eficaz	personas	

La interacción, que se realiza principalmente a través del diálogo entre emisor y receptor, es la principal fuente de _____ para la sociedad. El diálogo facilita el establecimiento de _____ y, a través de él se intercambia _____, se contrastan puntos de vista, se logran acuerdos. Por eso es vital _____ y aplicar correctamente las _____ mediante las que se regula todo acto de comunicación entre dos o más _____.

Cuando se participa en una conversación, se espera que uno esté _____ en que la comunicación se produzca y que comparta con el resto de los participantes un objetivo parecido. Esto es lo que se denomina principio de cooperación, al que se debe ajustar cualquier intercambio _____. El principio de cooperación se formula del siguiente modo:

"Haga que su contribución a la conversación sea en cada momento la que requiere el propósito o la dirección del intercambio comunicativo en el que está _____".

La cooperación es _____ para que la información se transmita de un modo _____. Si los participantes de una conversación no están interesados en el _____, la comunicación se interrumpirá o ni siquiera llegará a _____. Y si durante una conversación un _____ deriva el diálogo a una dirección diferente de la que todos esperan, seguramente será _____ por el resto.

4. Lea el siguiente diálogo que tiene lugar en una ferretería y conteste las siguientes preguntas: ¿Cuál es la intención del cliente? ¿Ha incumplido el dependiente alguna máxima de la conversación? Si su respuesta es afirmativa, explique cuál de ellas.

CLIENTE: *¿Tiene una de esas anillas para poner en un juego de llaves?*
DEPENDIENTE: *Sí, tengo muchas.*

5. La siguiente encuesta es una interacción inventada para el Centro de Investigaciones Sociológicas. Indique si se rompen las máximas de la conversación y, de ser así, en qué momento y cuáles.

INVESTIGADOR: *¿Cómo se llama?*
PARTICIPANTE: *Pedro Jiménez Carrasco.*
INVESTIGADOR: *¿Cuál es su nacionalidad?*
PARTICIPANTE: *Soy latinoamericano.*
INVESTIGADOR: *¿Qué edad tiene?*
PARTICIPANTE: *Cuarenta y cinco años.*
INVESTIGADOR: *¿Dónde vive?*
PARTICIPANTE: *Vivo en la avenida de las Flores 21, pero preferiría vivir en el centro de la ciudad.*
INVESTIGADOR: *¿Cuál es su profesión?*

PARTICIPANTE: *Soy ingeniero.*

INVESTIGADOR: *¿En dónde trabaja?*

PARTICIPANTE: *En un empresa aeronáutica.*

INVESTIGADOR: *¿Tiene cinco minutos para contestar a mis preguntas?*

PARTICIPANTE: *Sí, pero sólo cinco minutos.*

PARA SEGUIR REFLEXIONANDO

1. ¿Cree que la realización de peticiones directas (Ej. *Dame un café*) o indirectas (Ej. *¿Sería tan amable de servirme un café?*) violan las máximas de conversación? Reflexione desde el punto de vista de un hablante no nativo de español.

2. ¿En qué medida y de qué modo la comunicación a través de los mensajes cortos de texto (SMS) entra en conflicto con el principio de cooperación en la conversación?

3. ¿Hay algún tipo de interacciones en las que sería aceptable romper las máximas de la conversación? Justifique su respuesta.

4. Las mentiras piadosas ("white lies"), las cuales violan la máxima de calidad, a veces se usan para dar excusas cuando uno no quiere hacer algo. A pesar de esta violación, ¿cree Ud. que están justificadas?

5. ¿Es más difícil para Ud. ser cooperativo/a en una conversación cuando habla en español, su segunda idioma? Si es así, ¿puede dar ejemplos concretos de qué máximas representan dificultades?

PARA INVESTIGAR MÁS

Escandell Vidal, María Victoria. 2003. *Introducción a la pragmática* (capítulo 5). Barcelona: Ariel.

Green, Georgia. 1996. *Pragmatics and Natural Language Understanding* (capítulo 5). Mahwah, NJ: Lawrence Erlbaum.

Portolés, José. 2007. *Pragmática para hispanistas* (capítulo 7). Madrid: Síntesis.

Stilwell Peccei, Jean. 1999. *Pragmatics* (capítulos 4 y 5). New York: Routledge.

Capítulo 8

Lo cortés no quita lo valiente
La cortesía

PARA SITUARSE

¿Qué significa *ser cortés* para Ud.? ¿Qué criterio usa para determinar si alguien, una acción o un enunciado son corteses? ¿Y para determinar si son descorteses? Piense en algunos ejemplos concretos.

David González de Pablos

Antes de empezar a estudiar la cortesía, sería lógico preguntar por qué se estudia como parte de la pragmática. La respuesta se reduce a lo siguiente: la **cortesía** depende en gran parte del contexto, y para saber qué es cortés y qué es descortés, hay que considerar varios elementos contextuales. Un ejemplo es *tú/usted* porque, de forma intuitiva, el uso de *usted* parece más cortés que el de *tú*, pero en realidad es imposible saberlo si no se tiene en cuenta el contexto (la edad de los interlocutores, su estatus, la relación entre ellos, etc.). Dado que *usted* simultáneamente muestra y crea una distancia simbólica entre los interlocutores, el destinatario podría interpretar este pronombre como descortés si imaginara que tiene una relación de más cercanía con el emisor. De modo parecido, como *usted* también se emplea para dirigirse a alguien mayor, su uso resalta la diferencia de edad entre dos personas y, por eso, existe la posibilidad de que se interprete como un gesto descortés. Otro ejemplo es la expresión *por favor*, la cual se suele considerar una fórmula de cortesía. No obstante, no es difícil pensar en situaciones en las que mostrar cortesía no es el propósito de *por favor* (Ej. *¿Te puedes callar, por favor?*) o cuando funciona como mandato abreviado (*¡Por favor!*) si es obvio en el contexto que alguien está haciendo algo inapropiado.

La cortesía verbal es un fenómeno pragmático que sirve para establecer y mantener el equilibrio social en las interacciones. El principio de cooperación de Grice, analizado en el capítulo anterior, aunque trata algunos aspectos de la conversación, no considera todas las variables que contribuyen a la armonía y al equilibrio social entre los participantes de una conversación. Una de las razones por las cuales es importante que los aprendices de una lengua estudien la cortesía es porque las normas que rigen el comportamiento social difieren entre una cultura y otra. Esta idea se ejemplifica en la siguiente situación: Una estudiante británica en un centro comercial de España puede sorprenderse cuando las personas se saludan con *Buenos días* o se despiden con *Adiós* al entrar y al salir de un ascensor. Ambos gestos están relacionados con la cortesía desde el punto de vista social y cultural, porque en España generalmente la gente se saluda y se despide en estas circunstancias. Sin embargo, este comportamiento no es necesariamente un modelo universal de interacción. De hecho, es poco probable que este tipo de gestos sea una práctica habitual en otros países, como en el Reino Unido.

Aunque el enfoque principal de este capítulo es la cortesía verbal, la cortesía no se limita exclusivamente a la interacción oral. Dentro del ámbito de la cortesía no verbal, se pueden destacar acciones como sonreír, hacer un favor a alguien, ceder el paso a una persona, etc. Para ilustrar uno de estos gestos, imagine que un profesor se muda de casa y un vecino le echa una mano con la mudanza. Como

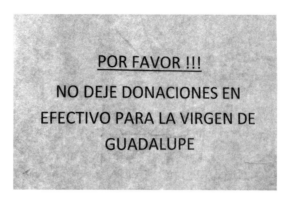

¿Qué función tiene "por favor" en este cartel?

muestra de agradecimiento, el profesor podría optar por entregarle un pequeño regalo o por devolverle el favor. Tales ejemplos demuestran cortesía por medio de una acción que no requiere ningún elemento lingüístico.

8.1 LA IMAGEN Y LA CORTESÍA

La noción de la **imagen social** (o **imagen pública**) es una parte fundamental de la cortesía verbal. Goffman (1972: 5) desarrolla esta idea a partir del término coloquial "face" en inglés, el cual pertenece a la cultura popular anglosajona y aparece en expresiones idiomáticas como "to lose face" (*perder prestigio*). Por su parte, Brown y Levinson (1987) adoptan el concepto para explicar que todo individuo tiene una imagen social que está ligada a la cortesía. Del mismo modo, esta imagen puede ser mantenida, reforzada o perdida, por lo que uno debe prestarle atención siempre que interactúa. Según el marco teórico de Brown y Levinson, la imagen social se divide en dos tipos: **imagen negativa** e **imagen positiva**. Aquí las palabras *positivo* y *negativo*, aunque tienden a asociarse con *bueno* y *malo*, se utilizan en la pragmática y la sociología con un significado diferente, como se verá a continuación.

8.1.1 La imagen y la cortesía negativa

La imagen negativa es el deseo da cada individuo de que sus acciones no se vean impedidas o dificultadas por otras personas: el deseo de tener libertad de acción y de imposición. Desde una perspectiva casi metafórica, se basa en la idea de la evasión. En términos de la interacción, el emisor trata de no imponer en su interlocutor, y si tiene que hacerlo, intenta buscar maneras de reducir el impacto o el efecto de la imposición.

Suponga que David está en casa y su amigo Pablo se presenta de imprevisto y le dice: *Vente al cine conmigo*. A primera vista, aunque este enunciado puede interpretarse como una orden o un mandato, dentro de este contexto también funciona como una invitación. A pesar de eso, incluso las invitaciones pueden implicar algún tipo de imposición o amenaza a la imagen: en este caso, Pablo está limitando la libertad de acción de David. Para evitar o reducir dicha imposición y mantener el equilibrio social, la invitación se podría haber mitigado por medio de diferentes tipos de estrategias: las formas indirectas (*¿Por qué no vienes al cine conmigo?*) y el empleo de mitigadores que ayudara a suavizar esta imposición (*Quería preguntarte si tenías ganas de ir al cine conmigo esta noche.*). Estas estrategias, los actos de habla indirectos y los mitigadores, son parte de la **cortesía negativa** porque el emisor, mediante los recursos lingüísticos, se preocupa por cuidar la imagen negativa del receptor. Cualquier persona que sea consciente de la existencia de la imagen negativa del otro debe tener en cuenta que hay algunos actos de habla, como las peticiones y las invitaciones, que son inherentemente amenazadores a la imagen negativa del receptor. En estos casos, el emisor puede contar no sólo con diferentes estrategias de cortesía negativa, sino también con las de **cortesía positiva,** el tema del siguiente apartado.

PARA COMUNICARSE EN ESPAÑOL

Cuando una persona no ha entendido un mensaje en español, es frecuente utilizar la pregunta *¿Qué?* o *¿Cómo?* Fíjese en que la primera opción se suele considerar una forma bastante maleducada, mientras que la segunda, *¿Cómo?*, es la versión preferida. En este tipo de situaciones en inglés, sobre todo en contextos más formales, se pueden emplear expresiones como "Pardon?" o "Pardon me?" para indicar que el mensaje no se ha escuchado o no se ha entendido. No obstante, el uso de *perdón* o *perdone* en español se reserva para situaciones en las que uno quiere disculparse.

8.1.2 La imagen y la cortesía positiva

La imagen positiva representa el deseo de ser apreciado y comprendido por los demás, además de la expectativa de que otras personas compartan los mismos deseos. Asimismo, dentro de este marco se incluye el querer que los intereses de uno, sus opiniones, sus valores, etc., sean apreciados y respetados. Como consecuencia, la cortesía positiva está relacionada con establecer y mantener la imagen positiva de los interlocutores. Se basa, de forma simbólica, en el acercamiento; indica que el emisor reconoce los deseos de una persona, tratándola de forma amigable, como miembro apreciado del grupo o de la comunidad y cuyos intereses y rasgos personales son respetados y valorados.

Para empezar a entender cómo funciona la cortesía en la interacción, considere una petición, un acto de habla que inherentemente amenaza la imagen negativa del receptor en el sentido de que limita su libertad de acción. Para compensar esta amenaza, uno puede hacer uso de estrategias de cortesía positiva. En el siguiente ejemplo de una petición, dos estudiantes universitarios de primer año, Cristina y Greg, acaban de conocerse. Cuando están en la cafetería de la facultad, Cristina se da cuenta de que no tiene dinero suficiente para comprar el almuerzo y le pide prestado dinero a Greg:

1) *Tienes cara de ser una persona generosa. ¿Me puedes prestar un poco de plata, por favor?*

La apertura de la petición de Cristina (*Tienes cara de ser una persona generosa*) incluye una estrategia claramente orientada a la imagen positiva de Greg.

Igual que se mencionó en la sección anterior sobre la imagen y la cortesía negativa, hay actos de habla y acciones que amenazan la imagen positiva de una persona como, por ejemplo, criticar, realizar sugerencias no solicitadas y mostrar desacuerdo. Otra manera de ilustrar este fenómeno es mediante una queja. Suponga que la música de su vecino está muy alta a la una de la mañana y usted está intentando dormir. Cuando va a quejarse, para reducir la amenaza a la imagen positiva del vecino, puede comenzar diciendo: *Me encanta la música que tienes puesta y de hecho es uno de mis grupos favoritos, pero ahora tengo que dormir.* Este es un ejemplo de la cortesía positiva porque resalta los intereses o los gustos que usted tiene en común con el vecino.

8.1.3 Otros aspectos relacionados con el modelo de Brown y Levinson

La tabla 8.1 presenta, de forma adaptada, algunas de las estrategias relacionadas con la cortesía positiva y con la cortesía negativa (Brown y Levinson 1987). Se han incluido ejemplos en cada una de ellas y se han subrayado algunas partes

Tabla 8.1: *Estrategias de cortesía positiva y de cortesía negativa*

Cortesía positiva	Cortesía negativa
1. Ocuparse del receptor (de sus deseos, de sus intereses, etc.) *Como sé que te gustan tanto los dulces, tomemos un pastelito con el café.*	1. Ser convencionalmente indirecto *¿Sería posible que me ayudaras con esa caja?*
2. Exagerar (el interés, la muestra de simpatía, la aprobación) *¡Tenéis una casa preciosísima y grandísima! ¿A ver cuándo nos invitáis?*	2. Preguntar, mitigar *Supongo que quizá sería una buena idea ir a visitarle.*
3. Utilizar marcadores intragrupales *Tráeme un vaso de agua, cariño.*	3. Ser pesimista *Se te habrá olvidado traer lo que te pedí, ¿no?*
4. Buscar el acuerdo — *¿A qué hace frío en la habitación?* — *Sí, hace un poquito de frío.*	4. Minimizar la imposición *Te quería preguntar si tienes un ratito para hablar conmigo.*
5. Evitar el desacuerdo — *¿Lo comprendes o no?* — *Más o menos.*	5. Mostrar deferencia/respeto *No creo que se debería hacer eso, señor director.*
6. Reafirmar el terreno común entre los interlocutores *¿No crees que es una buena idea que vayamos los dos juntos?*	6. Disculparse *Odio tener que molestarte, pero ¿me podrías mirar este informe?*
7. Bromear *¿Y si "ataco" la tortilla de patatas?*	7. Impersonalizar *Se debería tener más cuidado al cerrar la puerta.*
8. Presuponer el conocimiento de los deseos del emisor y preocuparse por los deseos del receptor *Sé que no eres muy aficionada a las reuniones de este tipo, pero hazme el favor de venir.*	8. Establecer el acto amenazador a la imagen como regla general *Los pasajeros deben asegurarse de que llevan puesto el cinturón de seguridad al despegar y al aterrizar.*
9. Ofrecer, prometer *Jugaré contigo cuando termines de estudiar, Iris.*	
10. Ser optimista *Estoy seguro de que no te importará prestarme el coche.*	
11. Incluir al emisor y al receptor en la actividad *¿Nos tomamos un descansito después de tanto trabajo?*	
12. Asumir o afirmar la reciprocidad *Como te eché una mano ayer, hoy me puedes devolver el favor.*	

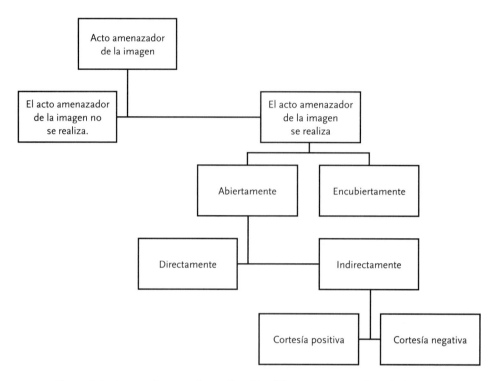

Figura 8.1: Estrategias para la realización del acto amenazador a la imagen.

que sirven para marcar las estrategias sugeridas. El grupo de estrategias de cortesía positiva está orientado a reforzar los lazos de solidaridad entre los interlocutores, mientras que las estrategias relacionadas con la cortesía negativa se refieren a acciones destinadas a reducir el grado de imposición en el receptor.

Si se tiene en cuenta que todos los actos de habla, por el mero hecho de ser emitidos, son potencialmente amenazadores a la imagen, uno se ve en la necesidad de recurrir a la gran variedad de estrategias que sirven para cuidar la imagen de los demás. Brown y Levinson (1987: 69) propusieron un esquema (figura 8.1) que muestra las posibilidades que hay para realizar los actos amenazadores a la imagen. Los términos empleados en el esquema se han tomado de Escandell Vidal (2003: 150).

Siempre que el hablante quiera llevar a cabo el **acto amenazador** con la máxima eficacia, escogerá una estrategia para realizar un acto abiertamente que, a su vez, se puede llevar a cabo de dos formas: directamente (*Ayúdame con la tarea*) o indirectamente. Estos últimos se producen utilizando estrategias orientadas a la cortesía positiva (2) o a la negativa (3):

2) <u>Como eres tan amable</u>, estoy seguro de que me puedes ayudar con la tarea.

3) <u>¿No te importaría</u> ayudarme con la tarea?

Hay situaciones especiales en las que es legítimo optar por un acto directo realizado abiertamente. Por ejemplo, generalmente no se consideran amenazadores en las siguientes circunstancias: emergencias, cuando alguien pide ayuda (¡Llame a la policía!), actos que benefician al receptor (Sírvete más sopa) y en las tareas colaborativas (Pásame el martillo).

Para los actos amenazadores, hay tres variables importantes que determinan la forma en que se realizan. La primera se refiere a la distancia social, la naturaleza de la relación entre el emisor y el receptor. Por un lado, mientras que la distancia entre amigos o familiares es nula o mínima, la relación entre desconocidos es lo contrario. Desde la perspectiva de la cortesía, no es fácil determinar cómo la distancia social afecta el nivel de cortesía empleada. Se pueden imaginar casos en los que uno es más cortés con los desconocidos que con las personas más cercanas, pero en situaciones de anonimato (en ciudades grandes, en foros de discusión por Internet, etc.), la gente puede ser más descortés a pesar de la distancia.

La segunda variable es el poder relativo entre los interlocutores. Cuando uno de ellos está en una posición de poder con respecto al otro, existe una relación asimétrica (Ej. la relación entre un policía y un peatón). Las consecuencias lingüísticas para las interacciones que implican una relación asimétrica de poder son obvias:

En algunos casos, impersonalizar la petición
funciona como una estrategia de cortesía.
¿Cree Ud. que el empleo del verbo en infinitivo
en este cartel, en vez del uso del imperativo
(No abra) hace que la orden sea más educada?
Explique su respuesta.

el que está en una posición inferior de poder tiene que emplear un lenguaje más cuidado y cortés, mientras que su interlocutor, quien goza de una posición superior, puede ser más directo y no se ve obligado a preocuparse tanto por cuestiones de cortesía.

La tercera y última variable es el grado de imposición que implica un determinado acto de habla. Por ejemplo, para una petición, no es lo mismo pedir prestado un lápiz a un amigo que pedirle el coche. Es evidente que para el segundo caso, la persona que realiza la petición debe ser consciente de que hay un mayor grado de imposición y que, por lo tanto, tendrá que utilizar algunas estrategias dirigidas a cuidar la imagen del otro para lograr su objetivo.

PARA COMUNICARSE EN ESPAÑOL

Hay diferentes maneras de hacer referencia al fenómeno de la cortesía en español, entre ellas se encuentra la palabra *educación*. El sustantivo *educación* tiene varios significados y uno de ellos es la *cortesía*. Tiene sentido que la educación abarque no sólo la enseñanza de disciplinas escolares sino también la instrucción del buen comportamiento. Así que se puede decir que una persona cortés es alguien *educado* o incluso *bien educado*. Otras formas de referirse a la cortesía son los *buenos modales* ("good manners") y la *urbanidad*. La palabra *urbanidad* es curiosa porque resalta la conexión que hay entre la cortesía y el comportamiento de la vida urbana.

8.1.4 Mitigación y agravación

Como ya se ha mencionado brevemente, es frecuente usar la **mitigación** (o **atenuación**) para suavizar la imposición de varios actos de habla. Los mitigadores son mecanismos lingüísticos que se usan, siempre de forma optativa, para minimizar las amenazas a la imagen social. En términos gramaticales, la mitigación se puede expresar mediante palabras (*por favor, un poco, solamente*), cláusulas (*cuando puedas, si no te importa*), terminaciones verbales y sufijos (*importaría, momentito*) u oraciones completas (*Quería pedirte un favor*). Muchas estrategias de cortesía implican la mitigación, aunque su función exacta siempre depende del contexto. Se va a considerar un ejemplo de una petición que tiene múltiples mitigadores:

4) *Me preguntaba si quizás Uds. pudieran ayudarme a descargar el camión.*

Los mitigadores en esta petición son varios. Primero, *me preguntaba si* funciona como una sola unidad, pero contiene diferentes elementos mitigadores: el uso del pasado con un aspecto imperfecto (*me preguntaba,* versus *me pregunté* o *me pregunto*); el uso de *si* que le da un toque tentativo; y por último, la función de toda la unidad, *me preguntaba si,* suaviza el acto de pedir porque literalmente el emisor *se pregunta a sí mismo* si algo es posible, lo cual es una forma disimulada de realizar una petición. Otros mecanismos mitigadores en (4) son *quizás* y el verbo *pudieran* en el pasado de subjuntivo. Todos estos elementos contribuyen a atenuar aún más la petición que sirve como base, *¿Me pueden ayudar a. . .?,* la cual a su vez es una versión indirecta de *Ayúdenme a descargar el camión.* En muchos casos, tanto la indirección como la mitigación operan en conjunto para hacer que un acto se interprete como más cortés, y en realidad, no siempre queda clara la separación entre los dos fenómenos.

Otra área que constituye un reto es la tarea de determinar si ciertos recursos lingüísticos realizan una función mitigadora o no. El proceso para establecer los límites de la mitigación conlleva interpretaciones subjetivas y, desafortunadamente, no hay ningún método perfecto para evaluarla. Incluso cuando uno analiza cada instancia de forma individual y tiene en cuenta todos los factores contextuales, pueden surgir dudas. Si sirve de consuelo, la categorización de funciones lingüísticas nunca es una cuestión sencilla y es difícil establecer unas clasificaciones perfectamente delimitadas. Un caso problemático es el de las denominadas muletillas, como *bueno, pues* y *este,* las cuales desempeñan una multitud de funciones, entre ellas la expresión de cierto grado de vacilación o duda por parte del emisor. Los siguientes ejemplos aparecen en un estudio sobre la atenuación en el español argentino (Piatti 2001). Los participantes son estudiantes universitarios que expresan sus opiniones sobre las universidades y emplean diferentes estrategias para mitigar sus opiniones:

5) *Bueno, no sé, yo te cuento. . .te cuento a vos un poco porque él algunas cosas ya sabe.* (216)

6) *Sí, eh, yo pienso que, eh, es algo bastante, no sé, irregular en las diferentes facultades.* (216)

Entre los mecanismos de mitigación como *no sé* y *un poco,* el empleo de *bueno* en (5) y *eh* en (6) también contribuye al carácter tentativo de las opiniones expresadas. Otros mecanismos que pueden aportar un elemento mitigador son una variedad de conectores o conjunciones como *pero, y, entonces, es que*, etc. Considere el uso de *pero* en el siguiente ejemplo:

7) Patricia invita a Janet a una fiesta:
   PATRICIA: *¿Quieres ir a la fiesta de Muriel esta noche?*
   JANET: *Tengo que trabajar.*
   PATRICIA: *<u>Pero</u> puedes pasar después, ¿no crees?*
   (en comparación con. . .)
   PATRICIA: *Puedes pasar después, ¿no crees?*

Al usar *pero*, Patricia hace evidente su atención al hecho de que Janet debe trabajar, mientras que la opción sin *pero* expresa/implica un tono más desconsiderado porque no se enlaza explícitamente con el turno anterior de Janet.

Se ha adelantado en la introducción de este capítulo la idea de que ningún mecanismo lingüístico puede considerarse inherentemente cortés o descortés, como se ha mostrado mediante el ejemplo *¿Te puedes callar, por favor?*, en el cual la inclusión de *por favor* no indica necesariamente que un enunciado es más cortés. De modo semejante, la discusión de la ironía en el capítulo 7 incluía el ejemplo *estoy <u>un poco</u> cansado de tus juegos,* en el cual *un poco* implica sarcasmo y el significado contrario (<u>*muy*</u> *cansado*). Por estas razones, la mitigación es un fenómeno que se debe examinar caso por caso y todas las estructuras normalmente asociadas con la función mitigadora pueden utilizarse con otros fines.

Otra estrategia de mitigación se produce mediante la selección de palabras. Hay palabras y expresiones que denotan significados más favorables, o que imponen menos, que las versiones homólogas. Por ejemplo, para pedirle un favor a alguien, en vez de usar *¿me haces un favor?* uno podría optar por *¿me echas una mano?*, y el uso metafórico de *echar una mano* parece reducir la imposición implicada en pedir un favor. De modo parecido, una gerente puede decirle a su empleado *necesito que colabores conmigo* en vez de *necesito que me ayudes*, aprovechando el tono solidario, y quizás eufemístico, del verbo *colaborar*. Desde el punto de vista de la pragmática, aunque es imposible saber con certeza los motivos subyacentes en cada selección léxica, no deja de ser una parte significativa del proceso de mitigación.

Por último, vale la pena enfatizar que, a pesar de la tendencia existente a asociar la mitigación con la cortesía negativa y la reducción de las amenazas con la imagen negativa del destinatario, una forma de mitigar también incluye estrategias de cortesía positiva. En un estudio de los rechazos producidos por hablantes mexicanos, Félix-Brasdefer (2004: 297) resalta el uso de expresiones de solidaridad que "buscan la identificación y afiliación con el grupo" y "reducen los efectos negativos del rechazo". En (8) abajo, el participante rechaza una invitación a una fiesta de cumpleaños, y en (9), otro rechaza la sugerencia de un amigo para ir al bar en vez de ir a clase:

8) *Híjole, no voy a poder, <u>hermano</u>.* (297)
9) *No puedo, <u>carnal</u>.* (297)

En (9), *carnal* es una palabra coloquial que se usa sobre todo entre los hombres jóvenes y es similar al uso de *hermano* en (8).

    Además de la mitigación, existen mecanismos que intensifican el acto de habla y estos forman parte de la **agravación**. Por lo general, se entiende la agravación como una manera de incrementar la amenaza a la imagen del destinatario. Por ejemplo, considere la siguiente queja:

10) *Oye, estoy <u>muy</u> cansado y quiero dormir. ¿Puedes tratar de no hacer <u>tanto</u> ruido?*
    Me parece una falta de respeto <u>enorme</u>.

En (10), *muy, tanto* y *enorme* son palabras que agravan o intensifican la fuerza de la queja. Se podría decir también que toda la frase, *Me parece una falta de respeto enorme*, intensifica la queja. Lo interesante de la intensificación es que no siempre da lugar a la agravación. Aquí hace falta tener en cuenta cómo las amenazas de la imagen se aplican en cada situación. Pongamos por caso *muy* y *tanto*. En (10), *muy* y *tanto* agravan el macro-acto de la queja porque es un acto que amenaza la imagen positiva y negativa del destinatario, por lo cual esta amenaza se aumenta mediante el uso de *muy* y *tanto*. Sin embargo, en el contexto de un acto como la siguiente felicitación de un padre a su hijo, estos intensificadores refuerzan el componente de la cortesía positiva:

11) *¡Felicidades! Estoy <u>muy</u> orgulloso de ti y me alegro <u>tanto</u>.*

Tanta la mitigación como la intensificación/agravación se necesitan estudiar en conjunto con toda la información contextual porque, de no ser así, resulta difícil determinar la función que los distintos elementos aportan.

8.1.5 La naturaleza dinámica de la imagen y de la cortesía

En realidad, la identificación de los factores propios de la cortesía, en el marco de las interacciones sociales, resulta más compleja de lo que se ha sugerido anteriormente. Una de las causas está ligada al hecho de que cada interlocutor se verá afectado, simultáneamente, por diferentes amenazas a la imagen social: la imagen negativa del emisor, la imagen positiva del emisor, la imagen negativa del receptor y la imagen positiva del receptor. La relevancia de cada una de ellas variará de acuerdo con las circunstancias y con el acto de habla en cuestión. Si se toma en cuenta la petición de un favor, por ejemplo, por lo menos tres de las cuatro amenazas estarán implicadas:

i. Una amenaza a la imagen negativa del emisor: En muchas culturas, pedirle un favor a otra persona indirectamente implica reciprocidad ya que existe la expectativa de que se devuelva un favor con otro (Ej. *hoy por ti, mañana por mí*). Si es así, cuando alguien pide un favor, y suponiendo que la otra persona realice el favor pedido, el beneficiario entra en una especie de deuda con el otro y, casi de forma inmediata, se compromete a devolverle el favor o a agradecérselo con algún tipo de recompensa. Sea cual fuere el caso, el que pide el favor está restringiendo su propia libertad de acción en el futuro, de modo que, indirectamente, se transforma en una imposición a su propia imagen negativa.

ii. Una amenaza a la imagen positiva del emisor: Como ya se ha mencionado, cuando alguien pide un favor, se suele concebir la petición como una imposición. Siguiendo esta lógica, el que pide el favor corre el peligro de ser visto como una persona descarada, alguien insensible a la imagen negativa del otro. Tal situación podría perjudicar la propia imagen positiva del emisor porque, normalmente, la gente no quiere dar la impresión de ser indiferente a las molestias que pueda imponer en los demás.

iii. Una amenaza a la imagen negativa del receptor: Es necesario recordar que las peticiones, por lo general, amenazan la imagen negativa del otro al limitar su libertad de acción.

De este modo se podrían detallar las diferentes amenazas para cualquier acto de habla y, en cada caso, la combinación de todas las amenazas a la imagen influiría en la selección de estrategias de cortesía. Además, si se consideran tanto el componente interactivo de la interacción verbal como todos los elementos contextuales, el uso de la cortesía representa un fenómeno dinámico que existe en un estado de constante negociación. En cualquier momento de una conversación, se observa que cada interlocutor no sólo está pendiente de cuestiones vinculadas a la interacción en el presente, sino que también debe prestar atención a aspectos relacionados con el pasado y el futuro. Igual que ocurre en una petición, el acto de invitar presupone una variedad de consideraciones; entre conocidos es frecuente considerar quién ha sido el último en invitar, el grado de imposición que conlleva la invitación, si el invitado va a sentirse demasiado endeudado con la invitación, etc.

8.1.6 Críticas al modelo de Brown y Levinson

A pesar del impacto que ha tenido el modelo de Brown y Levinson como el paradigma dominante de la cortesía durante las últimas décadas, también ha sido fuente de crítica. Varios autores e investigadores han puesto en tela de juicio diferentes aspectos de este modelo. Entre algunas críticas se encuentran las siguientes:

i. El enfoque en la producción: al proponer que la cortesía es una cuestión del emisor, que elige ciertas estrategias y anticipa las reacciones del receptor, se disminuye la importancia delegada al proceso de interpretación (Eelen 2001).

ii. La orientación casi exclusiva a la cortesía: según Eelen (2001), el estatus de la **descortesía** no queda claro en el modelo de Brown y Levinson. Por ejemplo, en algunos casos parece que la ausencia de una estrategia de cortesía implica automáticamente descortesía.

iii. La orientación occidental del modelo: diferentes investigadores subrayan el occidentalismo de la dicotomía cortesía positiva/negativa y muestra su incompatibilidad con las culturas orientales, como la japonesa en la que, según Matsumoto (1988), la cortesía negativa constituye un registro social.

iv. El enfoque en las amenazas: según Kerbrat-Orecchioni (2004), el paradigma de Brown y Levinson se centra demasiado en las amenazas a la imagen del receptor y no dedica suficiente atención a la idea de que un acto, además de amenazar la imagen, también puede realzarla. Esto se puede percibir con ciertos actos como los cumplidos y las felicitaciones. De manera parecida, Carrasco Santana (1999) indica que una de las críticas más extendidas es el hecho de que presenta una visión negativa de las relaciones sociales, puesto que los actos de habla se muestran como amenazadores y la imagen social está sujeta a un daño potencial. De acuerdo con el modelo, la cortesía, principalmente en culturas anglosajonas, parece utilizarse como un recurso mitigador exclusivamente y no como una norma de relación en la sociedad.

v. El enfoque en el lenguaje más que en los interlocutores: Watts (2003) enfatiza que los participantes, y no las estructuras lingüísticas, son corteses o descorteses ya que son las personas las que se evalúan como corteses o descorteses en un determinado contexto.

vi. La falta de atención a los elementos contextuales: junto a lo estipulado en (v), numerosos autores señalan que el modelo de Brown y Levinson no tiene en cuenta factores de tipo contextual, que son los que en realidad sirven para determinar si un acto es amenazante o no. Tal y como se presentó en la introducción de este capítulo, no se puede olvidar que, para determinar si cualquier acto es cortés o no, uno siempre debe remitirse al contexto. Según este punto de vista, el individuo al fin y al cabo evalúa un acto como cortés o descortés, basándose en todos los elementos contextuales que tiene a su disposición.

Con el fin de encontrar una mejor explicación para el fenómeno de la cortesía en español, algunos investigadores hispanistas han modificado aspectos del modelo de Brown y Levinson. Entre ellos, Bravo (1999; 2001) señala que los contenidos de la imagen social (principios de confianza, independencia personal, generosidad, reciprocidad, valor de sinceridad, etc.) tienden a variar según cada cultura. En vez de emplear los conceptos de imagen negativa e imagen positiva, las cuales no se aplican al mundo hispano de la misma manera, esta investigadora plantea un esquema basado en términos de **autonomía** y **afiliación**. Mientras que la autonomía se refiere al deseo del individuo de ser diferente al grupo, la afiliación, por su parte, representa los deseos del individuo de pertenencia al grupo. Por ejemplo, una manifestación de la autonomía que distingue a los españoles de otras comunidades culturales es la "afirmación de la originalidad del individuo y de sus buenas cualidades y no por el reclamo de sus derechos a no sufrir imposiciones a su libertad de acción o a su privacidad" (Bravo 1999: 160). De acuerdo con esta orientación, como se verá en los siguientes capítulos, en algunas comunidades hispanohablantes no se percibe la misma preocupación por evitar imposiciones que se encuentra en las sociedades anglosajonas.

A pesar de las críticas que ha recibido el marco teórico de Brown y Levinson, hasta ahora ningún modelo alternativo ha tenido el mismo impacto en el estudio de la cortesía. Por eso, sigue siendo un punto de referencia imprescindible en el desarrollo del campo. Para los estudiantes de pragmática, el esquema propuesto por Brown y Levinson es accesible y útil, por lo menos para un primer acercamiento al tema de la cortesía en el mundo occidental. Para algunos investigadores, el modelo todavía ofrece detalles útiles para analizar la mitigación de los actos amenazantes (Locher 2006) y estos detalles pueden servir para contrastar ciertas tendencias entre dos o más lenguas. Por ejemplo, como se ilustrará en la última parte de este libro, las distinciones entre cortesía negativa y positiva se han utilizado para recalcar algunas diferencias entre hispanohablantes y anglohablantes, aunque también hay matices en la variación pragmática que esta dicotomía no abarca.

8.2 OTRAS PROPUESTAS SOBRE LA CORTESÍA

Aunque el modelo y las ideas de Brown y Levinson son los que han predominado durante las últimas décadas, también existen alternativas propuestas por otros investigadores. De hecho, algunas de éstas incluso anticipan a Brown y Levinson, como las ideas precursoras de Robin Lakoff (1973). Lakoff propuso un esquema con sólo dos reglas básicas: sea claro y sea cortés. La primera va a asegurar una transmisión eficaz de la información, y la segunda se divide a su vez en tres modalidades: i) no se imponga; ii) ofrezca opciones y; iii) refuerce los lazos de camaradería. Cada una de estas normas tiene un ámbito de aplicación determinado, de acuerdo con el tipo de relación existente entre los interlocutores.

La regla *no se imponga* se aplica esencialmente en aquellas situaciones caracterizadas por una clara diferencia social entre los interlocutores o, simplemente, por falta de familiaridad. Ninguno de los participantes debe obligar al otro a hacer algo de forma directa. En estos casos, las estrategias tienden a evitar o a mitigar toda la posible imposición sobre el otro, pidiendo permiso, utilizando formas indirectas, etc. La segunda regla, *ofrezca opciones,* se aplica, sobre todo, cuando hay un equilibrio social entre los interlocutores, pero falta familiaridad y confianza entre ellos. Por último, la tercera regla, *refuerce los lazos de camaradería,* se adapta perfectamente a las situaciones en que la relación entre los interlocutores es muy estrecha o muy cercana. Uno de los objetivos es situar a la otra persona en una posición agradable y mostrar interés por él o ella, algo muy similar a las estrategias de cortesía positiva de Brown y Levinson. En los dos siguientes apartados se incluye una selección sintetizada de otras aproximaciones.

8.2.1 Aproximaciones discursivas

Entre las investigaciones más recientes, ha aparecido una serie de acercamientos a la cortesía que presentan un enfoque más discursivo, el cual enfatiza la idea de que la cortesía/descortesía siempre es algo que los interlocutores negocian y evalúan en el momento de la interacción. Richard Watts y Miriam Locher son dos investigadores que trabajan en esta línea de investigación. Una de las cuestiones que resaltan es el hecho de que el alcance de Brown y Levinson es demasiado limitado ya que su énfasis en la cortesía se restringe a los actos amenazantes. Locher y Watts (2005) optan por el término "relational work" en inglés (*actividades en torno a las relaciones*), para referirse al esfuerzo que los individuos invierten en negociar sus relaciones con los demás. Así se incluye todo el espectro de comportamiento interactivo, no sólo los dos extremos, el comportamiento descortés por un lado y el cortés por otro, sino también todo lo que se encuentra en medio, la conducta normal y apropiada. Para esta última categoría, Watts (2003) introduce la noción de *comportamiento político,* pero aquí *político* hace referencia al tacto que uno utiliza para actuar de forma apropiada. No obstante, el comportamiento apropiado, lo que se espera de los demás en el contexto dado, no llega a calificarse como cortés e incluso suele pasar desapercibido. Lo cortés, según esta perspectiva, sólo se reserva para los intentos de ir más allá de las normas establecidas para lo apropiado. Esto quiere decir que gran parte de lo que los interlocutores hacen para mantener una relación armónica y respetuosa forma parte del comportamiento político. Así que alguien sólo muestra cortesía cuando, motivado por cuestiones vinculadas a la imagen social, se esfuerza por exceder las normas de comportamiento esperadas.

Un buen ejemplo del comportamiento político en inglés proviene de Watts (2003: 163). En un mensaje de correo electrónico, el editor de una revista académica recibe la siguiente petición de información: "Please send the necessary forms and required information to the following address: [. . .]". Tal petición no es necesariamente descortés, y al emisor no se le podría calificar de maleducado, pero el enunciado tampoco llega a mostrar verdadera cortesía. Es decir, se adhiere al patrón básico de una petición **transaccional** en inglés, con un tono casi burocrático, pero no toma en cuenta la imposición implicada ni el puesto de poder del editor.

Spencer-Oatey (2005) es otra investigadora que ha llevado la investigación de la cortesía hacia el ámbito de la interacción, con énfasis en las percepciones de los interlocutores. Según ella, los interactuantes de una conversación adoptan diferentes orientaciones entre ellos y dichas orientaciones pueden ir evolucionando a lo largo de la interacción. Por ejemplo, pueden desear proteger o fortalecer las relaciones armoniosas entre ellos, pero en otros casos, pueden ser indiferentes al grado de armonía que hay en las relaciones, e incluso en ciertas instancias pueden tratar de estropear la armonía existente. Por lo tanto, cada uno está evaluando constantemente, de forma consciente o no, si las relaciones están siendo protegidas, fortalecidas o dañadas por el otro. De acuerdo con Spencer-Oatey, hay tres áreas que influyen en sus evaluaciones: las expectativas que cada uno tiene de la conducta apropiada, sus sensibilidades en torno a su imagen social y los objetivos que desea lograr mediante la interacción.

Para Spencer-Oatey, las expectativas que una persona tiene de las normas apropiadas son fundamentales porque la gente basa sus evaluaciones de cortesía en estas expectativas. Por eso enfatiza que la cortesía/descortesía es un concepto amplio que incluye todo el rango de posibles adjetivos evaluativos como amable, considerado, respetuoso, insolente, agresivo, maleducado, etc. Igual que los interlocutores se basan en las normas para hacer evaluaciones sobre la cortesía, también experimentan o perciben amenazas a su propia imagen social. Spencer-Oatey cree que la imagen social está íntimamente conectada con la identidad de cada uno, los aspectos personales que cada persona valora. Por eso, las sensibilidades de cada individuo dependerán de los valores sociales y las cualidades que más le importan (Ej. competencia profesional, inteligencia, independencia, etc.). Así que estas sensibilidades pueden verse amenazadas o reforzadas por los demás durante sus conversaciones. Por último, los objetivos que cada interlocutor tiene en la interacción (Ej. conseguir permiso de alguien, convencer a alguien de algo, hacer las paces, etc.) influyen en cómo su comportamiento es evaluado por los demás. Por ejemplo, normalmente se tiene más paciencia y comprensión con alguien insistente si resulta evidente que la persona se comporta así por una causa válida, como lo que podría suceder en casos de emergencia.

Para ilustrar el esquema de Spencer-Oatey, considere el siguiente caso real que le sucedió a uno de los autores de este libro: Un hombre y su esposa van al teatro y llegan unos veinte minutos antes de que empiece la obra. Una vez dentro, consultan sus entradas y creen haber localizado la fila donde se encuentran sus asientos. Para llegar a ellos, el hombre les pide cortésmente a las dos señoras sentadas al lado del pasillo que los dejen pasar para llegar a sus asientos. Al llegar a los asientos, la pareja se da cuenta de que se había equivocado de fila y que sus asientos quedan en la fila de atrás. Para poder salir de la fila donde están, el hombre vuelve a dirigirse a las dos señoras y les pide disculpas, explicando que había sido una equivocación. Las dos se levantan, un poco molestas esta vez, para dejar pasar a la pareja y una de las señoras exclama lo siguiente: *Hay que averiguar bien dónde están los asientos antes de molestar a la gente*. Desde la perspectiva de la pareja, el enunciado de la señora era una reprimenda pública, una manifestación abierta de descortesía. A continuación se hará referencia a los tres factores propuestos por Spencer-Oatey para explicar esta interpretación.

Los espectadores de una obra de teatro tienen algunas expectativas con respecto a cómo van a ser tratados por los demás espectadores al entrar, sentarse y salir del recinto. Se podría decir que el proceso de encontrar los asientos en un teatro desconocido, sobre todo si faltan acomodadores, no es siempre tan sencillo como debería ser. A veces el sistema de numeración no es algo intuitivo y los números de las filas y asientos no siempre saltan a la vista. Así que uno espera un mínimo grado de cooperación y de solidaridad de los demás, sobre todo si se llega temprano a la función y la búsqueda de los asientos no interrumpe la obra. En cuanto a las sensibilidades en torno a la imagen, un comentario de este tipo cuestiona o amenaza la competencia social de la pareja y se expresa con un tono de superioridad, incluso clasista; implica que la pareja no tiene el conocimiento propio de la gente culta que sabe moverse por los teatros sin causar estorbos innecesarios. Con respecto a los objetivos, parece que el propósito de la señora, al emitir el comentario en cuestión, es conseguir que los demás, su amiga y los otros espectadores, reconozcan la infracción social que se ha cometido, a pesar de la disculpa. Además, ella aprovecha la situación para resaltar su estatus de mujer culta que está obligada a soportar la presencia de la gente menos culta en los teatros. En conclusión, según el esquema de Spencer-Oatey, la intervención de la señora, desde el punto de vista de la pareja, daña la harmonía social existente entre los espectadores de una obra de teatro que convergen aleatoriamente para compartir una misma meta: la de disfrutar de una experiencia artística juntos.

Mills (2003) aporta otra perspectiva sobre la cortesía que adopta un acercamiento discursivo, esta vez con un enfoque en el género. Aunque ella no propone un modelo de cortesía alternativo, trata la complejidad de la relación entre género y cortesía partiendo del precepto que el analista no puede dejarse llevar por las nociones estereotipadas sobre los papeles de género. Esta autora muestra cómo los estereotipos culturales sobre el género influyen directamente en la manera en que se suele examinar el discurso producido por mujeres. Entre los estereotipos ampliamente extendidos en el mundo occidental, se cree que las mujeres se preocupan por los modales y extreman su comportamiento cortés en público más que los hombres. Como consecuencia, se asocia a las mujeres con la debilidad, la vulnerabilidad, la amabilidad, la sumisión, etc. Por eso, su comportamiento verbal suele ser evaluado como cooperativo y no como conflictivo, lo cual supuestamente indica la falta de poder. Sin embargo, es erróneo aplicar este marco de manera uniforme a todas las interacciones entre mujeres porque presupone un esquema demasiado rígido e, incluso, inadecuado.

Para ejemplificar cómo habría que acercarse al tema de la cortesía y el género, Mills (2003) ofrece el caso de los cumplidos. Los cumplidos generalmente se consideran estrategias de cortesía positiva mediante las cuales el emisor resalta alguna cualidad atribuible al destinatario, resultando, en teoría, en una interpretación favorable. Así que, entre mujeres, si uno supone que ellas adoptan una postura de cooperación y amabilidad, los cumplidos deben expresar una admiración genuina. El problema con este estereotipo es que prohíbe a uno entender toda la diversidad de intenciones y/o interpretaciones relacionadas con los cumplidos. Como destaca Mills, un cumplido entre mujeres como ¡Te ves magnífica! puede interpretarse como un acto insincero si la receptora sospecha que la emisora intenta lograr otro objetivo oculto, lo cual es justamente lo que sucede con el halago. Otra posibilidad es que la receptora de este cumplido lo interprete como una forma indirecta de indicar que si se ve magnífica ahora, entonces debía de verse horrible antes.

De forma similar a esta práctica de expresar admiración mediante los cumplidos, las disculpas y el agradecimiento son otros actos que se asocian con el comportamiento femenino dado que, de acuerdo con las creencias tradicionales, muestran debilidad. No obstante, Mills presenta diferentes ejemplos para ilustrar los problemas inherentes de esta postura. En uno de dichos ejemplos, una mujer británica, al recibir un regalo de otra mujer, le da las gracias y expresa su admiración por el regalo repetidas veces. De acuerdo con el marco estereotípico, este comportamiento confirmaría la regla general; la mujer, dada su posición subordinada en la sociedad, se preocupa por agradar a los demás y por mostrarse como excesivamente cortés. Sin embargo, cuando Mills se entrevistó con la mujer que había agradecido y alabado tanto el regalo, confesó que su objetivo era lograr algo muy concreto en el momento de la interacción. En este caso, la Mujer A, la que dio el regalo, era una invitada en la casa de la Mujer B. La Mujer A tenía la costumbre y la reputación de hablar demasiado, y la Mujer B, en el momento en que recibió el regalo, estaba a punto de servir el almuerzo. Cuando la Mujer A entregó el regalo a la Mujer B, no dejó de guiar la conversación en torno al regalo y la Mujer B sólo quería parar la conversación para poder empezar a almorzar. Para lograr cerrar la conversación y comenzar el almuerzo, contó con el uso repetido del agradecimiento y la alabanza. Este último ejemplo subraya la importancia de tomar en cuenta no sólo todos los elementos contextuales, sino también el punto de vista de los interlocutores a la hora de establecer evaluaciones sobre la cortesía.

PARA COMUNICARSE EN ESPAÑOL

En los últimos años, y como consecuencia del rápido aumento de las nuevas tecnologías en la comunicación, se han elaborado unas normas o reglas de etiqueta que se conocen como *Netiqueta* en español, o "Netiquette" en inglés. Estas normas surgen de la necesidad de buscar un código de buena conducta en la Internet con el objetivo de dirigirse a las personas con respeto y de lograr que la comunicación entre emisor y receptor sea lo más fructífera posible. Parece que la rapidez con que se comunica, combinada con la separación física entre los interlocutores y el carácter anónimo de la interacción, contribuyen a un estilo que tiende a ser más descortés que las conversaciones en persona. En otras palabras, al interactuar por Internet, a la gente se le olvida a veces que hay un ser humano al otro lado de la pantalla y que es necesario cuidar su imagen igual que uno hace en las conversaciones cara a cara.

8.2.2 La descortesía

Tal y como mencionan los autores previamente citados, originalmente los modelos de cortesía tienden a centrarse en cómo se emplean las estrategias comunicativas para mantener o promocionar la armonía social. No obstante, Culpeper (1996) ha sido uno de los pioneros en el desarrollo de un modelo que se ocupa de las situaciones en las que hay ausencia de esa armonía social: el modelo de la **descortesía**. Se define la descortesía como una actitud negativa hacia comportamientos específicos que tienen lugar en unos contextos determinados. La primera propuesta de Culpeper (1996) comprende cinco estrategias:

i. La estrategia de descortesía abierta, cuyo objetivo es crear explícitamente el mayor daño posible a la imagen. Los actos amenazadores a la imagen se realizan de forma directa, clara y concisa en la medida de lo posible. El ejemplo más típico son los insultos.

ii. La estrategia de descortesía positiva se refiere al comportamiento que está orientado a dañar de forma explícita la imagen positiva del receptor. Se refiere a comportamientos tales como el de ignorar a otra persona, mostrar desinterés y mostrar falta de simpatía.

iii. La estrategia de descortesía negativa se centra en el comportamiento que está orientado a dañar la imagen negativa del receptor de forma explícita. Según Culpeper, ejemplos de este tipo de descortesía son el ser condescendiente o el hecho de ridiculizar a alguien, aunque es evidente que estas acciones también atacan la imagen positiva del otro.

iv. La cuarta estrategia está relacionada con la cortesía que posee un tono sarcástico o de burla.

v. La quinta y última estrategia se refiere a la cortesía oculta o retenida mediante la cual una persona no usa una marca de cortesía deliberadamente. Éste es el caso, por ejemplo, de una persona que no agradece a otra después de que le ha hecho un gran favor.

En estudios posteriores, Culpeper (2005) y Culpeper et al. (2003) volvieron a reflexionar sobre la descortesía y, motivados por las investigaciones de índole discursiva, hicieron más hincapié en la reacción o interpretación del receptor en el contexto dado. Además, procuraron desligar su análisis de la descortesía del esquema de Brown y Levinson ya que, como se observa en las categorías anteriores, originalmente se incluyeron las nociones de descortesía positiva y negativa. Culpeper (2005: 38) vuelve a definir la descortesía como algo que sucede cuando "el emisor comunica un ataque a la imagen de forma intencionada" o cuando "el receptor percibe y/o construye comportamiento como intencionalmente utilizado para atacar su imagen". Aquí el autor enfatiza que, de manera semejante a la cortesía, la descortesía se construye en la interacción entre los interlocutores. Quizás el caso típico sea cuando el emisor tiene la intención de ser descortés y el receptor capta esta intención, pero esta situación no es la única posibilidad. Por ejemplo, uno puede interpretar algo como descortés aunque no haya sido la intención del emisor. Tal ocurrencia a veces se debe al hecho de que cada persona tiene sensibilidades diferentes con respecto a lo ofensivo, como se muestra en el siguiente diálogo entre dos amigas:

12) CECILIA: *Creo que este vestido me hace gorda.*
   MAR: *¡No seas tonta!*
   CECILIA: (molesta) *No soy tonta. Es que no me gusta cómo me queda.*

Cuando alguien dice ¡*No seas tonta!* como Mar en (12), normalmente su intención no es llamar a la otra persona tonta sino expresar, mediante una expresión convencionalizada, el desacuerdo. A pesar de que se emplean expresiones de este tipo sin la intención de manifestar descortesía, uno puede inclinarse por el significado literal, especialmente si no se encuentra de buen humor.

Otro de los factores considerados por los investigadores es la manera en que la gente reacciona cuando percibe una ofensa dirigida hacia su persona. Por ejemplo, según Culpeper et al. (2003), ante un acto descortés, alguien puede responder de forma ofensiva, devolviendo a la persona el ataque a la imagen, o de forma defensiva, defendiendo su propia imagen. Otras opciones son aceptar la ofensa, o tal vez en otros casos, ignorarla. En un estudio sobre la descortesía entre los niños bilingües (español-inglés) en el suroeste de los Estados Unidos, Cashman (2006) observó estas diferentes reacciones en los datos analizados. Para ilustrar la aceptación de la descortesía, una niña en una de las interacciones acepta una crítica negativa de otro niño sobre un proyecto que ella está realizando al decir *Ay qué tonta, se me olvidó algo* (238). En otra situación descrita por Cashman, una niña opta por no responder ante un comentario descortés, lo cual, a primera vista, podría parecer una reacción pasiva, pero por otro lado, el hecho de ignorar a alguien es una manera de mostrar desprecio y puede interpretarse como un ataque a su imagen positiva. Las demás alternativas para responder ante la descortesía, las respuestas ofensivas y defensivas, también fueron observadas por Cashman. La típica respuesta ofensiva era responder a un insulto con otro, mientras que las reacciones defensivas contenían una negativa seguida por una justificación. Por ejemplo, al ser acusada de haber copiado el trabajo de otra compañera de clase, una niña responde con *No, yo no más iba a hacerlo así porque* [. . .] (238).

En el terreno del análisis de la descortesía en el ámbito hispanohablante, hay una variedad de estudios sobre el lado conflictivo de la interacción verbal en diferentes tipos de comunicación. Entre las diversas líneas de investigación, algunos investigadores se han enfocado en la descortesía en el discurso político, en los medios de comunicación y en las conversaciones informales (Ej. Bernal 2008; Blas Arroyo 2003; Bolívar 2001, 2009; Brenes Peña 2011; Garcés-Conejos Blitvich et al. 2010; Rodríguez 2013). Dado que el tema de la descortesía tiene una vigencia tan importante en el mundo de hoy, es de esperar que siga siendo un área de exploración fértil y fructífera dentro de la pragmática y de los campos afines.

PARA RESUMIR

En este capítulo se han incluido las siguientes ideas:

- ◆ La delimitación del concepto de cortesía verbal.
- ◆ La imagen social (negativa y positiva) y su relación con la cortesía negativa y la cortesía positiva.
- ◆ Los aspectos más destacables del modelo de cortesía de Brown y Levinson.
- ◆ La relación entre la cortesía verbal, la distancia social, el poder relativo entre los interlocutores y el grado de imposición de un acto de habla.
- ◆ La mitigación como componente para suavizar la imposición o las amenazas de los actos de habla.
- ◆ La agravación como fenómeno que aumenta la amenaza a la imagen.
- ◆ Algunas críticas al modelo de cortesía de Brown y Levinson.
- ◆ Otras propuestas y aproximaciones a los modelos de cortesía verbal.
- ◆ La descortesía y sus estrategias.

PARA PRACTICAR

1. Para los siguientes ejemplos, decida si cada acto/acción amenaza más:

   i.   la imagen positiva del emisor
   ii. la imagen negativa del emisor
   iii. la imagen positiva del otro
   iv. la imagen negativa del otro

   Puede haber más de una opción implicada.
   a. Decir que no te gusta la comida en la casa de alguien.
   b. Decirle a alguien que tiene la cremallera del pantalón abierta.
   c. Darle un consejo no solicitado a alguien.
   d. Rechazar una invitación u oferta.
   e. Reírse de su destinatario.
   f. Darle a alguien un regalo.
   g. Empezar una conversación con un desconocido.
   h. Confesar que Ud. se ha equivocado.
   i. Prometer por obligación que Ud. va a ayudar a alguien.
   j. Expresar el amor que Ud. siente por un amigo o una amiga.

　　k.　Invitar a un amigo al cine.

　　l.　Disculparse por haber llegado tarde a la reunión.

　　m.　Quejarse al guardia de seguridad sobre el estado de unos aseos públicos en un museo.

　　n.　Comentar a una vecina el fantástico aspecto físico que ella tiene.

2.　Indique si las respuestas a la invitación, e incluso la misma invitación, se orientan al empleo de estrategias de cortesía positiva o negativa.

- *¿Te apetece un café?*

a. *Sí, gracias.*

b. *Si no te importa.*

c. *¡Qué buena idea!*

d. *Sólo si te tomas tú uno.*

e. *Si me dejas invitar.*

f. *Sólo si tienes tiempo.*

3.　Laura y Pablo son novios, viven juntos y él es muy desorganizado. Cuando ella llega a casa, se encuentra una vez más la ropa de Pablo en el suelo del dormitorio. Intente ordenar las siguientes peticiones según el grado de indirección (de la más directa a la más indirecta) y comente la presencia de los elementos mitigadores y agravantes. No hay necesariamente un orden correcto.

a. *¿Puedes recoger la ropa?*

b. *¡Recoge la ropa!*

c. *¿Me harías el favor de recoger la ropa cuando tengas un minuto?*

d. *¿Te importaría recoger la ropa por favor?*

e. *¿Vas a recoger la ropa algún día de estos?*

f. *¿Cuántas veces te tengo que repetir que recojas la ropa?*

g. *Odio ver la ropa en el suelo.*

h. *Algo que me molesta muchísimo es ver ropa en el suelo cuando entro en casa.*

i. *Vaya, otra vez hay ropa en el suelo.*

j. *Parece que se ha caído esta ropa al suelo.*

k. *No entiendo por qué hay ropa en el suelo.*

4.　Conecte los diferentes tipos de estrategias para el desarrollo del acto amenazador a la imagen en A con los ejemplos de B. Luego piense en más ejemplos para cada categoría en A.

A. Acto amenazador a la imagen. . .

   . . .realizado abiertamente y directamente

   . . .realizado abiertamente e indirectamente mostrando cortesía negativa

   . . .realizado encubiertamente

   . . .realizado abiertamente e indirectamente mostrando cortesía positiva

B. Ejemplos

   a. *Como te gustan tanto las fiestas, ¿por qué no vienes a la mía el martes?*

   b. *¿Te gustan las fiestas?*

   c. *Ven a mi fiesta el martes.*

   d. *Me pregunto si estás libre el martes y de ser así, si te gustaría venir a mi fiesta.*

5. Desarrolle un breve diálogo para cada petición. Piense en un contexto específico y tenga en cuenta la distancia y el poder social entre los interlocutores.

   a. *¡Ayuda!*

   b. *¿Sería tan amable de ayudarme?*

   c. *¿Por qué no me ayudas?*

   d. *¡Vamos! ¡Échame una mano!*

6. Decida si los elementos subrayados representan la cortesía negativa, la positiva o una combinación de ambas.

   a. *Tienes una bicicleta muy chula. ¿Me dejas usarla?*

   b. *¿Tienes algo de dinero?*

   c. *¿Se puede cambiar la música?*

   d. *Es un color agradable, pero no te sienta bien.*

   e. *Un jefe a sus empleados: ¿Cómo estamos hoy?*

   f. *Tu ensayo es un poco largo, ¿no crees?*

   g. *¡Te quiero, imbécil!*

   h. *Te llamaba para pedirte un favor.*

   i. *Me encantaría ir contigo, pero hoy no puedo.*

   j. *¿Quieres dar un paseíto conmigo?*

7. Para cada acto de habla directo, piense en un acto indirecto convencional que incluya una estrategia típica de la cortesía negativa y otra típica de la cortesía positiva. Vamos a suponer que estos enunciados se dirigen a un amigo o una amiga de la misma edad de Ud. Intente usar una variedad de mecanismos y estrategias.

MODELO: *Dame un vaso de agua.*

　　　　　Amigo, ¿me <u>darías</u> un vaso de agua?

a. *Llévame al aeropuerto.*

b. *Ponte una chaqueta.*

c. *Préstame cien pesos.*

d. *Baila conmigo.*

e. *No hables con la boca llena de comida.*

f. *Vamos a la playa.*

g. *No bebas tanto café.*

h. *Invítala al concierto.*

8. Piense en algo que Ud. ha evaluado como descortés en una conversación que haya tenido con alguien en inglés o español. Aplicando las ideas de Spencer-Oatey (2005), haga un análisis de su evaluación con respecto a:

a. las expectativas que Ud. tenía de cómo debe ser la conducta apropiada.

b. sus sensibilidades en torno a su imagen social.

c. los objetivos que deseaban lograr los interlocutores mediante la interacción.

PARA SEGUIR REFLEXIONANDO

1. En el Reino Unido es sabido que a los niños se les insiste en el uso de *gracias* y *por favor* mediante el dicho popular "mind your P's and Q's" ("mind your manners or mind your language"), que se podría traducir como *No olvides tus modales* o *Cuida tu lenguaje.* A partir de este dicho popular, y de la idea de que los padres insisten en el uso frecuente de *gracias* y *por favor,* discuta el empleo y el aprendizaje de estas fórmulas dentro del marco de la cortesía. Por último, intente pensar en otros aspectos de la cortesía que los padres tratan de enseñar a sus hijos.

2. Algunos actos de habla, como *cásate conmigo, dame un beso, tómate una copa de vino,* etc., se realizan abiertamente pero benefician al receptor. Reflexione hasta qué punto este tipo de actos de habla puede amenazar la imagen negativa del receptor.

3. ¿Está de acuerdo con la siguiente afirmación? Justifique su respuesta.

"La comunicación por medio de mensajes de correo electrónico, del chat y de los SMS tiene un impacto directo en el empleo de actos amenazadores a la imagen realizados abiertamente."

4. ¿Cómo se puede interpretar el silencio desde el punto de vista de la cortesía? Ponga dos ejemplos específicos.

5. Lo que se considera cortés cambia a lo largo del tiempo. Por ejemplo, según su propia cultura, ¿qué opina Ud. de los siguientes gestos, típicamente realizados por hombres y dirigidos hacia las mujeres? ¿Todavía cree que generalmente se consideran corteses? ¿O tal vez son anticuados?

   a. Cuando el hombre aparta la silla para que la mujer se siente.
   b. Cuando el hombre abre la puerta del coche para la mujer.
   c. Cuando el hombre ayuda a la mujer a ponerse o quitarse el abrigo.
   d. En las citas, cuando el hombre siempre paga.
   e. Cuando el hombre acompaña a la mujer a la puerta de su casa.

6. Aunque es un tema que sólo se ha mencionado brevemente en este capítulo, en los estudios de la descortesía surge a veces la idea de si una persona puede ser descortés sin querer serlo. En la vida real es probable que consideremos a una persona descortés aunque no haya sido su intención ser maleducada, porque no conoce bien las normas sociales, como en el caso de los hablantes no nativos, o porque su estado psicológico lo impide, como sucede cuando uno está nervioso, angustiado, apurado, etc. ¿Qué opina Ud. de la conexión entre la descortesía y las intenciones? ¿Existe la descortesía no intencionada o sólo la intencionada?

7. Un tema que atrae a los investigadores es el uso de la descortesía en la Internet. Parece que cada vez que surge un espacio dedicado a los comentarios o al intercambio de opiniones, en muy poco tiempo se convierte en una oportunidad para intercambiar insultos, independiente del tema que se trate (Ej. música, política, noticias, etc.). ¿Qué opina Ud. con respecto al uso tan extendido de la descortesía en la red? Y a su modo de ver las cosas, ¿a qué se debe este fenómeno?

PARA INVESTIGAR MÁS

Albelda, Marta. 2004. "Cortesía en diferentes situaciones comunicativas: La conversación coloquial y la entrevista sociológica semiformal". En *Pragmática sociocultural: estudios sobre el discurso de cortesía en español,* editado por Diana Bravo y Antonio Briz, 109–134. Barcelona: Ariel.

Bravo, Diana. 1999. "¿Imagen 'positiva' vs. imagen 'negativa'?: Pragmática socio-cultural y componentes de *face*". *Oralia* 2: 155–184.

Eelen, Gino. 2001. *A Critique of Politeness Theories*. Manchester, UK: St. Jerome.

Haverkate, Henk. 1988. "Towards a Typology of Politeness Strategies in Communicative Interaction". *Multilingua* 7(4): 385–409.

Hernández-Flores, Nieves. 2004. "Politeness as face enhancement". En *Current Trends in the Pragmatics of Spanish*, editado por Rosina Márquez Reiter y María E. Placencia, 265–286. Amsterdam/Philadelphia: John Benjamins.

Kerbrat-Orecchioni, Catherine. 2004. "¿Es universal la cortesía?" En *Pragmática sociocultural: estudios sobre el discurso de cortesía en español*, editado por Diana Bravo y Antonio Briz, 39–54. Barcelona: Ariel.

Locher, Miriam. 2006. "Polite behavior within relational work: The discursive approach to politeness". *Multilingua* 25: 249–267.

Mills, Sara. 2003. *Gender and Politeness*. Cambridge: Cambridge University Press.

Watts, Richard. 2003. *Politeness*. Cambridge: Cambridge University Press.

Yabuuchi, Akio. 2006. "Hierarchy politeness: What Brown and Levinson refused to see". *Intercultural Pragmatics* 3(3): 323–351.

Capítulo 9

En la variedad está el gusto
Variación pragmática en el mundo hispanohablante

PARA SITUARSE

En términos geográficos, la variación lingüística en el mundo hispanohablante es extensa y las diferencias no corresponden necesariamente
con las fronteras políticas. Aunque a veces se distingue entre el español
caribeño, el del Cono Sur, el de España, etc., son categorías muy generales.
Incluso puede haber variación entre las diferentes regiones de un solo
país. ¿A qué se debe esta variación lingüística entre una zona y otra? ¿Sabe
algunos de los factores que contribuyen a estas diferencias?

David González de Pablos

Por el contenido de los capítulos anteriores debería ser evidente que en cualquier lengua del mundo existen distintos tipos de variación. Se sabe que los jóvenes no hablan como los ancianos, que los residentes de zonas urbanas no hablan como los que viven en el campo y que incluso la clase económica y el nivel de escolarización pueden afectar a la forma en que una persona habla su lengua materna. Dejando de lado, por el momento, el ámbito de la pragmática, los componentes del lenguaje que están involucrados en la variación pueden ser la pronunciación, el vocabulario o las estructuras gramaticales. Si se toma como ejemplo el inglés, es evidente para todos los anglohablantes que la pronunciación del inglés británico es diferente a la del inglés estadounidense o a la del australiano. Es también obvio que existen palabras propias de cada lugar (Ej. "elevator/lift", "man/mate", "cookie/biscuit", "apartment/flat", etc.), y que las estructuras gramaticales a veces varían ("in the hospital" versus "in hospital"; "you don't need to worry" versus "you needn't worry").

A pesar de la variación regional, por lo general, los ciudadanos de un país que hablan una determinada lengua, aunque sean de distintas regiones, comparten normas lingüísticas que constituyen lo que se entiende como una variedad nacional. Sin embargo, la idea de una variedad nacional es más bien una abstracción porque cada individuo habla lo que se puede llamar una **subvariedad** de la lengua nacional. Piense en un ejemplo concreto. En un país tan grande como México, un residente de la capital, México, D.F., puede reconocer a un residente de Tijuana como hablante de la misma variedad del español, aunque perciba que habla una subvariedad diferente. Ninguno de los dos habla lo que se podría denominar *el español de México* porque cada uno es de un lugar específico y habla la subvariedad de su respectiva ciudad o región. No obstante, si el mismo residente de México, D.F., hablara con una persona de Argentina o de Perú, sería capaz de reconocer que esa persona no habla ninguna variedad de su propio país. Lo que permite a los usuarios de una lengua distinguir su propia variedad nacional de otra es el hecho de que cada variedad se caracteriza por un conjunto de rasgos lingüísticos comunes. Por esta misma razón, se debe entender que cuando se hace referencia al español de cualquier país, Argentina, México, Bolivia, etc., es a la vez una abstracción y una manera de afirmar que los hablantes de una variedad nacional se asemejan en su forma de hablar.

Por último, es imprescindible recordar que en muchas zonas de habla hispana también se hablan otras lenguas aparte del español, lo cual implica que hay comunidades bilingües o incluso multilingües. Tales casos se denominan **situaciones de contacto** porque dos lenguas o más están literalmente en contacto y esto puede causar varios tipos de **interferencia** lingüística. Quizás el ejemplo más conocido por los estudiantes anglohablantes de español es lo que sucede con el llamado **spanglish,** un fenómeno lingüístico en el que algunos elementos del inglés se filtran al español.

A la hora de comparar dos o más variedades del español, los lingüistas intentan adoptar una **perspectiva descriptiva.** Esto significa que observan y analizan ciertos fenómenos lingüísticos (o pragmáticos), luego tratan de describir o explicar dichos fenómenos de manera más o menos objetiva. Incluso los estudiantes del español deben tratar de adoptar la misma postura; ninguna variedad del español, o de cualquier lengua, es mejor o peor que otra porque cada una funciona como un sistema de comunicación legítimo para un determinado número de personas. Igual que cuando uno viaja y compara una cultura con la suya, es necesario evitar caer en la trampa del **etnocentrismo,** la tendencia a suponer que las normas culturales de uno representan el comportamiento más lógico, el más natural o incluso el superior. De modo parecido, al comparar dos o más culturas, aunque ninguna sea la nuestra, no debemos juzgar o criticar las diferencias o peculiaridades que parecen alejarse de la norma. El acercamiento más seguro es procurar adoptar una perspectiva antropológica, la cual consiste en realizar labores imparciales como observar, contemplar y describir. Es cierto que ni siquiera el antropólogo puede alcanzar el objetivismo total, pero si de entrada lo propone como meta, será capaz de reducir la interferencia de factores ideológicos y etnocentristas.

Este capítulo se va a ocupar de la variación regional en el mundo hispano pero, dada la cantidad de países hispanohablantes y de temas investigados dentro de la pragmática, se debe delimitar el alcance de esta síntesis. De acuerdo con la tradición comparativa que comenzó en los años 80, el capítulo se limita al conjunto de estudios que tratan los temas de los actos de habla y la cortesía. Además, para darle un enfoque aún más manejable, el énfasis se pondrá en las comparaciones entre España, por un lado, y los países de Latinoamérica, por otro. Aunque parezca arbitraria la decisión de usar España como punto de comparación, es una opción razonable por dos razones. Primero porque el español de España es probablemente la variedad más investigada del mundo hispanohablante, y si hace falta establecer un punto de referencia, es lógico que sea España. Segundo, porque, como afirma Placencia (2011), los primeros investigadores partieron de la percepción ampliamente extendida entre los latinoamericanos de que los españoles tenían un estilo comunicativo mucho más directo o abrupto que las variedades de las Américas. Por último, se ha optado por incluir una sección sobre dos casos del español en contacto, primero con el quechua en Ecuador y, seguidamente, con el inglés en Estados Unidos, para dar una idea del tipo de interferencia que se encuentra en las zonas bilingües.

¿Qué tipo de acto de habla es?

9.1 LO SOCIOPRAGMÁTICO Y LO PRAGMALINGÜÍSTICO

Antes de proceder con el tema de la variación en el mundo hispano, es útil distinguir entre dos componentes de la pragmática, uno **pragmalingüístico** y otro que se ha denominado **sociopragmático** (Leech 1983; Thomas 1983). El ámbito pragmalingüístico abarca la parte lingüística o gramatical, las estructuras empleadas para formar un enunciado, mientras que la parte sociopragmática comprende la esfera de las normas culturales. Para ejemplificar esta distinción con relación a los actos de habla, piense en el caso de los estudiantes de una segunda lengua. Desde su perspectiva, la parte pragmalingüística consiste en saber cuáles son las estructuras lingüísticas y el vocabulario apropiados que un hablante nativo emplearía para el acto en cuestión. Entonces, visto desde el otro lado, se trata de una inadecuación pragmalingüística si un aprendiz no puede construir un enunciado adecuado por falta de competencia lingüística. En cambio, el conocimiento sociopragmático tiene que ver con saber cuáles son las normas de comportamiento verbal en la cultura determinada para realizar el acto deseado, de modo que un error sociopragmático sería no saber qué decir en una determinada situación o decir algo inapropiado. En muchos casos, decir algo inapropiado se debe a la transferencia de normas culturales de la lengua materna a la segunda lengua.

La distinción entre el componente sociopragmático y el pragmalingüístico también se aplica a los tipos de variación pragmática. En la bibliografía para los actos de habla, se encuentran ejemplos de variación donde alguna variedad de español difiere de lo que se podría considerar el español estándar. Para ilustrar la idea de variación sociopragmática, sirve como ejemplo el ritual documentado por García (1992; 1996; 2007) para el macro-acto de una invitación en Perú, Venezuela y Argentina. Los datos presentados por García revelan que cuando se invita a alguien y se rechaza la invitación, la persona que invita suele volver a insistir en la invitación para que el acto no parezca insincero. Este ritual de insistir en la invitación, considerado una muestra de cortesía, parece señalar una norma social cuyo elemento de insistencia podría ser interpretado como una intromisión por alguien de otra cultura.

Desde la perspectiva de la variación pragmalingüística, pongamos por caso algunas peticiones empleadas en Ecuador y Colombia, estudiadas en Bustamante-López y Niño-Murcia (1995: 889), donde el diminutivo se agrega al final de los mandatos para suavizar el acto:

1) *Hagamelito* (en vez de hágamelo). (889)
2) *Prestemelito* (en vez de préstemelo). (889)

Este uso del diminutivo, tal vez debido a la influencia del quechua, no se encuentra en el español estándar. Para poner otro ejemplo de la variación pragmalingüística, Placencia (1994) contrasta las fórmulas de saludo que se emplean para contestar el teléfono (fijo) en Ecuador con las de España. Mientras que los ecuatorianos en el estudio sólo optaron por *¿Aló?*, los españoles eligieron entre una variedad de fórmulas, entre ellas, *Diga, ¿Diga?, ¿Dígame?, Sí, ¿dígame?* y *¿Hola?* Por último, también puede haber variación pragmalingüística dentro de la misma variedad, sobre todo por diferencias de edad, clase económica, nivel de educación, registro, etc. Algunos ejemplos relacionados con el registro se encuentran en la tabla 9.1.

Tabla 9.1: Ejemplos de variación pragmalingüística por diferencia de registro

Acto de habla	Registro informal	Registro formal
Saludos	*hola* *¿qué onda? / ¿qué pasa?*	*buenos días / buenas tardes*
Despedidas	*chau / nos vemos*	*que le vaya bien*
Expresiones de agradecimiento	*gracias por X*	*le agradezco X*

PARA COMUNICARSE EN ESPAÑOL

Las formas coloquiales de saludo varían mucho según la región. Un saludo que se emplea sobre todo en México es *¿qué hubo?* o *¿qué húbole?*, el cual tiene diferentes representaciones ortográficas como *¿quiúbole?* El saludo *¿qué hay?*, bastante común en España, es similar ya que consta del mismo verbo *haber.* Otro saludo coloquial en México que se oye a menudo es *¿qué onda?* El significado de todos estos saludos es parecido al de *¿qué pasa?* o *¿qué pasó?*

9.2 LA RECOLECCIÓN DE DATOS

Es fácil tener una imagen romantizada de la labor del lingüista sin considerar la parte más problemática de su trabajo: la recolección de datos. Imagine que un lingüista quiere estudiar la manera en que los costarricenses realizan invitaciones. Lo ideal es poder observar y/o grabar una cantidad de invitaciones reales en su contexto, sin que los interlocutores sean conscientes de que están siendo observados/grabados. Sin embargo, esta situación ideal casi nunca se cumple. Una dificultad evidente es encontrar un lugar específico para la recogida de datos. Como las invitaciones surgen espontáneamente en las conversaciones, no es predecible saber cuándo van a aparecer. Además, con respecto a la grabación o filmación, hay cuestiones éticas implicadas porque por lo general, uno debería conseguir permiso de los participantes antes de grabar o filmar. Para superar estos obstáculos, los lingüistas suelen crear algún tipo de instrumento para recolectar datos. En la pragmática, por ejemplo, para estudiar los actos de habla, se han utilizado varias herramientas, cada una con sus ventajas y desventajas.

Uno de los instrumentos ampliamente empleado es el cuestionario escrito que describe una situación hipotética, y seguidamente se les pide a los participantes que anoten lo que dirían en tal situación. Los cuestionarios tienen varias ventajas porque son fáciles de crear y de distribuir, y los datos recogidos son sencillos de analizar. Por otro lado, la gran desventaja es que los datos no son del todo naturales porque no surgen espontáneamente y representan reacciones a situaciones hipotéticas.

Otro instrumento son los juegos de rol, mediante los cuales los participantes siguen algunas indicaciones estipuladas por el investigador para recrear oralmente una interacción simulada. Una ventaja es que la producción oral es espontánea, relativamente instintiva e interactiva, pero una desventaja es que sigue siendo una recreación, sin que los interactuantes tengan los mismos intereses, objetivos, etc., que tendrían en la vida real.

Algunos investigadores logran recolectar datos de conversaciones reales, mediante grabaciones o la combinación de observaciones y anotaciones. La autenticidad de estos datos es su gran atractivo, pero también este método tiene sus inconvenientes, entre ellos, la dificultad de obtener ocurrencias comparables del fenómeno estudiado. Volviendo a la idea de las invitaciones en Costa Rica, tal vez después de trabajar como participante y/u observador clandestino en la cultura costarricense durante varios meses, uno puede, con suerte, observar repetidos ejemplos de invitaciones, pero las circunstancias y el motivo de cada invitación será diferente; es muy probable que haya invitaciones en una variedad de ocasiones, algunas entre amigos, conocidos, colegas, hombres, mujeres, jóvenes, etc. Con tanta diversidad en los datos sería muy difícil realizar un estudio homogéneo. En cambio, los instrumentos creados por el investigador le permiten controlar ciertos factores de manera más eficiente (Ej. la edad de los participantes, el género, el tipo de invitación, etc.), por eso son extensamente utilizados.

9.3 ACTOS DE HABLA Y CORTESÍA

9.3.1 Cortesía positiva, solidaridad y confianza

El concepto de la cortesía positiva ha sido utilizado en numerosos estudios sobre las culturas hispanohablantes para intentar explicar la interacción conversacional y las relaciones interpersonales en dichas comunidades. Recuerde del capítulo 8 que la imagen positiva se define por la idea de que cada individuo tiene el deseo de ser aprobado, valorado o comprendido por otros seres humanos, y del mismo modo, desea que sus intereses, opiniones, valores, etc., sean apreciados y respetados. Como consecuencia, la cortesía positiva está relacionada con la idea de establecer y mantener la imagen positiva de nuestros interlocutores. Se dice que la cortesía positiva se asocia con el acercamiento porque indica que, metafóricamente, el hablante se acerca a una persona al tratarla amigablemente, como miembro respetado del grupo o de la comunidad, y como una persona cuyos intereses y rasgos personales son valorados. Por eso, la solidaridad es un valor fundamental para los grupos que se caracterizan por la cortesía positiva.

Tanto la solidaridad como la confianza son claves para entender la interacción en las culturas hispanas. La solidaridad, como el adjetivo *sólido* sugiere, enfatiza la unidad de un grupo e implica que todos los miembros comparten los mismos intereses, objetivos, valores, lugares comunes, etc. Se asocia la solidaridad con la cortesía positiva porque también supone unidad, acercamiento y perspectivas compartidas. Un individuo solidario es capaz de ponerse en el lugar del otro y de considerarlo un ser semejante. Algunos ejemplos de actos o gestos solidarios en el mundo occidental serían, en términos generales, aplaudir o felicitar a alguien, ofrecerle ayuda o apoyo, saludar, dar el pésame y dar la bienvenida.

Decir que hay confianza entre los miembros de una comunidad implica un alto grado de familiaridad e intimidad. Cuanta más confianza se establezca entre dos personas, hay más probabilidad de que cada una se sienta cómoda expresando abiertamente sus pensamientos, opiniones, emociones, etc. En cambio, si hay poca confianza entre dos interlocutores, lo más probable es que los dos censuren lo que piensan y sienten, y además, cada uno se preocupará considerablemente por no herir las sensibilidades del otro. La combinación de solidaridad y confianza entre un grupo de personas da lugar a una comunidad unida y leal que está dispuesta a compartir sus opiniones y sentimientos.

9.3.2 El habla directa y la mitigación

Por lo general, una de las consecuencias de una cultura que valora la solidaridad y la confianza es que permite que el habla directa sea apropiada para ciertos contextos y actos de habla. Se podría tratar de entender la lógica de la siguiente manera: si dos personas se consideran iguales, pertenecen a la misma comunidad y comparten los mismos espacios, intereses y objetivos, entonces ninguno tiene por qué dar rodeos para evitar expresar lo que verdaderamente desea, necesita, piensa, etc. Por lo tanto, lo directo se evalúa como adecuadamente cortés en el sentido de que es sincero, y la sinceridad se valora dentro del marco de la confianza. De hecho, ser indirecto puede percibirse como un mecanismo que marca distancia entre los interlocutores, por eso se emplea en situaciones en las que rigen el factor de la distancia social y/o el de la desigualdad de poder.

La influencia de la solidaridad y la confianza en el lenguaje es una relación cíclica. Por un lado, la solidaridad y la confianza permiten, e incluso exigen, a veces, que uno sea directo pero, al mismo tiempo, ser directo puede crear solidaridad y confianza. Piense en cómo un mandato dirigido hacia un/a amigo/a es capaz de mostrar compañerismo, camaradería y cercanía. Compare estos dos ejemplos opuestos:

3) *Oye, ven aquí y échame una mano con esta caja.*

4) *Me preguntaba si Ud. tendría la bondad de venir aquí a echarme una mano con esta caja.*

Mientras que (3) elimina cualquier distancia entre los interlocutores, (4) sólo tendría una interpretación sarcástica porque hace todo lo contrario, crea una distancia excesiva para dos amigos.

PARA COMUNICARSE EN ESPAÑOL

Hay diferentes modismos en español que se refieren a aspectos relacionados con el habla directa o indirecta. De la gente que expresa sus opiniones abiertamente y sin vacilar, se puede decir que *no tiene pelos en la lengua* o que *llama a las cosas por su nombre.* De manera parecida, si alguien expresa exactamente lo que quiere sin ningún tipo de rodeo, se dice que *no se anda por las ramas* o que *va al grano.* Una persona que expresa sus emociones de forma sincera habla *con el corazón en la mano.* ¿Sabe Ud. cómo se dicen estos modismos en inglés?

Las particularidades sobre el uso del habla directa en el mundo hispano son complejas. Sería muy valioso si se pudiese elaborar una tabla con las variedades del español, desde las más directas a las más indirectas. Sin embargo, uno de los problemas es que el español de todos los países no se ha estudiado a fondo. Como señala Recuero (2007), un análisis sistemático de la variación pragmática en el mundo hispano está todavía en sus inicios. Otro impedimento es que el habla directa puede manifestarse o no en una multitud de contextos, cada uno con sus propias variables sociales y matices. Lo que sí se podría afirmar, con relativa seguridad, es que el español de España se encuentra entre una de las variantes más directas cuando se trata del habla entre iguales y de las **interacciones transaccionales**. Algunos estudios también parecen indicar que el español de ciertos países caribeños, como Cuba y la República Dominicana, muestra más características del habla directa que otros países en Latinoamérica.

Aunque siempre se debe sospechar de los estereotipos culturales fundados en anécdotas y percepciones no científicas, Márquez Reiter (2002a) hace referencia a la reputación que tienen los españoles entre los latinoamericanos como personas directas y bruscas. Por otro lado, entre los españoles, se ve a los latinoamericanos como más indirectos y deferentes que los españoles. Curcó y Fina (2002) y Fant (1996) confirman la existencia de las mismas ideas preconcebidas entre españoles y mexicanos. Afirman, por ejemplo, que los españoles ven a los mexicanos como "excesivamente amables", "artificiales y falsos" (Curcó y Fina 2002: 107), "elusivos" y "poco seguros de ellos mismos" (Fant 1996: 179), mientras que los mexicanos perciben a los españoles como "orgullosos" y "prepotentes" (Fant 1996: 179). Mencionamos estas actitudes populares porque es probable que las percepciones se deriven de estilos conversacionales diferentes. Enfatizamos, sin embargo, que observar estilos conversacionales diferentes entre dos culturas es una tarea válida de la lingüística, mientras que la práctica de formular estereotipos culturales basados en el comportamiento lingüístico, como los que designan a tal grupo como *excesivamente amable* o *prepotente,* es un fenómeno no científico que nace de las evaluaciones etnocentristas, y como tal, está cargado de prejuicios culturales.

Hay varias facetas de la interacción verbal en España que contribuyen a lo que se podría considerar un estilo directo. Aquí se entiende directo no sólo en el sentido pragmático de los actos de habla directos, sino también como un estilo conversacional relativamente escueto o franco en términos más generales. Algunas características de esta habla directa que se van a mencionar en esta sección son el uso de estrategias directas para algunos actos de habla, la escasez de mitigación, el estilo conversacional, el intercambio de turnos y el empleo reducido de fórmulas de cortesía.

Empezando con los actos directivos, en concreto con las peticiones y los consejos, las investigaciones han revelado un índice relativamente significativo de estrategias directas en España. Es necesario, sin embargo, resaltar que esta tendencia se aplica sobre todo a las interacciones entre iguales, en las que el emisor asume más poder social que el receptor, y en situaciones de transacciones de servicios donde la relación dependiente-cliente está bien establecida. En este último caso, como se trata del lenguaje cotidiano que se emplea en los lugares comunes de un país, la interacción ofrece una muestra del tono conversacional que se ha establecido en dicha sociedad. Fíjese a continuación en uno de los procedimientos prototípicos de las peticiones de servicios en España:

5) Para pedir una bebida en un bar:
   Ponme otra, anda. (Pinto 2010: 324)
6) Para pedir pan en una tienda:
   Dame tres barras de bandeja. (Placencia 2005: 584)

El ejemplo (5) consiste en una combinación común en España, el uso de una estrategia directa con algún marcador de cortesía positiva, en este caso *anda*. También la petición directa se puede combinar con mitigadores de cortesía negativa como *por favor*:

7) *Un croissant de esos pequeños y un batido de vainilla <u>por favor</u>.* (Placencia 2005: 590)

Existe otra estrategia en España que es más indirecta que los mandatos y que funciona en una variedad de contextos. Tal vez sea tan utilizada porque representa un punto intermedio entre lo directo y lo indirecto; de hecho, ha sido considerada directa por algunos analistas e indirecta por otros. La naturaleza indirecta de esta estrategia se basa en su estructura interrogativa de modo que el emisor hace una pregunta en vez de asumir que el receptor va a realizar el acto en cuestión:

8) Para pedir un café:
   ¿Me pones un café con leche? (Pinto 2010: 324)

Ahora se va a examinar cómo las peticiones de los españoles se comparan y contrastan con las del español de algunos países en Latinoamérica.

Placencia (1998; 2005) ha comparado las interacciones transaccionales en España con las de Ecuador. En su investigación, la autora estudia las peticiones entre clientes y recepcionistas del hospital. Las diferencias encontradas son que los españoles muestran un índice más alto de estrategias directas y un grado menor de formalidad y de deferencia en comparación con los ecuatorianos. Empezando con el nivel de indirección, los españoles no huyen de las peticiones directas sin mitigación, mientras que los ecuatorianos tienden a utilizar estrategias más indirectas con mecanismos atenuantes, o en algunos casos, estrategias directas combinadas con diferentes tipos de mitigación. Compárese la petición española (9) con las ecuatorianas (10 y 11):

9) *¿Para análisis de sangre?* (Placencia 1998: 81)
10) *Señorita buenos días. ¿Me podría prestar un ratito su teléfono?* (ibid.: 84)
11) *Buenas tardes, tenga la bondad, présteme el teléfono.* (ibid.: 84)

El ejemplo (9) es una petición abreviada de una versión más larga (Ej. *¿Dónde tengo que ir para el análisis de sangre?*), y eso, combinado con la falta de mecanismos de atenuación, constituye un acto relativamente directo. En (10) se observan una petición directa más una combinación de recursos para mitigar el acto y mostrar deferencia: el saludo, el uso de *usted,* el verbo *poder* en el condicional y el mitigador *ratito* con el sufijo diminutivo. En (11), aunque estamos ante una estrategia directa, *présteme,* está acompañada de un saludo formal (*buenas tardes*), un marcador de cortesía (*tenga la bondad*) y además, se expresa con *usted.*

Los demás datos en este estudio indican este mismo patrón. En el español de Ecuador se encuentra una combinación de mitigadores o marcadores de cortesía, títulos, saludos formales y el empleo de *usted* para crear peticiones más elaboradas. Como contraste, en los datos del español peninsular se observan estrategias relativamente directas, saludos informales (*hola*), el tuteo y una escasez de elementos mitigadores y de fórmulas de cortesía, resultando en peticiones más breves y secas.

En otro estudio, esta vez sobre las peticiones entre clientes y dependientes en tiendas pequeñas, Placencia (2005) observa diferencias entre los quiteños, los ecuatorianos de Quito, y los madrileños de España. La investigadora concluye que los quiteños ponen más énfasis en el componente interpersonal y en mostrar respeto hacia su interlocutor. En concreto, aunque los dos grupos emplearon peticiones directas para pedir lo que querían en las tiendas, la mayor fuente de diferencia consistía en el índice de mitigación. Los quiteños incluyeron un porcentaje más alto de mitigadores como diminutivos (*un queso fres<u>quito</u>*) o fórmulas de cortesía (*<u>tenga la bondad</u> dos rositas*). Otra diferencia es que los clientes quiteños son más propensos a conversar un poco con el dependiente antes de realizar su pedido, mientras los madrileños prefieren pedir lo que quieren justo después del intercambio de saludos.

Curcó y Fina (2002) exploran las diferencias entre los españoles y mexicanos. Uno de los aspectos investigados por las autoras eran las percepciones que los dos grupos tenían del imperativo. Mediante el uso de un cuestionario, las autoras determinaron que para las peticiones, los mexicanos evalúan el imperativo sin mitigación como fenómeno mucho menos cortés que los españoles. Otro resultado del cuestionario está relacionado con el diminutivo, el cual se considera como un mecanismo de atenuación, primero porque reduce, o da la impresión de reducir, el grado de imposición implicado, y segundo porque transmite (para los mexicanos) un valor afectivo de cariño. A pesar de esta conceptualización del diminutivo, Curcó y Fina encontraron que al comparar peticiones como las de (12) y (13), los españoles no sólo consideran el diminutivo como menos cortés que los mexicanos, sino que también, en ciertas instancias, lo evalúan como descortés. En tales circunstancias, los españoles atribuyen al diminutivo un valor irónico:

12) *Denos dos cafés.*
13) *Denos dos <u>cafecitos</u>.*

Las conclusiones de Curcó y Fina (2002) concuerdan con la idea de que los españoles muestran más afinidad por el habla directa en comparación con otros grupos de hispanohablantes. De todas formas, se debe enfatizar que esta generalización casi siempre es una cuestión de grados. Incluso los mexicanos, por ejemplo, tienden a emplear estrategias directas cuando se trata de la interacción entre iguales. Félix-Brasdefer (2005) estudia las peticiones en México y observa que, aunque el uso de estrategias indirectas era la norma para mostrar respeto o distancia entre los interlocutores, en situaciones entre conocidos y de igualdad de poder, predominaba un sistema de cortesía solidaria fundamentado en las peticiones directas, frecuentemente modificadas con algún tipo de mitigación (Ej. *Ayúdame a limpiar el baño, por favor*). Como se ha mostrado en otras comunidades hispanohablantes, ser directo para los mexicanos "expresa compañerismo y es consistente con normas culturales y situaciones de igualdad" (Félix-Brasdefer 2005: 71). En otro estudio, Félix-Brasdefer (2010) compara las peticiones producidas por hombres universitarios de México, Costa Rica y la República Dominicana. Como conjunto, los participantes mostraron preferencia por el uso de estrategias directas y por las llamadas preguntas preparatorias (Ej. *¿Puede usted. . .?*), consideradas indirectas, pero también había diferencias entre los tres grupos. Esta vez eran los dominicanos los que se diferenciaban de los mexicanos y costarricenses, con una incidencia más alta de estrategias directas y menos predilección por la mitigación.

En otro estudio sobre las peticiones de los uruguayos, Márquez Reiter (2002b) reporta que, además del uso de las estrategias indirectas convencionales, se emplean las peticiones directas en situaciones entre conocidos. Por regla general, la autora observa que "cuanto más se conocen los participantes conversacionales, más directa será la petición", y concluye que la petición directa funciona como "una confirmación implícita de la cercanía e intimidad entre los interlocutores" (103). Un alto índice de peticiones directas también ha sido documentado para el español cubano. Ruzickova (1998) ha encontrado que casi la mitad (un 48%) de las peticiones analizadas en su tesis contiene el imperativo, con o sin elementos de mitigación.

14) Una clienta, para comprar un billete de autobús:
    Seño[r], dame uno para Cárdenas. (132)

15) Una dependienta a un cliente, en una tienda de video:
Ven para aquí, que te vamos a ayudar a sacar. . .a escoger que vas a llevar. (124)

Además de describir la cultura cubana como una dominada por la cortesía positiva, la autora señala que los cubanos operan bajo un marco de cercanía (o poca distancia social) e igualdad entre los miembros.

Al comparar las peticiones entre el español de España y el de Uruguay, Márquez Reiter (2002a) encuentra algún punto de divergencia entre las dos poblaciones, pero no está relacionado con el nivel de indirección. Como el objetivo de la investigadora era analizar el uso de las estrategias indirectas, sólo incorporó en sus juegos de roles situaciones de distancia social relativamente alta donde incluso los españoles suelen evitar las estrategias directas. Aunque los dos grupos optaron exclusivamente por estrategias indirectas, había una diferencia entre el uso de mitigación. Los uruguayos facilitaron más elementos de mitigación interna (Ej. diminutivos, adjetivos como *poco*, adverbios de tiempo como *por un minuto*) y externa (Ej. disculpas y justificaciones). Por ejemplo, en comparación con los españoles, los uruguayos emplearon más fórmulas de disculpa para llamar la atención (*disculpe, perdone*), muchas veces combinadas con títulos (*profesor, jefe, gerente*):

16) *Disculpe señor, ¿no me cambia de asiento?*

La ausencia de mitigación o su escaso uso pueden, intuitivamente, dar la impresión de que una petición es más directa. No obstante, Márquez Reiter prefiere hablar de la cualidad tentativa cuando se trata de la mitigación. De manera que cuanta más mitigación lleva incorporada una petición, más tentativa es. Por consiguiente, el nivel de indirección de una petición y su cualidad tentativa son dos dimensiones distintas para evaluar el acto. Otros investigadores, al analizar una diversidad de actos de habla, también han encontrado un índice más alto de mitigación en el español de diferentes países de Hispanoamérica en comparación con el español peninsular. Por ejemplo, Albelda Marco (2008) descubrió más atenuación en el español chileno.

Junto a los estudios previamente mencionados, el uso de estrategias directas para actos directivos ha sido documentado para el español de otras regiones en Latinoamérica, entre ellas el español de Colombia (Fitch y Sanders 1994); el español andino, hablado en partes de Ecuador y Colombia (Bustamante-López y Niño-Murcia 1995) y el español argentino y uruguayo (Alba-Juez 2007). Los datos parecen indicar que en Latinoamérica, el español de Cuba, el de la República Dominicana y el de Argentina están entre algunas de las variedades en las que se utilizan más estrategias directas. No obstante, es importante enfatizar de nuevo que el tema de la variación pragmática en el mundo hispano todavía está en sus principios, y la presencia de numerosas subculturas dentro de cada país complica el panorama aún más. Un ejemplo es el descrito por Farr (2000) con respecto a los rancheros mexicanos de Michoacán, los hombres y mujeres que se dedican al trabajo manual del campo. En este artículo, la autora destaca *la franqueza* como característica predominante del estilo verbal de este grupo. La franqueza aquí se define como el lenguaje directo y conciso que va directamente al grano, un modo de hablar que constituye una parte fundamental de la identidad de la gente de esta región. Componentes de esta identidad son la honestidad, el orgullo, la ética de trabajo, la ambición y la dureza como carácter personal. Dentro del ámbito de la pragmática, rasgos de esta franqueza, también destacados por Farr, incluyen estrategias directas para los actos directivos. Esto se manifiesta, sobre todo, cuando hay poca distancia social entre los interlocutores o cuando el emisor está en una posición de poder respecto al destinatario; en estos casos, hay un tipo de cortesía mucho menos elaborado. Estos sujetos también manifiestan aspectos de afiliación, orientación hacia el grupo, el apoyo mutuo entre los miembros, etc., y de autonomía, un aprecio por el individualismo y la independencia. Se menciona este ejemplo de Michoacán porque demuestra cómo la forma de hablar de una subcultura no es necesariamente representativa del país entero.

Es probable que la diferencia principal entre España y los demás países hispanohablantes sea que el ser directo en España es una práctica más generalizada. Como explica Hernández Flores (1999), el ámbito de la confianza en España se extiende más allá del entorno familiar afectando, incluso, a las relaciones entre individuos no conocidos. De forma similar, según Carrasco Santana (1998b), los españoles tienden a convertir situaciones formales en familiares. Como consecuencia, si se establece la confianza y la familiaridad como norma general, se aumentan las condiciones que favorecen el lenguaje directo. Esta tendencia a reducir la distancia social en España se contrasta con la preocupación por la deferencia y cuestiones de estatus y poder en países como Ecuador y México. Placencia (1996) atribuye la predilección por la deferencia en Ecuador a una conceptualización de la imagen social que se orienta más al grupo que al individuo. Tal orientación al grupo se manifiesta en cómo la gente de Ecuador valora la conformación con las normas sociales, las cuales imponen el respeto por los que representan un estatus importante, por los ancianos, por los padres, etc. Según Placencia (1996: 21), esta preocupación por los intereses del grupo se refleja en la idea popular de *el qué dirán,* lo que la gente pensaría y diría de alguien si no se conformara con las normas, y en el deseo de *guardar las apariencias* en público. Félix-Brasdefer (2002) también observó la misma manifestación de la imagen social en México.

PARA COMUNICARSE EN ESPAÑOL

Debido a su frecuencia de uso, uno de los rasgos más destacables que caracteriza una variedad de español son los marcadores discursivos que se emplean. Recuerde que los marcadores discursivos realizan diferentes funciones comunicativas y uno no debe pensar tanto en el significado original de la(s) propia(s) palabra(s). Todos los estudiantes que viajan a España escucharán *vale* y *venga* en una multitud de contextos; los dos marcadores son parecidos a los diversos usos de "okay" o "all right" en inglés. En México es frecuente escuchar diferentes expresiones como *ándale, ándale pues* y *órale*, las cuales también se asemejan a "okay/all right" en inglés, por lo menos en algunos contextos. En Argentina la palabra *che* se utiliza en el lenguaje coloquial (Ej. *no sé, che*) y se podría decir que es similar al marcador *hombre* en España (Ej. *no me digas, hombre*) o al *mae* en Costa Rica (Ej. *no es así, mae*). Otros marcadores de índole exclamativa que expresan admiración o emoción por algo, tal vez como "cool" en inglés, son: *chévere* (el Caribe), *guay* (España), *chiva* (Costa Rica), *bacán* (Chile, Perú, entre otros países) y *bárbaro* (varias partes de Hispanoamérica).

9.3.3 Otras fuentes de variación

Otro aspecto del español peninsular destacado por Carrasco Santana (1998a) es el uso de los tacos. Los tacos, un término empleado en España para las palabrotas o blasfemias, se asocian normalmente con lo ofensivo o lo grosero, pero esta percepción rudimentaria no hace justicia a la extensión de su empleo o a las diferentes funciones que realizan. El empleo de estas palabras y expresiones es relevante para la pragmática porque muestra cómo el significado resultante, en un determinado contexto, puede llegar a ser todo lo contrario al sentido literal, es decir, lo ofensivo acaba siendo cortés. Carrasco Santana (1998a) afirma que los tacos son "un recurso natural entre los españoles" y "un elemento de relación cotidiana que supone un tipo de cortesía adecuada a situaciones de familiaridad (reales o no) en las que otro tipo de cortesía más convencional tendría apariencia de fingida o insincera" (49). Cuando se utilizan como exclamaciones, sirven de "intensificadores de actitud" (Briz 2009: 98) que expresan estados psicológicos o emocionales como la sorpresa, la decepción y la alegría. Como indica Carrasco Santana, un solo taco como ¡Joder! puede expresar una multitud de actitudes hacia la situación o el destinatario. Lo que acentúa el autor en su artículo es el valor de sinceridad del taco; aporta un grado de espontaneidad al discurso y refleja una actitud generalmente positiva del emisor. Dentro de este marco se asocia el taco con la cortesía; en términos de Brown y Levinson (1987), es un marcador de cortesía positiva; busca expresar y establecer solidaridad porque indica que hay suficiente confianza para que uno transgreda las normas sociales.

Este uso cortés de los tacos no se limita a España; puede surgir de menor o mayor grado en cualquier lengua o cultura, sobre todo en el registro coloquial empleado entre la gente joven. Lo que podría ser particularmente notable en España, sobre todo para un extranjero que no está acostumbrado, es su extensión de uso porque no se limita a los jóvenes ni a los espacios privados. Como se ha mencionado anteriormente, es probable que esté íntimamente relacionado con la expansión de la confianza que impregna todos los ámbitos de la sociedad española. En cambio, como ocurre en otros países, la confianza se limita a grupos más selectos, de modo que las palabrotas se reservan para situaciones particulares.

Aunque la imagen de la autonomía tiende a asociarse con la idea de evitar imposiciones a la libertad de acción, también tiene otro componente que se manifiesta en España, y tal vez en otros países hispanos. Dicho componente se basa en la afirmación de la originalidad del individuo y de sus buenas cualidades, o en su deseo de verse diferente de los otros/ser visto diferente por los otros (Bravo 1999). Un ejemplo de este fenómeno, mencionado por Bravo, son las discusiones, las cuales se pueden ver de forma favorable, como un intercambio de opiniones mediante el cual cada contribuyente crea lazos interpersonales positivos. A primera vista, puede resultar contradictorio que una comunidad orientada al grupo también valore la disensión y la afirmación del individuo, pero de igual modo, es lógico porque la cohesión de la comunidad crea una atmósfera segura para que cada individuo también sienta la libertad de discrepar en ciertos aspectos. De manera semejante, en España esta misma tensión entre la importancia del grupo y la afirmación del individuo se aprecia en la superposición de turnos en la conversación coloquial, lo cual "se entiende como marca de acuerdo, de colaboración, o de desacuerdo, de señal que manifiesta el interés del oyente en la negociación" (Briz 2009: 63).

Un aspecto poco examinado es el intercambio y la regulación de turnos conversacionales. Un estudio revelador en esta área, Fant (1996), compara la manera en que los españoles y los mexicanos interaccionan a la hora de participar en negociaciones dentro del ámbito profesional. Los datos provienen de grabaciones en video de negociaciones simuladas durante talleres sobre el arte de negociar. Aunque los resultados de este estudio son difíciles de resumir, ya que incluyen una gran riqueza de detalles, se destacan aquí algunas de las ideas principales. Empezando con algunas observaciones generales, Fant indica que los españoles del estudio hablan más que los mexicanos en el sentido de que producen más palabras y más turnos conversacionales. Como se verá más adelante, esta tendencia de los españoles podría ser uno de los indicadores de un estilo más individualista, una orientación más enfocada en la autoafirmación. Con respecto al intercambio de turnos, los españoles tienden a apoderarse del turno, lo que quiere decir que hay más probabilidad de que empiecen a hablar "antes de que el interlocutor haya llegado al punto culminante de su intervención" (181). Esto significa, en términos básicos, que los españoles interrumpen con más frecuencia que los mexicanos, y según Fant, esto "podría interpretarse como un mayor grado de tolerancia en los españoles hacia la confrontación directa en la negociación" (162). Fant concluye que los datos de su estudio apoyan las ideas de que "los valores culturales compartidos por los españoles fomentan el individualismo y la autoafirmación, mientras que los valores mexicanos prescriben la mitigación en el diálogo y favorecen un comportamiento calificable de colectivista" (182). La distinción entre sociedades individualistas y sociedades colectivistas es un concepto procedente de la antropología, y aunque es sólo una de las dimensiones que se puede examinar para comparar culturas, tiene importantes implicaciones para la interacción verbal.

Geert Hofstede ha distinguido entre las sociedades colectivistas, las que representan la gran mayoría en el mundo, y las individualistas. Según este criterio (Hofstede et al. 2010), en las sociedades colectivistas el interés del grupo predomina sobre el interés del individuo, y la gente, desde su nacimiento, se integra en **endogrupos** muy unidos que protegen al individuo a lo largo de su vida, y a cambio, los miembros de dicho grupo esperan una lealtad incuestionable. La familia extendida es el grupo más importante para estas sociedades; forma una parte integral de la identidad del individuo, le da una percepción del mundo basada en el *nosotros,* en la pertenencia al grupo, y crea una relación de dependencia mutua entre la persona y el grupo. Por otro lado, en las sociedades individualistas, el interés del individuo predomina sobre el interés del grupo. En estas sociedades prevalece la noción de la familia nuclear en la cual el individuo cultiva su identidad personal basada en el *yo,* y como resultado, cada uno valora a las demás personas por sus características individuales. La importancia del individuo también se manifiesta en el valor otorgado a la independencia, la cual resulta en que los niños se independicen de los padres en cuanto pueden, y a partir de su partida, la relación entre los padres y los hijos suele ser mínima. Ahora se verá cómo Hofstede et al. relacionan esta distinción con la interacción verbal.

En las sociedades colectivistas, se espera que la gente valore el mantenimiento de la armonía, huye de la confrontación directa con los demás, la cual se considera maleducada, y evita la expresión de opiniones personales porque éstas representan la perspectiva del grupo. En contraste, en comunidades donde reina el individualismo, la gente se inclina por la expresión de sus propias ideas, y si surge una diferencia de opiniones, la confrontación puede ser constructiva y sana si sucede dentro de un marco de respeto hacia el otro.

Los datos reportados en Hofstede et al. (2010), los cuales se basan en cuestionarios distribuidos en diferentes partes del mundo, presentan una clasificación de setenta y seis países y regiones ordenados según un índice de individualismo. Los tres lugares más individualistas son: Estados Unidos, Australia y Gran Bretaña; frente a los tres menos individualistas que son: Panamá, Ecuador y Guatemala. Entre los países hispanos incluidos en el estudio, España ocupa la posición más alta, el puesto 32, seguida por Argentina (35), Uruguay (44) y México (48). Es interesante notar que si el análisis se limita a los países hispanohablantes, el índice de individualismo reafirma las tendencias anteriormente mencionadas por algunos de los investigadores, sobre todo con respecto a España frente a los demás países hispanohablantes.

9.4 SITUACIONES DE CONTACTO

Dado que el español se habla en tantos países del mundo, existen diversas situaciones de contacto en las que se encuentran zonas de bilingüismo entre el español y alguna otra lengua. Para mencionar algunos ejemplos, el número de hablantes bilingües es altísimo en lugares como Paraguay, donde el porcentaje de bilingüismo español-guaraní llega al 90 por ciento de la población, o en la región andina de Bolivia, Perú y Ecuador, donde es difícil conseguir cifras exactas pero los bilingües del español-quechua fácilmente rondan a los diez millones. Otra gran población bilingüe se encuentra en los Estados Unidos donde el número de hablantes del español-inglés continúa creciendo.

En esta sección, para dar una idea del tipo de interferencia pragmática que sucede en situaciones de bilingüismo, se van a considerar dos casos del español en contacto: con el quechua en Ecuador y con el inglés en Estados Unidos.

9.4.1 El español en contacto con el quechua en Otavalo, Ecuador

Hurley (1995) ha investigado las peticiones recogidas en Otavalo, Ecuador, de una población que habla quechua y español, aunque la mayoría de los participantes tienen más dominio del quechua. En Otavalo, se encuentra una **situación de contacto** por dos motivos: primero, porque existe una población bilingüe, con una competencia variable en las dos lenguas, y segundo, porque incluso los hispanohablantes, en la zona donde no se habla quechua, están en contacto diario con los bilingües, lo que significa que están expuestos tanto al quechua como a una variante de español influenciada por el quechua. Otro factor destacado por la autora es el hecho de que en esta región se siguen guardando rasgos del español antiguo que se diferencian notablemente del español contemporáneo, de modo que no siempre resulta claro cuándo ciertos cambios en español han surgido por influencia del quechua o por las huellas del español antiguo.

Uno de los resultados significativos es el uso del imperativo, empleado en el 62 por ciento de las peticiones en español, lo cual parece indicar que hay una frecuencia más alta que en la de otras variedades del español en la América Latina. Este uso del imperativo podría deberse a la influencia del quechua dado que, en las peticiones en quechua recolectadas por Hurley, ocurre en el 73 por ciento de los datos. En casos así, una tendencia que ya existe en español, el empleo del imperativo para realizar peticiones, puede extenderse aún más por el contacto con el quechua. Otra característica llamativa es la escasez en los datos del verbo *poder,* el cual sólo aparece en el 2 por ciento de las peticiones, mientras que Blum-Kulka (1989) informa de un índice del 40 por ciento en el español argentino. Aparentemente la mera ausencia de *poder* en el español de esta región se debe al hecho de que no se interpreta este verbo como una forma indirecta de pedir. Es decir, no se interpretan enunciados como *Por favor, ¿podría usted cerrar la ventana?* como peticiones (Hurley 1995: 238). Lo mismo sucede, según la investigadora, con las estrategias indirectas con *necesitar* (Ej. *necesito que alguien me ayude*) y *querer* (Ej. *quiero entrevistar a muchas personas*). Ella explica que, en su experiencia en Otavalo, éstas no fueron interpretadas como peticiones.

Una de las estrategias utilizadas en los datos de Otavalo, tanto en español como en quechua, es el futuro como imperativo, es decir, el tiempo verbal del futuro con el valor del imperativo, como en los siguientes ejemplos:

17) Un marido a su esposa, para despedirse:
    Cuidarás a los guaguas (niños), la casa, todo. (240)
18) Un camarero, al dar las gracias a un cliente por la propina:
    Señor, muchas gracias. Regresará pronto. (241)

Hurley afirma que el futuro se usaba como imperativo en el español antiguo, pero servía para mandatos que expresaban la autoridad del emisor. El uso contemporáneo en Otavala no comunica esta idea de autoridad, como muestra el ejemplo (18). De hecho, Hurley enfatiza que en quechua el futuro como imperativo es más cortés que el presente de imperativo, y la misma correlación se aplica al español de la región. En otras instancias, el futuro como imperativo se distingue del presente de imperativo por referirse a una acción más lejana en el futuro.

Uno de los rasgos más novedosos de las peticiones en el español de Otavala se debe indiscutiblemente a la influencia del quechua. En este caso, el verbo *dar*, igual que el verbo equivalente en quechua, se utiliza con el gerundio (*-ando/-iendo*) para suavizar las peticiones. El significado de esta estructura sería equivalente a *hágame el favor de*:

19) *Déme manejando esta camioneta.* (248)
    "Hágame el favor de manejar esta camioneta".
20) *Déme abriendo la puerta.* (249)
    "Hágame el favor de abrir la puerta".

Hurley comprueba que este uso con *dar* se considera más cortés que el imperativo equivalente sin *dar*. En cuanto al ejemplo en (20), entonces, la opción de *abra la puerta* sería interpretada como menos cortés.

Como situación de contacto entre el quechua y el español en Otavalo, Hurley concluye que la consecuencia más llamativa ha sido la reducción de estrategias indirectas en español para las peticiones, debido a la propagación de varios tipos de estrategias directas. Si este fenómeno no ha sido ocasionado exclusivamente por la influencia del quechua, el contacto de dicho idioma ha contribuido al cambio a lo largo de los años. El resultado ha sido un sistema compartido, una serie de estrategias utilizables en las dos lenguas. En la formación de este sistema, algunos recursos del español han ido perdiéndose, como el uso de *poder* y el de otros mecanismos indirectos, otros han sido incorporados, como el uso de *dar* + el gerundio, y otros se han aumentado en su frecuencia y/o han cobrado un matiz diferente, como el imperativo y el futuro usado como imperativo.

9.4.2 El español en contacto con el inglés en California:
Los hablantes de herencia

Según un informe del Censo de Estados Unidos, la población hispana en los EEUU en 2010 era de 47,8 millones, básicamente un 15 por ciento de la población del país. Aunque no tenemos datos concretos sobre el índice de bilingüismo entre estos 47,8 millones, indudablemente la inmensa mayoría tiene conocimiento de ambas lenguas, lo cual no significa que todos tengan una competencia avanzada en las dos. De hecho, la mayoría de la población bilingüe se siente más cómoda, y tiene más competencia, en una de los dos idiomas. Este es el caso de los llamados **hablantes de herencia** en Estados Unidos, los cuales suelen recibir una gran parte de su escolarización en inglés, pero de menor o mayor grado han tenido un contacto con el español, gracias a sus padres y/o abuelos que son hispanohablantes nativos.

En un análisis de las peticiones (2007) y otro sobre las quejas (2008), Pinto y Raschio comparan los datos de un grupo de hablantes de herencia con dos corpus, uno de hispanohablantes nativos de México y otro de anglohablantes nativos de Estados Unidos. Los datos fueron recolectados por Internet, mediante un cuestionario escrito. Los resultados de estos estudios indican que los hablantes de herencia se encuentran, literalmente, entre dos mundos, y su competencia pragmática en español refleja esta situación intermedia.

Entre las observaciones presentadas para las peticiones, el grupo de herencia no empleó tantas estrategias directas como los mexicanos monolingües. De acuerdo con la tendencia anteriormente comentada, los participantes mexicanos no evitaron el uso de estrategias directas, aunque su frecuencia era modesta (un 15%). Esta estrategia se utilizaba, por ejemplo, para pedirle a un compañero de cuarto que limpiara el apartamento (Ej. *por favor limpia el cuarto*). En cambio, los monolingües en inglés huyeron casi de forma absoluta de las estrategias directas; de las 116 peticiones en inglés, sólo hubo una directa. Como los hablantes de herencia solo produjeron dos peticiones directas, se aproximan más a la norma en inglés de evitar las estrategias directas (Ej. *¿Me podrías hacer el favor de hacerlo tú?*).

Para el estudio de las quejas, los datos mostraron más evidencia de esta hibridez lingüística. Por ejemplo, el 70 por ciento de las quejas de los hispanohablantes monolingües se iniciaron con un saludo, el nombre de la persona o una combinación de elementos, mientras que este tipo de apertura sólo ocurrió en el 36 por ciento de los datos de los anglohablantes. La preferencia por parte de los hispanos de usar saludos y el nombre de la persona, sobre todo en el caso de las quejas que son inherentemente conflictivas, se ajusta a la cortesía positiva como forma de expresar solidaridad y de reducir el impacto de un encuentro potencialmente conflictivo. Como los hablantes de herencia usaron este tipo de apertura, con un índice del 45 por ciento, se acercan más a los anglohablantes en esta dimensión. Otro punto de divergencia tiene que ver con la expresión de la justificación para explicar la razón por la cual el individuo decide quejarse. Una justificación mitiga el acto en el sentido de que la persona intenta reducir el impacto de la queja al expresar su perspectiva con respecto al problema, como un gesto que busca la empatía. En este caso, los hablantes de herencia justificaron su acto el 46 por ciento de las veces, una frecuencia casi idéntica a la de los anglohablantes (44%). En cambio, los mexicanos monolingües demostraron menos preferencia por justificar el motivo de su queja (19%).

Entre los resultados cualitativos más llamativos de estos dos estudios son las peculiaridades que también indican una especie de hibridez lingüística, a veces debido a la interferencia del inglés. Para poner un ejemplo, en los datos de las peticiones en inglés se encontraron múltiples versiones de la estrategia "Is it all right/ okay if...". Aparentemente los hablantes de herencia transfirieron esta convención al español en tres ocasiones, como en (21) donde el objetivo era pedirle los apuntes a un/a compañero/a de clase. Aquí el emisor ya había mencionado *las notas*, el referente del pronombre *las*:

21) *¿Estaría bien si me las prestarías?*

Este ejemplo también incluye otro fenómeno observado en los datos de los hablantes de herencia, el condicional con si en *si me las prestarías*. Aunque este uso no se considera gramatical según las reglas del español estándar, es común encontrar este tipo de confusión de los tiempos verbales en el español de los hablantes de herencia.

Otra estrategia destacable es el empleo de *es posible que,* como se muestra en (22):

22) *¿Es posible que me prestes tus apuntes de clase?*

A pesar de su gramaticalidad, se podría decir que tal expresión no es un mecanismo convencional en el español de los monolingües para realizar peticiones, y además de no haber surgido en los datos de los hispanohablantes nativos de este estudio, tampoco apareció un equivalente en los datos en inglés. Sin embargo, es frecuente observar *es posible que* en las peticiones de los estudiantes anglohablantes del español (Pinto 2005).

Ya se ha comentado en diferentes ocasiones cómo las sociedades hispanas operan bajo un marco de confianza y solidaridad, lo cual permite un grado reducido de formalidad entre iguales, por lo menos cuando se comparan las culturas hispanas y anglosajonas. En los datos de los hablantes de herencia, tanto para las peticiones como para las quejas, hay indicaciones de que se ajustan más al estilo del inglés, sobre todo a la hora de mitigar sus enunciados. Por ejemplo, los informantes utilizaron mecanismos mitigadores como *quisiera ver si, quisiera saber si, estaba pensando si* o *quería preguntarte si.* Los siguientes ejemplos muestran este tipo de elementos:

23) *Quisiera ver si* me pudieras dar las notas.
24) *Quisiera saber si* me podrías pagar el dinero que te presté [. . .]
25) *Estaba pensando si* me podrías pagar porque tuve una emergencia y necesito el dinero.

Este tipo de mitigación podría ser apropiado en español, pero generalmente se limitaría a situaciones donde se requiere de más tacto, no en el trato entre iguales como (23), una petición para un/a compañero/a de clase, o (24) y (25), parte de una queja dirigida a un/a amigo/a.

Independientemente, cada dimensión en sí no es un indicador de una forma de expresión distinta, pero en conjunto, la combinación de características manifestadas por los hablantes de herencia muestra lo que se podría denominar un estilo híbrido. Como este grupo en particular es más competente en inglés que en español, es de esperar que su español esté influenciado por las normas predominantes en inglés.

PARA RESUMIR

En este capítulo se han incluido las siguientes ideas:

♦ El concepto de variación lingüística: la variedad y la subvariedad.
♦ La distinción entre la pragmalingüística y la sociopragmática.
♦ El proceso de recolecta de datos para las investigaciones relacionadas con la pragmática.

◆ El habla directa y la mitigación en el mundo hispanohablante.

◆ Los contrastes entre sociedades individualistas y colectivistas.

◆ Algunos ejemplos de investigaciones sobre lenguas en contacto.

PARA PRACTICAR

1. Analice los marcadores de cortesía negativa y los de solidaridad/cortesía positiva en estos actos de habla extraídos del estudio de Márquez Reiter (2000) sobre el español uruguayo:

   a. *Che, ¿no me das un vasito con agua?* (137)

   b. *Disculpá porque me retrasé un poquito pero a veces pasa, viste, me encontré con María y me entretuvo, me charló y después, bueno.* (163)

   c. *Mirá estoy en un aprieto bárbaro, ¿me podés ayudar? Tengo que ir al aeropuerto ya porque me está por llegar un familiar y se me quedó el auto, ¿vos no me prestarías el tuyo?* (133)

   d. *Mirá vos sabés que se fueron mis viejos y tengo una casa libre. Vamos a hacer un fiestita el sábado ¿qué te parece?* (117)

2. Determine si las siguientes afirmaciones son verdaderas o falsas:

   a. _____ Todos los hablantes de un país hablan la misma subvariedad.

   b. _____ Los lingüistas deben ser críticos con respecto a las diferentes variedades lingüísticas.

   c. _____ El etnocentrismo se refiere a la tendencia a pensar que la cultura de uno representa la norma.

   d. _____ No saber cuándo es apropiado dar las gracias es un caso pragmalingüístico.

   e. _____ Los juegos de rol recogen datos completamente auténticos.

   f. _____ Cuánta más confianza hay entre dos personas, hay más probabilidad de que se digan la verdad.

   g. _____ El ser directo puede crear solidaridad.

   h. _____ Los datos indican que tanto el español cubano como el dominicano se encuentran entre las variedades más directas.

   i. _____ Según los estereotipos populares, los españoles perciben a los mexicanos como orgullosos y prepotentes.

   j. _____ Se interpretan los diminutivos de la misma manera en España y en México.

k. _____ En el habla de los rancheros de Michoacán, las mujeres muestran más franqueza que los hombres.

l. _____ Según los datos de Hofstede, España es el país más individualista de los países hispanohablantes.

m. _____ En los países anglohablantes, el interés del grupo predomina sobre el interés del individuo.

n. _____ Hay un alto índice de peticiones directas en el español de Otavalo por la influencia del quechua.

o. _____ La estrategia "es posible que" es común en las peticiones en el español de Otavalo.

p. _____ Una petición directa como "deme ayudando" surge en el español de Estados Unidos por la influencia de "give me a hand" en inglés.

q. _____ El típico hablante de herencia en Estados Unidos aprende su español en la escuela primaria.

PARA SEGUIR REFLEXIONANDO

1. ¿Puede Ud. nombrar algunas ventajas de ser bilingüe? ¿Qué retos existen para los hablantes de variedades de español que no se consideran estándares (Ej. el español de Otavalo y el de los hablantes de herencia en Estados Unidos)?

2. En este capítulo se menciona que el empleo de los tacos, palabrotas o blasfemias, sobre todo en España, está relacionado con el uso de la cortesía positiva. Desde el punto de vista del aprendiz de español, ¿opina Ud. que este tipo de expresiones debe formar parte del aprendizaje de una lengua extranjera? ¿Por qué sí o no? Por último, ¿puede pensar en algunas situaciones en las que, dentro de la cultura anglosajona, se emplea este tipo de lenguaje coloquial para crear solidaridad entre los interlocutores?

3. En su opinión, ¿qué implicaciones tiene el fenómeno del *spanglish* con respecto a la evolución de la lengua española? ¿Cree Ud. que en un futuro podrá llegar a convertirse en una lengua independiente?

4. Tal y como se indica en este capítulo, una de las consecuencias de una cultura que valora la solidaridad y la confianza es que permite el uso del habla directa. Como aprendiz de español, ¿sería fácil para Ud. adoptar este estilo directo cuando habla español? ¿Se sentiría cómodo/a al emplearlo? Piense en una situación específica.

5. ¿Ud. considera que la distinción entre sociedades individualistas y colectivistas es lógica? Aparte de los rasgos mencionados en este capítulo, ¿puede pensar en más manifestaciones del aspecto individualista de las culturas anglosajonas?

PARA INVESTIGAR MÁS

Alba-Juez, Laura. 2007. "An Overview of Politeness Studies on Argentinean and Uruguayan Spanish". En *Research on Politeness in the Spanish-Speaking World,* editado por María E. Placencia y Carmen García, 35–57. Mahwah, NJ/London: Lawrence Erlbaum.

Bustamante-López, Isabel, y Mercedes Niño-Murcia. 1995. "Impositive Speech Acts in Northern Andean Spanish: A Pragmatic Description". *Hispania* 78(4), 885–897.

Félix-Brasdefer, J. César. 2006. "Linguistic Politeness in Mexico: Refusal Strategies among Male Speakers of Mexican Spanish". *Journal of Pragmatics* 38(12): 2158–2187.

Félix-Brasdefer, J. César. 2008. "Sociopragmatic Variation: Dispreferred Responses in Mexican and Dominican Spanish". *Journal of Politeness Research* 4(1): 81–110.

Félix-Brasdefer, J. César. 2010. "Intra-lingual Pragmatic Variation in Mexico City and San Jose, Costa Rica: A Focus on Regional Differences in Female Requests". *Journal of Pragmatics* 42: 2992–3011.

García, Carmen. 1996. "Teaching Speech Act Performance: Declining an Invitation". *Hispania* 79(2): 267–277.

García, Carmen. 2009. "'¿Qué::? ¿Cómo que te vas a casar?' Congratulations and Rapport Management: A Case Study of Peruvian Spanish Speakers". *International Pragmatics Association* 19(2): 197–222.

Haverkate, Henk. 2004. "El análisis de la cortesía comunicativa: categorización pragmalingüística de la cultura española". En *Pragmática sociocultural: Estudios sobre el discurso de cortesía en español,* editado por Diana Bravo y Antonio Briz, 55–64. Barcelona: Ariel.

Márquez Reiter, Rosina. 2000. *Linguistic Politeness in Britain and Uruguay.* Amsterdam: John Benjamins.

Márquez Reiter, Rosina. 2002. "A Contrastive Study of Conventional Indirectness in Spanish: Evidence from Peninsular and Uruguayan Spanish". *Pragmatics* 12(2): 135–151.

Márquez Reiter, Rosina, y María E. Placencia. 2004. "Displaying Closeness and Respectful Distance in Montevidean and Quiteño Service Encounters". En *Current Trends in the Pragmatics of Spanish,* editado por Rosina Márquez Reiter y María E. Placencia, 121–155. Amsterdam/Philadelphia: John Benjamins.

Placencia, María Elena. 2005. "Pragmatic Variation in Corner Store Interactions in Quito and Madrid". *Hispania* 88(3): 583–598.

Capítulo 10

Al *país* que *fueres*, haz lo *que vieres*
Contrastes entre el español y el inglés

En el capítulo anterior se vieron algunos estereotipos lingüísticos que existen entre los hispanohablantes y que se crean por los diferentes estilos de interacción. En la cultura anglohablante, ¿ha oído Ud. algún estereotipo, basado en la interacción, sobre alguna comunidad hispana? Ahora, pensando en el caso contrario, ¿conoce algún estereotipo sobre el habla de los anglohablantes en las comunidades hispanas? ¿Y entre los diferentes grupos de anglohablantes (ingleses, estadounidenses, canadienses, australianos, etc.)? ¿Y entre las regiones del país donde vive (norte, sur, este y oeste)?

David González de Pablos

Dentro de la pragmática, los estudios comparativos entre hispanohablantes y anglohablantes cubren una amplia gama de temas, objetivos y enfoques metodológicos. Este tipo de perspectiva comparativa se designa como *transcultural,* o "crosscultural" en inglés, porque compara y contrasta los datos procedentes de dos o más culturas. Para delimitar el alcance de este capítulo, sólo se va a incluir una pequeña muestra de lo que se ha investigado en el ámbito de los actos de habla y de la cortesía. Igual que se ha explicado en el capítulo anterior, uno debe interpretar con cuidado cualquier evidencia de variación, sobre todo en el contexto de este libro porque se prescinde de la riqueza de detalles de los estudios originales. Junto a esto, es fundamental enfatizar que la variación lingüística en el mundo es extensa, de modo que siempre resulta erróneo pensar que todos los hispanohablantes, o todos los anglohablantes, muestran el mismo comportamiento lingüístico.

10.1 EL ACTO DE HABLA DE LA PETICIÓN

A lo largo de los años, las peticiones han llegado a representar el acto de habla por excelencia para comparar y contrastar dos o más culturas. Esto se debe a varias razones, entre ellas, su frecuencia en el habla y su carácter impositivo, dado que el destinatario realiza una acción en beneficio del emisor. Por eso, generalmente, las peticiones implican que uno necesita mostrar cierto grado de tacto y destreza lingüística. Al considerar los estudios sobre este acto de habla, este apartado se va a centrar en tres dimensiones esenciales estipuladas por Blum-Kulka et al. (1989): el grado de indirección, la mitigación y la orientación. Este análisis pionero en el campo de la pragmática transcultural es tan importante porque estableció un marco teórico para las peticiones que se sigue utilizando hoy en día. Además, la publicación incluye un análisis ambicioso de Blum-Kulka que compara las peticiones producidas en cuatro lenguas: el español argentino, el inglés australiano, el francés canadiense y el hebreo.

10.1.1 Grado de indirección en las peticiones

Ya se ha destacado la variación que existe en el mundo hispanohablante con respecto al grado de indirección ("level of directness"). En términos muy generales, los estudios de las últimas décadas indican que, en comparación con los anglohablantes, algunas comunidades hispanohablantes optan por utilizar un mayor número de estrategias directas, sobre todo en la interacción entre iguales. Hay que resaltar que los hispanohablantes también emplean actos indirectos convencionales con bastante frecuencia, pero hacen más uso de los actos directos que los anglohablantes. Después de resumir los resultados de algunos estudios concretos, se considerarán las implicaciones de esta fuente de divergencia.

En el análisis previamente mencionado de Blum-Kulka (1989), el 40 por ciento de las peticiones producidas por los argentinos en español contenían estrategias directas, en comparación con el 10 por ciento de las peticiones en el inglés australiano. Esta discrepancia de un 30 por ciento es suficientemente marcada como para indicar estilos distintos. La misma tendencia se ha repetido en mayor o menor grado en una serie de subsecuentes estudios comparativos entre diferentes variedades del inglés y del español. Para citar algunos ejemplos, Márquez Reiter (1995) encontró que, comparados con el inglés británico, los uruguayos emplearon imperativos en español con un índice más alto de un 19 por ciento. Pinto y Raschio (2007) observaron una diferencia del 14 por ciento en el uso de estrategias directas entre el español mexicano y el inglés americano. Entre los españoles y los ingleses, Ballesteros Martín (2001) observó una diferencia de un 14 por ciento, pero cuando se trataba de situaciones de poca distancia social, la diferencia llegó a un 50 por ciento. Por otro lado, en situaciones de mucha distancia social, ningún grupo de este último estudio optó por emplear peticiones directas.

Esta última observación hace recordar que la variable de la distancia social es un factor clave, igual que la del poder. Márquez Reiter (2000), por ejemplo, comprobó que tanto los ingleses como los uruguayos contaron con una frecuencia más alta de estrategias directas cuando había menos distancia social entre los interlocutores, aunque los uruguayos superaron a los ingleses en esta dimensión. No obstante, otro resultado llamativo es que los hombres ingleses se vieron más afectados por cuestiones de poder social que de distancia social. Es decir, cuanto más poder social tiene el emisor con relación al destinatario, más directa va a ser su petición. En cambio, los hombres uruguayos se vieron más afectados por cuestiones de distancia social que de poder social.

Hay que enfatizar una y otra vez que se trata aquí de una tendencia muy general; que en situaciones de confianza, es de esperar que el índice de estrategias directas sea más alto en español. Sin embargo, los dos estilos, el directo y el indirecto, coexisten en todas las comunidades hispanas y anglosajonas, por lo que las diferencias siempre implican una cuestión de grados. Por ejemplo, la indirección, según Placencia (1996), parece ser más importante en el español ecuatoriano que en el de España, pero no tan importante como en el inglés británico.

A veces, se ha explicado el empleo de estrategias directas como una manifestación de un fenómeno más amplio; los hispanos se orientan más hacia la cortesía positiva, mientras que las culturas anglohablantes se caracterizan, en términos generales, por la cortesía negativa. Si se aplica el esquema de Bravo (1999), basado en términos de autonomía y afiliación, la tendencia a usar peticiones directas en contextos informales refleja valores atribuibles a la confianza y a la afiliación. Se verá más abajo que el empleo de estrategias directas en algunas comunidades hispanohablantes va acompañado del uso de poca mitigación.

PARA COMUNICARSE EN ESPAÑOL

La construcción "would you mind?" es una expresión de cortesía en inglés que surge en una variedad de peticiones (Ej. "Would you mind giving me a hand?"). La fórmula equivalente en español utiliza el verbo *importar* y se puede emplear en diferentes contextos, tanto informales como formales: *¿Te/Le importaría echarme una mano? ¿Te/Le importa si fumo?* Otra expresión parecida, pero tal vez con un tono un tanto más formal, es la de *tener inconveniente en*. Algunos ejemplos son: *¿Tendría Ud. inconveniente en rellenar este formulario? ¿Tendrían Uds. inconveniente en esperar aquí?*

10.1.2 La mitigación interna en las peticiones

La mitigación corresponde en muchos casos con el nivel de indirección, y la tendencia de los hispanohablantes a ser más directos que los anglohablantes coexiste con la preferencia de los hispanohablantes por utilizar menos mitigación. El estudio de la mitigación en este apartado se centra exclusivamente en el acto principal, la mitigación interna. Algunos ejemplos de este tipo de mitigación son: diminutivos (*cervecitas*), expresiones de consulta (*¿crees que...?*), mitigaciones o "downtoners" en inglés (*un poco de tiempo*), marcadores de cortesía (*por favor*), armonizadores (*¿sabes?*) y el uso opcional del condicional (*podrías*). Como ya se ha señalado en el capítulo anterior, la mitigación contribuye al carácter tentativo del acto (Márquez Reiter 2002a).

Según diversos trabajos sobre las peticiones, la norma en inglés es emplear más mitigadores que en algunas variedades de español (Carduner 1998; Ballesteros Martín 2001; Márquez Reiter 2000; Ballesteros Martín 2002; Pinto 2005). Por ejemplo, Ballesteros Martín (2001) concluye que los participantes británicos de su estudio emplean algunos tipos de atenuación sintáctica con el doble de frecuencia que los españoles. En el análisis de Márquez Reiter (2000), los británicos usan la mitigación interna en inglés con más del 90 por ciento de sus peticiones, en comparación con el 27 por ciento de las peticiones de los uruguayos (en español). Por otra parte, Blum-Kulka (1989) indica que los anglohablantes australianos doblan la frecuencia de elementos atenuadores usados por los hispanohablantes argentinos, aunque la autora sólo tiene en cuenta las estrategias convencionalmente indirectas.

En algunos casos, la diferencia estriba en el uso de múltiples elementos de mitigación contenidos en el mismo acto principal. En Pinto y Raschio (2007), el 33 por ciento de las peticiones en el inglés estadounidense incluye por lo menos dos mecanismos de mitigación, en comparación con el 12 por ciento en el español mexicano. Esta tendencia en inglés a usar dos o más mitigadores crea un "efecto acumulado de cortesía" (Blum-Kulka 1989: 62). Aunque el porcentaje obtenido en cada estudio varía según el instrumento de recogida de datos, el tipo de petición estudiado y el sistema de clasificación, la mayoría de los estudios concuerda en el empleo de una marcada preferencia por estos modificadores en inglés. En (1) se incluye un ejemplo prototípico en inglés de cómo se combinan varios mecanismos de atenuación en el mismo enunciado:

1) *I was just wondering if I could see your notes.*

Entre los recursos atenuantes en (1), valdría la pena detenerse en el componente cargado de "I was just wondering if". Si se analiza esta expresión, se ve que "I was wondering if" ya es una versión mitigada de "I wonder if". Como se ha observado en capítulos anteriores, el uso opcional del pasado, cuando uno realmente se refiere al presente, es en sí una forma de mitigar el verbo. Además, tanto "just" como "if" contribuyen al carácter tentativo del enunciado. En el resto de la petición, se encuentran el condicional "could" y el verbo "see", el cual se considera un mitigador léxico en el sentido eufemístico de que el emisor no sólo quiere *ver* los apuntes, sino que quiere quedarse con ellos y copiarlos. Desde esta perspectiva, el empleo de "see" no es fortuito; es una manera estratégica de reducir la imposición implicada.

A continuación se incluye una comparación, sacada de Pinto y Raschio (2007), entre una petición de permiso en el español mexicano (2) y otra equivalente en el inglés estadounidense (3). En este caso, los participantes del estudio están pidiendo permiso para compartir una mesa en una cafetería concurrida:

2) *¿Nos podemos sentar aquí?*
3) *I was wondering if my friend and I could join you.*

En (2), el emisor produce un acto indirecto convencional sin mitigación, mientras que el anglohablante en (3) escoge un acto similar pero con múltiples elementos de mitigación. Además de los mecanismos anteriormente discutidos, la inclusión de "join you" también funciona como marcador de cortesía positiva y, como consecuencia, mitiga el impacto impositivo de la petición.

10.1.3 Perspectiva de la petición

La perspectiva de la petición es otra dimensión que en algunas ocasiones ha mostrado diferencias entre las dos lenguas. Varios tipos de peticiones permiten que el emisor modifique la perspectiva u orientación del enunciado para incluir: a sí mismo (*Quiero un café*), al destinatario (*¿Me sirves un café?*), a los dos (Un jefe a su empleado: *¡Limpiemos la cocina!*) o a ninguno (*Hay que limpiar la cocina*). Algunos estudios que han tenido en cuenta la perspectiva de la petición indican una preferencia significativa por la orientación hacia el destinatario en español, versus la orientación hacia el emisor en inglés (Blum-Kulka 1989; Márquez Reiter 2000; Pinto 2005). Para dos peticiones analizadas en Pinto (2005), una que implicaba pedir una bebida, y la otra, pedirle prestados apuntes a un compañero de clase, el 87 por ciento de los hispanohablantes (de España y México) eligieron peticiones orientadas al destinatario, mientras que el 90 por ciento de los estadounidenses utilizaron actos orientados al emisor. Los siguientes ejemplos son representativos de la muestra de los dos grupos:

4) *¿Me das un café?*
5) *I would like a coffee.*
6) *¿Te importaría prestarme los apuntes?*
7) *Can I see your notes?*

En relación con lo previamente mencionado sobre el grado de indirección y la mitigación, estas preferencias, relacionadas con la perspectiva de la petición, también se explican de acuerdo con los diferentes estilos de cortesía. En inglés, la orientación hacia el emisor concuerda con la tendencia a la cortesía negativa; el que pide evita hacer referencia explícita a la imposición, a la acción que debe realizar el receptor en beneficio del emisor (servirle una bebida, prestarle los apuntes, etc.). En cambio, en español, la orientación hacia el destinatario coincide con la cortesía positiva; el emisor hace referencia, de manera más explícita, al esfuerzo requerido de parte del receptor para cumplir con lo pedido. Por consiguiente, se acerca a él o

*¿Qué opina Ud. del uso de "Polite Notice" en este
letrero británico?*

Tabla 10.1: *Resumen de tendencias generales en español e inglés*

	Español	Inglés
Estrategias directas*	más frecuentes (que en inglés)	menos frecuentes (que en español)
Mitigación*	menos frecuente (que en inglés)	más frecuente (que en español)
Orientación	más común la orientación hacia el receptor (que en inglés)	más común la orientación hacia el emisor (que en español)

* Las tendencias para estas dimensiones se perciben sobre todo en situaciones entre iguales.

a ella mediante el lenguaje. La tabla 10.1 recoge las diferencias reportadas para el empleo de las estrategias directas, la mitigación y la orientación.

10.2 EL ACTO DE HABLA DEL RECHAZO

Los rechazos representan otro acto de habla amenazante a la imagen del receptor que requiere de cierto tacto lingüístico para no herir las sensibilidades del otro. Los rechazos ocurren como respuestas a varios tipos de actos de habla, entre ellos: peticiones, ofertas, invitaciones y sugerencias. Los estudios han identificado diferentes estrategias o fórmulas que se pueden emplear para evitar el rechazo directo. Estas fórmulas pueden aparecer en una multitud de combinaciones y secuencias, las cuales tienden a variar según diferentes variables culturales y situacionales.

Igual que se ha documentado para las peticiones, la tendencia de los hispano-hablantes a ser más directos que los anglohablantes también parece aplicable al acto de los rechazos. En tres estudios comparativos, los mexicanos, españoles y puertorriqueños usaron hasta el doble de rechazos directos (o explícitos) que los anglohablantes de Estados Unidos (Félix-Brasdefer 2002; Pinto 2002; Ramos 1991). Los dos siguientes ejemplos, sacados de Pinto (2002), ilustran este punto de divergencia. Tanto (8), de una participante mexicana, como (9), de una estadounidense, son reacciones a una invitación al cine de una amiga:

8) *¡Ay no! De plano estoy muy cansada y me siento mal. Mejor otro día.*
9) *You know, I'm sorry but I just feel really bad tonight and I think I should just stay at home.*

Hay varias diferencias entre estos dos rechazos, pero de momento sólo se van a subrayar algunos elementos. El rechazo en español comienza con una negación explícita (*¡ay no!*), seguida de una justificación (*de plano estoy muy cansada...*) y luego de una sugerencia con una opción alternativa (*mejor otro día*). En cambio, el rechazo en inglés comienza con una fórmula de cortesía positiva ("you know"), seguida de una disculpa ("I'm sorry") y una justificación ("I just feel really bad..."). El tono de (8) es un poco más brusco, en comparación con el de (9) que es más arrepentido. Como siempre, este tipo de discrepancia entre (8) y (9) es una cuestión relativa; aunque los dos estilos podrían surgir en las dos lenguas, los hispanoha-blantes tienden a producir un rechazo explícito (entre conocidos e iguales).

Para no encabezar el rechazo con un elemento negativo (Ej. *no* o *no puedo*), los estadounidenses recurren a otras opciones iniciales, como explicaciones o expresiones de pena, con mayor frecuencia. Por ejemplo, al rechazar una petición de un favor (Pinto 2002), un porcentaje más alto de anglohablantes optó por expresiones de pena ("I'm sorry") y deseos de aceptar ("I wish I could, but..."). Sin embargo, incluso los participantes mexicanos en Félix-Brasdefer (2002) usaron diferentes estrategias de mitigación para reducir el impacto del rechazo. El siguiente ejemplo viene de un rechazo a una invitación para una fiesta de cumpleaños:

10) *Pues no, es que el viernes no se puede. Tengo un bisne, y no se puede. De veras que no se puede.* (170)

Aquí se aprecian varios mecanismos que funcionan para mitigar el rechazo. *Pues* expresa vacilación y ayuda a amortiguar el efecto del rechazo directo, parecido al uso de *es que* para introducir la explicación. Luego, el emisor emplea tres instancias de la estructura impersonal *no se puede*. Según el autor, este mecanismo sirve para distanciar al emisor del rechazo y así se crea la impresión de que no es el responsable, como si existieran factores fuera de su control.

A diferencia de los estadounidenses, los participantes mexicanos de este estudio confirmaron, en entrevistas posteriores a la recolección de datos, que habían experimentado dificultades al formular un rechazo para alguien que representaba un estatus superior (Ej. su jefe). Sus rechazos en estos contextos muestran enunciados más elaborados, con más mitigación, expresiones de respeto (Ej. *jefe, señor*) y transmiten un grado más alto de cortesía. De acuerdo con el autor, esto se debe al hecho de que los mexicanos están más orientados al grupo, y a las normas del grupo, que los estadounidenses. Como consecuencia, una parte de adherirse a las normas sociales es expresar respeto y solidaridad a un superior, rasgos que se suelen asociar con la cortesía positiva o la afiliación. Como Bravo (1999: 160) afirma, en muchas sociedades hispanohablantes, la deferencia o el "respeto por la posición social relativa de los interactuantes" es una manifestación de afiliación. En otras palabras, mostrar deferencia refleja el deseo de pertenecer al grupo porque significa que uno respeta la estructura jerárquica establecida.

Ramos (1991), por su parte, comparó los rechazos de los hombres puertorriqueños en español con los de los hombres estadounidenses en inglés. Aunque entre iguales los rechazos directos fueron utilizados por los dos grupos, los directos eran más comunes entre los rechazos de los puertorriqueños. Este grupo de hispanohablantes empleó casi exclusivamente *no* y *no puedo* para encabezar su rechazo. Incluso para dirigir un rechazo a alguien de un estatus superior, los puertorriqueños usaron un porcentaje alto de rechazos directos. Por ejemplo, cuando los participantes rechazaron una petición de un jefe en la que les pedía que trabajaran horas extras, el 90 por ciento inició su rechazo con *no* o *no puedo*, en comparación con el 35 por ciento de los estadounidenses.

PARA COMUNICARSE EN ESPAÑOL

El verbo *invitar* en español tiene un significado que no se encuentra necesariamente entre los significados de "to invite" en inglés. Además de *invitar a alguien al cine, a comer, a casa*, etc., se puede emplear *invitar* como equivalente de "to treat". De modo que en el contexto de un restaurante, un café, un bar, etc., *invitar* a alguien significa pagar su consumición. Entonces, a la hora de pagar la cuenta, si alguien dice *yo te invito*, es como decir *yo pago la cuenta*. A propósito de la idea de pagar la cuenta, para decir que dos personas van a dividir los gastos, se puede usar *pagar a medias,* o en España, *pagar a escote,* lo cual también funciona cuando hay un grupo de varias personas y cada una paga lo que ha consumido o lo que ha tomado.

10.3 EL ACTO DE HABLA DE LA DISCULPA

Goffman (1971) considera que la disculpa es un acto reparador porque sirve para restablecer la armonía social después de una especie de ofensa de parte del emisor hacia el receptor. Las disculpas expresan algún tipo de arrepentimiento, dolor o empatía e insinúan que el emisor ha violado alguna normal social. Por eso, el objetivo es que el receptor le perdone. La cantidad de energía verbal invertida por el emisor depende de la gravedad de la infracción; por ejemplo, habría una gran diferencia entre llegar cinco minutos tarde a la casa de una amiga y estropear su auto después de habérselo pedido prestado. Obviamente el segundo caso implica más tacto lingüístico para restablecer la armonía en la relación.

Los estudios de las disculpas se centran principalmente en las fórmulas o estrategias empleadas para realizar el acto. Por ejemplo, uno puede pedir perdón (*perdóname*), expresar de forma explícita que está pidiendo perdón (*te pido perdón por. . .*), reconocer su responsabilidad (*ha sido culpa mía*) o prometer que la infracción no volverá a ocurrir (*no va a pasar otra vez*), entre otras opciones (Fraser 1981). Además, una disculpa puede consistir en una sola fórmula o en una combinación de dos o más, y el acto puede incluir elementos de intensificación (*lo siento <u>mucho</u>*).

Cordella (1990) comparó las disculpas en el español chileno con las del inglés australiano. Los datos fueron recogidos mediante una representación de juegos de rol que trataba de un/a empleado/a que pedía disculpas a su jefe/a después de faltar a una cita importante. Mientras que los australianos mostraron una preferencia por las disculpas explícitas (87%) y las explicaciones (85%), los chilenos siempre optaron por explicaciones (100%), pero manifestaron menos predilección por las disculpas explícitas (59%). Según Cordella, cuando los chilenos evitan verbalizar una disculpa explícita, puede ser que no vean tanta necesidad de pedir perdón por la infracción. Tal vez, en algunos casos, no perciban la ofensa como una infracción merecedora de una disculpa, y de ahí surge la alta incidencia de explicaciones.

Para realizar las disculpas explícitas, los grupos usaron formas lingüísticas diferentes. En inglés "to be sorry" apareció en el 83 por ciento de los casos, comparado con *disculpar* (58%) y *perdonar* (22%) en español. Relacionada con esta diferencia es la orientación del acto; mientras que todos los australianos hicieron uso de disculpas orientadas hacia el emisor (Ej. "I'm sorry"), los chilenos produjeron los dos tipos, con una preferencia (65%) por orientarse hacia el destinatario (*perdone*). La autora subraya que las fórmulas orientadas hacia el destinatario cumplen dos funciones al mismo tiempo; realizan el acto de la disculpa a la vez que piden colaboración. Aunque no se debe sobre-interpretar esta divergencia entre los dos grupos, podría ser otro indicador de la orientación de los hispanohablantes hacia la afiliación del grupo, en comparación con los anglosajones que valoran más la autonomía del individuo y prefieren no involucrar al otro al no pedirle disculpas.

Parecido a lo que reportó Cordella (1990), la dependencia casi exclusiva de la fórmula "I'm sorry" or "sorry" en inglés ha sido observada en otros estudios sobre las disculpas en el inglés estadounidense (Olshtain y Cohen 1983; Pinto 2002). De hecho, si se intenta transferir esta práctica al español, puede resultar en el uso excesivo de *lo siento*. Hay evidencia de este fenómeno cuando los estudiantes anglohablantes de español dependen exclusivamente del verbo *sentir* a costa de otros verbos como *disculpar* y *perdonar* (Pinto 2002).

Otra diferencia entre los dos grupos, destacada por Cordella, es el hecho de que los australianos utilizaron más intensificadores que los chilenos, tanto modificadores adverbiales ("I'm <u>really</u> sorry") como estrategias de apoyo ("I hope it hasn't inconvenienced you"). Pinto (2002) también observó una frecuencia más alta de intensificación en las fórmulas de disculpa explícitas en el inglés de los estadounidenses en comparación con el español de los mexicanos y de los españoles. Este análisis comprendía dos escenarios en un cuestionario escrito; dos disculpas dirigidas a amigos, una por haber llegado veinte minutos tarde a una cita y otra, por haber roto uno de sus vasos lujosos. Los dos grupos usaron un índice más alto de intensificación cuando se trataba del vaso roto, un 52 por ciento por los hispanohablantes versus un 99 por ciento por los anglohablantes. En comparación, la ofensa menos severa de llegar tarde resultó en un 7 por ciento de actos intensificados en español y en un 38 por ciento en inglés. Se debe recordar que en este tipo de situaciones de confianza entre amigos, es probable que los hispanohablantes no vean tanta necesidad de intensificar su disculpa, mientras que los anglohablantes estadounidenses tienden a emplear fórmulas como "I'm so sorry", casi de manera automática, independientemente de la gravedad de la ofensa. Además de las cuestiones pragmalingüísticas, en el caso de llegar tarde, entran en juego las diferentes percepciones sociopragmáticas con respecto a la falta de puntualidad en el ámbito social, la cual se suele percibir con más severidad en las culturas anglosajonas. Este tipo de variación sociopragmática hace recordar que las disculpas no se emplean en las mismas situaciones en todas las culturas. De hecho, es probable que para un extranjero, saber cuándo pedir disculpas sea más confuso que saber cómo hacerlo. Para citar un ejemplo, Haverkate (1988a) cree que la mayoría de los holandeses que viajan en España, incluso con un nivel básico de español, sabrá *cómo* pedir disculpas, pero no necesariamente *cuándo* es apropiado, lo cual requiere de un conocimiento cultural más detallado. Para los extranjeros en España, hace falta entender que, parecido a lo que ocurre con las peticiones entre iguales que no se perciben tanto como una imposición, no se esperan disculpas por las infracciones menores a no ser que haya pasado algo grave (Hickey y Vázquez Orta 1994).

Los resultados de Márquez Reiter (2000), en un estudio que compara las disculpas en el español uruguayo con las del inglés británico, también indican que en inglés se produce una frecuencia más alta de disculpas. Los ingleses muestran una preferencia marcada por "I'm sorry" con varias formas de intensificación (Ej. "I'm terribly/so/awfully/dreadfully sorry"). En cambio, los uruguayos tienden a elegir los verbos *perdonar* y *disculpar* sin intensificación. Igual que la autora descubrió para las peticiones, los participantes británicos se preocuparon más por la imagen negativa de su interlocutor, y como consecuencia, contaron con más estrategias de cortesía negativa que los uruguayos. En cuanto al género, las mujeres de los dos grupos emplearon más disculpas que los hombres.

García (1989) comparó las disculpas en el inglés de hablantes nativas de Estados Unidos con las de mujeres venezolanas que hablaban inglés como segunda lengua. Cuando las participantes venezolanas pidieron perdón por no haber ido a una fiesta, dependieron más de estrategias de cortesía positiva que las estadounidenses. Entre tales estrategias se encontraron los marcadores de solidaridad ("you know"), las expresiones de acuerdo ("oh yes"), las explicaciones ("I tried to go but I couldn't") y la risa. En cambio, las hablantes nativas de inglés emplearon más recursos de cortesía negativa para crear deferencia. García señala diferentes interpretaciones de la situación con respecto a esta discrepancia entre los dos grupos; mientras que las venezolanas percibieron la situación como una de familiaridad e igualdad, las anglohablantes adoptaron una perspectiva de distancia y formalidad, delegando al huésped un estatus superior de poder por la ofensa experimentada.

PARA COMUNICARSE EN ESPAÑOL

Existe una variedad de fórmulas o expresiones que le pueden ser útiles al aprendiz de español para realizar diferentes actos de habla. Por ejemplo, *¿Qué tal si...?* y *¿Qué te parece si...?* son formas que sirven para dar diferentes tipos de sugerencias o recomendaciones sin dar la impresión de ser autoritario (*¿Qué tal si estudiamos en la biblioteca esta noche? ¿Qué te parece si paso a buscarte a las ocho?*). Otra fórmula parecida es *a ver si,* la cual es una versión más impersonalizada de algo como *vamos a ver si.* La estructura *a ver si* puede utilizarse para peticiones (*A ver si me acercas un plato*), sugerencias (*A ver si estudias un poco más*), quejas (*A ver si dejas de hacer tanto ruido*), entre otros. Otro recurso lingüístico que sirve para introducir varios tipos de enunciados es *es que.* Esta fórmula se suele emplear para mitigar excusas o justificaciones (*Es que ayer no pude levantarme de la cama; Es que no tengo tiempo*). Para el aprendiz de español, incorporar este tipo de mecanismos en su habla es una buena estrategia para expresarse con más fluidez y de una manera más natural.

10.4 ALGUNOS ASPECTOS SOBRE LA CORTESÍA

Como se ha ido viendo en los últimos capítulos, las comunidades hispanohablantes, en términos muy generales, se caracterizan por la cortesía positiva en el sentido de que valoran la solidaridad y están orientadas a la afiliación del grupo. Las culturas anglosajonas, por otro lado, se distinguen más por la cortesía negativa, por la preocupación de no imponer en los demás. En este apartado se van a considerar otros estudios que pueden ayudar a comprender más a fondo estas tendencias culturales y lingüísticas. El objetivo es profundizar un poco más en el estilo conversacional de los hispanohablantes dado que, primero, se contrasta con el estilo de los anglohablantes y segundo, los estudiantes van a estar en contacto con este estilo durante su proceso de adquisición del español. El apartado se va a centrar en el estilo de habla informal e incluso coloquial, dentro del ámbito de la interacción cotidiana entre iguales porque en los contextos más formales no se perciben tanto las diferencias entre las dos lenguas. Para empezar, se vuelve al tema de las peticiones, los actos directivos, porque ofrece un punto de partida para la discusión de la cortesía.

Las estrategias que una comunidad de habla utiliza para las peticiones muestran detalles reveladores con respecto a su conceptualización de las interacciones, las relaciones personales y las normas sociales, y a su vez, de la cortesía. Como Fitch y Sanders (1994) afirman, la manera en que una persona se percibe a sí misma en su sociedad, y cómo se percibe interactuando con los demás, se deja ver a través de los actos de habla directivos. Otra variable significativa es cómo se conciben las relaciones de poder porque las peticiones implican, aunque sea de forma momentánea y sutil, que el emisor tiene poder sobre el receptor. Este elemento de poder reside en el hecho de que uno procura influir en las acciones de otro al pedir algo. A continuación, se van a retomar algunas ideas presentadas en el capítulo 9 con respecto a las distinciones entre las sociedades colectivistas y las individualistas (Hofstede et al. 2010).

Aunque es una cuestión de grados, por un lado del *continuum,* las sociedades que valoran al individuo consideran que la red social se limita a la familia cercana. Bajo este marco, cada persona sólo siente la necesidad de interesarse por él/ella mismo/a y por su familia inmediata. En estas culturas, entre las cuales se encuentran las anglosajonas, el individuo es una entidad autónoma y se valora su libertad de existir sin impedimentos ni imposiciones de los demás. Por otro lado, las sociedades colectivistas perciben a la familia extendida y a la comunidad circundante como una red de relaciones sociales que forman una parte esencial de su propia identidad. Dentro de este marco, uno se siente fielmente vinculado a los miembros del grupo y, como consecuencia, los intereses y objetivos del individuo se mantienen en un segundo plano. Aunque coexista una combinación de valores individualistas y colectivistas en cada sociedad y, a pesar de las distintas preferencias individuales, se puede apreciar cierto tipo de estilo de interacción que predomina en una sociedad, sobre todo en situaciones de contacto entre culturas cuando surge un punto de comparación. Por ejemplo, cuando los estudiantes anglohablantes pasan tiempo viviendo y estudiando en un país hispanohablante, es de esperar que ellos observen diferencias con respecto a cómo interactúa la gente en el país que visitan.

Volviendo al tema de los actos directivos, en las culturas que priorizan al individuo, dichos actos se entienden como imposiciones a la autonomía de la persona puesto que limitan la libertad de actuación. Al usar peticiones directas, el emisor presupone, o da por hecho, que el destinatario está dispuesto a realizar la acción y no respeta la voluntad del mismo (Bravo 1999). Como resultado, su empleo se considera maleducado o inapropiado en las culturas anglosajonas (Fitch y Sanders 1994) y, por eso, predominan las peticiones indirectas. Es curioso y a la vez lógico, sin embargo, cómo el elemento cortés de las estrategias indirectas puede perderse en las comunidades hispanas, sobre todo en situaciones simétricas de poder. Bravo (1999: 162) incluye el ejemplo de un hombre argentino que malinterpretó la petición indirecta de una enfermera en Suecia:

11) *¿Quiere dejar una prueba de orina?*

En este caso, el hombre interpretó la pregunta como una sugerencia, fijándose en su significado literal. Como se ha observado en el capítulo 6, los actos de habla indirectos siempre conservan su significado literal, pero la intención del emisor es que se entienda el significado añadido. En ciertos casos, tanto los actos indirectos como la mitigación, especialmente si es cuantiosa, pueden ser interpretados como algo falso, insincero, irónico o incluso como un intento de establecer distancia entre iguales (Carrasco Santana 1998b; Hickey 2000). Con respecto a los diferentes estilos de cortesía entre España e Inglaterra, Briz (2004: 82) aporta la siguiente conclusión: "Alguien, ajeno al grupo cultural, por ejemplo, un inglés, puede no entender que una petición en español no aparezca atenuada, del mismo modo que la indirección de aquellos [los ingleses] sería evaluada como una toma de distancia en cierto modo hostil". El hecho de que Briz use el adjetivo *hostil* resalta el nivel de gravedad implicado y el gran potencial de posibles malentendidos si no se ajusta la petición al estilo de la cultura determinada.

Como se ha ilustrado en las secciones anteriores sobre los rechazos y las disculpas, la cortesía positiva, como característica de las comunidades hispanohablantes, se manifiesta en diversos contextos y situaciones. Para profundizar un poco más en la idea, se puede extender el análisis para considerar otras manifestaciones de dicho fenómeno. Un caso curioso aparece en un estudio sobre los mensajes que la gente deja en los contestadores automáticos. Valeiras Viso (2002) compara los mensajes dejados en los contestadores en Madrid con los de Londres y muestra ejemplos de cómo los madrileños emplean una combinación de despedidas al final del mensaje, como se observa en (12):

12) *A ver si nos llamamos algún día. Hasta luego. Adiós. Chau.* (226)

Igual que los saludos, las despedidas son actos de habla que fomentan la solidaridad entre dos personas porque expresan algún tipo de interés o buen deseo dirigido hacia el otro. Por eso, la práctica de servirse de múltiples despedidas aumenta la expresión de cortesía positiva. Mientras que esta costumbre ocurrió en el 50 por ciento de los mensajes producidos por los españoles, sólo hubo un ejemplo en los mensajes de los británicos.

El uso del diminutivo en español, aunque se suele asociar con la minimización de la imposición, se puede considerar paralelamente como una demostración de la cortesía positiva. Según Márquez Reiter (2000), la función más importante de los diminutivos es la manera en que mitigan la fuerza del enunciado mediante la expresión de compañerismo y de amabilidad, como en el siguiente ejemplo:

13) *Che, ¿no me das un vasito con agua?* (137)

Por último, se concluye el capítulo con el caso de los consejos. Los consejos no solicitados ilustran cómo la cortesía positiva, o la inclinación a la afiliación al grupo, pueden distinguir a los hispanohablantes de los anglohablantes. En las culturas anglosajonas, generalmente se considera el acto de dar consejos como una amenaza a la imagen positiva y negativa. Es una amenaza a la imagen positiva porque se presupone que la persona que recibe el consejo es incapaz de hacer algo por sí sola. Por otro lado, el consejo amenaza la imagen negativa porque, al decirle a alguien lo que debe hacer, el emisor intenta influir en sus acciones, por lo que se puede convertir en una especie de imposición. Por este motivo, parecido a lo que sucede con las peticiones, es común usar estrategias indirectas para los consejos no solicitados en las comunidades anglohablantes. Como contraste, se ha demostrado que dar consejos en España puede servir para establecer confianza y solidaridad con el receptor en el sentido de que muestra interés en la persona y una preocupación por su bienestar (Hernández-Flores 1999).

PARA RESUMIR

En este capítulo se han incluido las siguientes ideas relacionadas con las diferencias entre las culturas hispanas y anglosajonas con respecto a:

♦ El acto de habla de la petición con relación a su grado de indirección, a la mitigación interna y a la perspectiva desde el punto de vista del emisor y del destinatario.
♦ Algunos estudios de investigación que se centran en los actos de habla del rechazo, la disculpa y el consejo.
♦ La relación y los efectos entre los actos directivos y la cortesía verbal.

PARA PRACTICAR

1. Los siguientes ejemplos son versiones modificadas de consejos sacados de diálogos de películas españolas. Pensando en las diferencias que se han incluido en este capítulo (y a lo largo del libro), formule una versión apropiada en inglés, sin caer en la tentación de usar una traducción literal.

   a. Una mujer le dice a su colega en el lugar de trabajo:
   Toma, échales una ojeada a estos documentos antes de la reunión.

   b. Una mujer está observando un vestido en el escaparate de una tienda y su amiga le dice:
   Anda, cómpratelo que te va a sentar genial.

   c. Una esposa le dice a su marido lo siguiente, después de que él ha vuelto del aeropuerto donde se perdió su maleta:
   Aprovecha y llama el aeropuerto, anda. A ver si te han encontrado la maleta.

   d. Un cliente le dice lo siguiente a su abogado que está considerando si dejar el caso o no:
   Si quieres dejar el caso, lo dejas. Otro hará el trabajo por ti.

   e. Un amigo a otro que está pensando dejar a la novia:
   Que no te agobies, no pasa nada. La dejas y ya está.

   f. Un marido a su mujer, la cual no sabe si tomar sus pastillas o no:
   Toma tus pastillas. Luego te quejarás del dolor. Anda, tómalas.

2. Las siguientes peticiones en inglés, empleadas para realizar interacciones transaccionales, están orientadas al emisor. Cámbielas a peticiones equivalentes en español, orientadas al destinatario, alguien más o menos de su misma edad.

   a. Al camarero, en la mesa de un restaurante:
   May I have another napkin, please?

   b. En la caja de un café:
   Can I get a coffee and a small bottle of water?

   c. En un puesto de información en el aeropuerto:
   I would like a map of the city, please.

   d. A una bibliotecaria que está leyendo una revista detrás del mostrador de información:
   I'm sorry but I need some help finding books about Spanish pragmatics.

   e. A una banquera:
   Can I borrow your pen for a second?

3. Algunos investigadores opinan que para las peticiones en inglés, las estrategias orientadas hacia el emisor son más corteses que las que se orientan al destinatario. Pensando en los siguientes pares de peticiones en inglés, ¿cree Ud. que una es más cortés que otra? Justifique su respuesta.

a. *Could you let me use your phone for a minute?*
   Could I use your phone for a minute?
b. *Could you get me a coffee?*
   Could I get a coffee?
c. *Would you be able to lend me your car tomorrow?*
   Would I be able to borrow your car tomorrow?

4. Se ha visto en este capítulo que en España, generalmente, no se utilizan las disculpas para las infracciones menores. Evalúe la gravedad de las siguientes infracciones, usando 1 para las menores, 2 para las intermedias y 3 para las más graves. Aunque es inevitable que haya elementos subjetivos y culturales involucrados en esta actividad, compruebe si Ud. y sus compañeros de clase coinciden en sus respuestas.

a. En un supermercado, alguien está contemplando la selección de zumos naturales desde una distancia de dos metros y Ud. cruza rápidamente su línea de visión.
b. Ud. va al cine y llega justo cuando empiezan a poner los tráilers. Para que Ud. llegue a su asiento, dos personas sentadas al lado del pasillo deben levantarse.
c. Ud. está en una entrevista de trabajo y suena su teléfono. Tarda unos segundos en apagarlo.
d. Ud. se sube a un autobús lleno de gente y al pasar por el pasillo, pisa sin querer el pie de alguien que está sentado.
e. En una tienda de ropa, Ud. se adelanta para pagar sin ver que había otra persona esperando antes que Ud.
f. Está lloviendo y todo el mundo va con su paraguas por la calle. En una acera estrecha, Ud. golpea sin querer el paraguas de una persona.
g. Va a entrar en el banco y justo detrás de Ud. hay una mujer con un carrito de bebé, pero no la ve. Ud. abre la puerta y entra, pero luego se da cuenta de la presencia de la mujer cuando la puerta se está cerrando.
h. En un restaurante, Ud. se dirige a su mesa y al pasar al lado de otra, donde está sentado un grupo de personas mayores, derrama accidentalmente la copa de vino de una señora.

5. En el mundo hispano, las infracciones evaluadas con un 2 o 3 en el ejercicio anterior serían, probablemente, merecedoras de una disculpa verbal. Para dichas situaciones, formule una disculpa en español que, a su parecer, sea apropiada en la mayoría de los países hispanohablantes.

PARA SEGUIR REFLEXIONANDO

1. Mediante el lenguaje, los seres humanos crean intimidad y distancia en sus relaciones con los demás. A pesar de la variación cultural, la indirección extremada suele crear distancia, aunque sea por cuestiones de cortesía o respeto. ¿Qué otros mecanismos lingüísticos sirven para crear distancia? ¿Y para crear intimidad?

2. Piense en algunas normas de comportamiento no lingüístico que Ud. conoce. Por ejemplo, en las comunidades anglosajonas es común dar la mano al conocer a alguien, mientras que en algunos países hispanos se dan besos, dos en España y uno en otros países. ¿Cómo corresponde este comportamiento con lo que Ud. sabe ahora de la variación pragmática?

3. El consejo y la petición son dos actos de habla que, a pesar de ser diferentes, comparten rasgos comunes, puesto que en ambos se realiza una imposición en el interlocutor y se limita su libertad de acción. ¿Existe una forma para establecer una distinción clara entre un consejo y una petición? Piense en algunos elementos específicos, como la relación entre los interlocutores o el elemento que forma parte de la petición o el consejo, que pueden ayudar a determinar los límites entre un consejo y una petición.

4. El agradecimiento es un acto de habla que tiende a utilizarse, de forma general, con más frecuencia en inglés que en español. Reflexione sobre las posibles repercusiones que su ausencia de uso puede generar cuando un hispanohablante no lo emplea al hablar en inglés dentro de un contexto anglosajón, o quizá su uso excesivo en el contexto opuesto: un anglohablante que lo emplea con demasiada frecuencia en un país hispanohablante. Desde el punto de vista de la sociopragmática, ¿cree que sería posible determinar algunas normas para enseñar cuándo una persona debe agradecer en una cultura u otra? ¿Cómo explicaría Ud. las normas de su propia cultura a un extranjero?

5. En su opinión, ¿cree que una persona se puede disculpar sin usar el lenguaje, mediante gestos o acciones? Ponga algún ejemplo concreto que conozca en la cultura anglosajona y/o hispana.

PARA INVESTIGAR MÁS

Briz, Antonio. 2006. "Atenuación y cortesía verbal en la conversación coloquial: su trata-miento en la clase de ELE". En *Actas del programa de formación para profesorado de ELE 2007*. Munich: Instituto Cervantes: http://www.cervantes-muenchen.de/es/05_lehrerfortb/02.html.

Briz, Antonio. 2009. *El español coloquial en la conversación*. Barcelona: Ariel.

Carrasco Santana, Antonio. 1998. "El taco y sus valores corteses: Valor de sinceridad del taco". *Cuadernos de Lazarillo* 14(25): 46–49.

De Pablos-Ortega, Carlos, 2010. "Attitudes of English native speakers towards thanking in Spanish". *Pragmatics* 20(2): 149–170.

Félix-Brasdefer, J. César. 2003. "Declining an Invitation: A Cross-Cultural Study of Prag-matic Strategies in Latin American Spanish and American English". *Multilingua* 22(3): 225–255.

Hickey, Leo. 1991. "Comparatively polite people in Spain and Britain". *Association for Comparative Iberian Studies* 4: 2–7.

Hickey, Leo, y Miranda Stewart. 2005. *Politeness in Europe*. Clevedon/Buffalo/Toronto: Multilingual Matters.

Issacs, Ellen, y Herbert H. Clark. 1990. "Ostensible invitations". *Language in Society* 19: 493–509.

Pinto, Derrin. 2008. "Passing greetings and interactional style: A cross-cultural study of American English and Peninsular Spanish". *Multilingua* 27(4): 371–388.

Valeiras Viso, Jesús. 2002. "'Deja tu mensaje después de la señal': Despedidas y otros elementos de la sección de cierre en mensajes dejados en contestadores auto-máticos en Madrid y Londres". En *Actos de habla y cortesía en español*, editado por María E. Placencia y Diana Bravo, 209–232. Munich: Lincom Europa.

Capítulo 11

Parece que no hablamos el mismo idioma
El aprendizaje de la pragmática

PARA SITUARSE

Desde el punto de vista del aprendiz de español como lengua extranjera, ¿ha notado Ud. que transfiere estructuras, vocabulario, expresiones, etc. de su lengua materna al español? Si es así, dentro del ámbito de la pragmática, ¿ha observado alguna dificultad en la emisión, uso o comprensión de ciertos actos de habla? ¿O tal vez en el empleo de estrategias de cortesía? Proporcione ejemplos específicos.

David González de Pablos

En el proceso de aprendizaje de una lengua extranjera (L2) los aprendices van desarrollando un sistema lingüístico que les permite convertirse en usuarios competentes de una lengua. Dicho sistema, denominado **interlengua** o **interlenguaje,** se inicia cuando una persona comienza a aprender una lengua extranjera y evoluciona de manera paulatina. La interlengua, un término acuñado por Selinker (1972), no es algo permanente, sino que varía de acuerdo con las fases de adquisición por las que los aprendices deben pasar durante su proceso de aprendizaje. En otros términos, se podría decir que es como una especie de tierra de nadie para el aprendiente, dado que se encuentra entre dos mundos, el de su lengua materna (**L1**) y el de la L2. En la mayoría de los casos, esta condición dura toda una vida ya que, salvo en situaciones excepcionales, el aprendiz adulto de una segunda lengua nunca llega a dominarla como un hablante nativo.

Los enfoques más tradicionales de la enseñanza de lenguas extranjeras tienden a dar más énfasis al aprendizaje de los contenidos gramaticales y léxicos. Debida a la escasa atención prestada al ámbito de la pragmática, los estudiantes, a menudo, se ven obligados a adquirir los elementos pragmáticos de forma implícita a través de las actividades pedagógicas de clase o de sus interacciones dentro y fuera del aula. Éste ha sido el caso a pesar de los intentos del docente de emplear un enfoque contextualizado para presentar los puntos gramaticales. Para el aprendiz de lenguas, la adquisición de información pragmática tiende a requerir de un nivel de atención explícito. Por lo tanto, recientemente se han empezado a desarrollar materiales didácticos que muestran explícitamente a los aprendices las estructuras lingüísticas apropiadas para un determinado contexto. En muchos casos, estos elementos se introducen mediante actividades que dirigen la atención del aprendiz a los aspectos pragmalingüísticos y socioculturales. Estos materiales pedagógicos pueden enfocarse en una variedad de conceptos de la pragmática; por ejemplo, en el uso de marcadores de cortesía o en los recursos utilizados para llevar a cabo determinados actos de habla.

En el terreno de la adquisición de lenguas extranjeras, el aprendizaje de la habilidad pragmática está condicionado por unas variables que no dependen necesariamente del input recibido en el aula. Se deben tener en cuenta, por un lado, la disponibilidad y la naturaleza del input y, por otro, el conocimiento pragmático que posee el estudiante de su L1 y de las variables que condicionan la selección de los recursos lingüísticos apropiados (distancia social, poder social, género, etc.). El contacto con la cultura de la L2 es también un factor relevante para la adquisición.

Aparte de la exposición a la lengua en el aula, sobre todo mediante los materiales didácticos y el habla del profesor, en algunas ocasiones los alumnos disponen del input de hablantes nativos por medio de interacciones o conversaciones reales. Del mismo modo, hoy en día, las nuevas tecnologías ofrecen una variedad de oportunidades para estar en contacto con la L2. En el mejor de los casos, los estudiantes pueden viajar o incluso residir en el país de la lengua que están aprendiendo. En estas circunstancias, el contacto con los hablantes nativos es algo clave para la adquisición puesto que los aprendices no sólo ponen en práctica todo lo aprendido en el aula, sino que también tienen la posibilidad de aplicar y utilizar todos sus conocimientos en situaciones reales de comunicación.

La interacción con hablantes nativos de una lengua y las experiencias personales al entrar en contacto con la cultura son dos factores importantes para incrementar tanto el input al que el aprendiente está expuesto, como la motivación que él mismo tiene para su propio aprendizaje. Es de esperar que el grado de exposición a una lengua extranjera, aunque sea a través de la instrucción en el aula, contribuya a mejorar la competencia pragmática. Esto se demuestra, por ejemplo, en un estudio llevado a cabo por Koike (1996) por medio del cual se observa que los aprendices de español pueden experimentar dificultades en reconocer la intención de un determinado acto de habla. Los resultados de su investigación mostraron que los estudiantes de español de tercer y cuarto año identificaron más fácilmente la fuerza de una sugerencia en comparación con los estudiantes de primer y segundo año. En cuanto a la motivación, ésta se ha considerado un factor esencial en una adquisición exitosa de una segunda lengua, sobre todo cuando se trata de una motivación *integradora,* el término que se usa para referirse al deseo del aprendiz de integrarse en la cultura de la L2.

Con respecto a la instrucción en el aula, es fundamental distinguir entre dos tipos: la implícita y la explícita. En la instrucción implícita, el profesor no facilita ni presenta información específica. Piense, por ejemplo, en cómo el profesor podría tratar de presentar el tema de los actos de habla indirectos sin dar una explicación detallada del concepto en sí. Tal lección se podría basar en una serie de ejemplos que muestran diferentes maneras de pedir información, ofrecer sugerencias, quejarse, etc. A partir de los contenidos lingüísticos, el profesor dirigiría la atención del alumno a los componentes pragmáticos de forma indirecta. En el caso de la instrucción explícita, el profesor presentaría los contenidos pragmáticos de forma concreta, como el uso de las estructuras o construcciones que se emplean para realizar un determinado acto de habla y, a partir de ahí, analizaría las variables relevantes para la utilización de estrategias y léxico adecuados. En su trabajo sobre la pragmática y la enseñanza de lenguas, Kasper (2001) destaca que la instrucción explícita es más efectiva que la implícita.

Esta introducción se ha ocupado de sólo algunas de las ideas relacionadas con el aprendizaje y la enseñanza de los componentes pragmáticos. Aunque son temas complejos que se pueden tratar con mucho detalle, este capítulo se va a centrar en aquellos aspectos más prácticos y relevantes para los aprendientes de español como lengua extranjera. Primero se van a presentar algunas dificultades que el aprendiz puede experimentar durante el proceso de aprendizaje. Seguidamente, se van a plantear diferentes sugerencias para que el estudiante pueda superar los obstáculos que impiden el proceso de adquisición y mejorar su competencia pragmática. Por último, se van a considerar algunas cuestiones relacionadas con la enseñanza de los componentes pragmáticos en el aula.

PARA COMUNICARSE EN ESPAÑOL

Un recurso importante relacionado con el uso y la combinación de las palabras es el *Diccionario combinatorio práctico del español contemporáneo*. Este trabajo presenta las combinaciones de las palabras en el español actual (lo que en inglés se denominan "collocations") y sirve para encontrar los términos precisos, evitar las repeticiones en la escritura y ampliar el vocabulario. Esta beneficiosa herramienta, tanto para los hablantes nativos de español como para los aprendices de esta lengua, ayuda a utilizar la lengua española con más riqueza y variedad. Las entradas de este diccionario muestran las palabras combinadas con diferentes categorías gramaticales. Así, por ejemplo, el verbo *invitar* tiene dos entradas: la primera es *invitar a*, que se combina con sustantivos (*reflexión, tranquilidad, estudio*, etc.), con otros verbos (*pensar, discutir, pelear*, etc.) y con adverbios (*sosegadamente* y *plácidamente*); la segunda entrada es *invitar a alguien*, que aparece combinada exclusivamente con adverbios (*amablemente, sinceramente, cordialmente*, etc.). Desde el punto de vista de la pragmalingüística, este tipo de combinatoria de palabras es un instrumento valioso que permite descubrir diversos y ricos matices de uso de la lengua española.

11.1 FENÓMENOS QUE DIFICULTAN EL APRENDIZAJE

Todos los aprendices poseen una competencia pragmática en su lengua materna que adquieren de forma natural e inconscientemente cuando aprenden a hablar. Por lo tanto, cuando empiezan a comunicarse en una lengua extranjera, su primer instinto es activar, de forma automática, los conocimientos de su L1. Sin embargo, este proceso no siempre funciona porque el léxico, las estructuras y las convenciones lingüísticas que son pragmáticamente adecuadas en una lengua no se transfieren necesariamente a otra. Cuando esto sucede, puede ocurrir lo que se denomina **transferencia negativa** (o *interferencia*). Dicho fenómeno se refiere a la falta de simetría entre la L1 y la L2, y una consecuencia para el aprendiz es que pueden surgir malentendidos en la interacción. También es importante apuntar que la transferencia no siempre perjudica la comunicación porque, en muchas ocasiones, cuando sí existe simetría entre las dos lenguas, puede dar lugar a un enunciado apropiado. En este caso, la transferencia de elementos lingüísticos se denomina **transferencia positiva.**

Como indica Yates (2010), la transferencia de las normas pragmáticas no sucede normalmente de forma consciente. Al hablar una segunda lengua, el usuario, en su L1, ya dispone de todo un sistema lingüístico interiorizado (estructuras, vocabulario, normas, etc.) del que extrae elementos sin darse cuenta. Este desconocimiento puede llevar a la utilización incorrecta o inapropiada de elementos lingüísticos en la L2. Cuando algún hablante viola las normas pragmáticas de una lengua, puede ser malentendido o, en el peor de los casos, juzgado como una persona maleducada.

La transferencia negativa puede suceder dentro del componente pragmalingüístico o del sociopragmático. Para ejemplificar el caso de transferencia negativa en el marco de la pragmalingüística se puede pensar en el caso de las peticiones. El estudio de Pinto (2005) recoge peticiones producidas en español por los estudiantes estadounidenses y, en algunas de ellas, se muestra evidencia de la transferencia del inglés. En una de las situaciones, los participantes tenían que realizar una petición para pedir los apuntes a un compañero en la clase y utilizaron estrategias como las siguientes:

1) *#¿Puedo tener sus apuntes para las clases?*
2) *#¿Puedo ver tus apuntes?*

En estos dos ejemplos, los estudiantes transfirieron una estrategia común en inglés con el verbo "can" ("Can I have X?", "Can I see X?", etc.). Aunque desde la perspectiva gramatical son oraciones bien formadas, desde el ángulo de la pragmática, no son convenciones que se emplean en español para pedir (véase otros ejemplos en los capítulos 9 y 10). En estos casos es probable que el estudiante sea comprendido, pero no dejaría de manifestar su falta de competencia pragmática y de mostrar su pertenencia a otra cultura.

Otro ejemplo de transferencia negativa sucede dentro del ámbito de la mitigación. Como ya se ha mencionado, en comparación con el español, en inglés se suelen utilizar más mecanismos de mitigación para realizar las peticiones. Los resultados de la investigación de Pinto (2005) revelan la evidencia, por parte de los participantes anglohablantes, de querer incorporar el empleo de múltiples mitigadores en sus peticiones. La siguiente petición, emitida por uno de los informantes, es un enunciado agramatical debido al intento de incluir varios mitigadores:

3) *¿Quisiera posible si Ud. me traiga una limonada?

Los elementos mitigadores aquí son: el uso del imperfecto de subjuntivo (*Quisiera*), el empleo de *posible* y *si*, y el presente de subjuntivo (*traiga*). En este ejemplo, el estudiante intentó producir una petición mediante el uso de elementos gramaticales complejos que van más allá de su competencia lingüística. Es interesante destacar que, como no hace falta utilizar tanta mitigación en español, el intento de crear este tipo de petición es un esfuerzo en vano. En este caso, una petición apropiada en español puede ser tan sencilla como: *Una limonada, por favor* o *Tráeme una limonada*.

En el caso de la transferencia sociopragmática, se puede pensar en ejemplos de actos de habla que se utilizan en el contexto específico de una cultura cuando no son apropiados en la otra. En el Reino Unido, por ejemplo, una costumbre bastante extendida es dar las gracias al conductor del autobús con un "thank you" antes de que el viajero se baje. Este tipo de gesto se emplea para mostrar el agradecimiento al conductor por el servicio realizado. Debido a esta práctica, cuando un británico está en España, es probable que emplee esta fórmula de cortesía en la misma situación. Puesto que este gesto de agradecimiento no es necesario en esta circunstancia, éste es un ejemplo de transferencia negativa desde la perspectiva de la sociopragmática. Igual que se explicó para las peticiones en (1) y (2), el resultado de usar *gracias* en este contexto resaltaría que el emisor es extranjero. Aunque en este caso las consecuencias no son tan graves, cuando hay una relación de más confianza entre los interlocutores, dar las gracias puede incluso incomodar al receptor. De hecho, esto sucede cuando un español pasa tiempo viviendo en un país anglohablante y se acostumbra a dar las gracias en muchas situaciones en las que no sería apropiado agradecer en España. Imagine que dicha persona se encuentra en España y agradece a su padre que le haya llevado en coche al aeropuerto. El padre se podría sentir ofendido porque, dentro del marco familiar, no sería necesario dar las gracias por este tipo de acciones.

Otra causa de divergencia pragmática es lo que se denomina **sobregeneralización** (o **hipergeneralización**). Este fenómeno se produce cuando los aprendices primero adquieren un elemento pragmático y, luego, lo emplean en una variedad de contextos, independientemente de si es apropiado o no. Un ejemplo de dicho fenómeno es el uso del imperfecto de subjuntivo para realizar peticiones o invitaciones. Se nota el mal empleo de este tiempo verbal, especialmente cuando se trata del verbo querer (*quisiera*). Frecuentemente, los aprendices utilizan esta forma para todo tipo de peticiones cuando, en realidad, se limitaría sobre todo a los registros más formales. Se podría decir que, a pesar de toda la variación pragmática dentro del mundo hispanohablante, es una forma excesivamente deferente para las relaciones cercanas. Sería extraño que, entre amigos, novios o familiares, uno utilizara una pregunta del tipo *¿Quisieras tomar un café esta tarde?*

Los estudiantes que aprenden español como segunda lengua se encuentran con esta forma como ejemplo de una petición mitigada y, de acuerdo con el fenómeno de sobregeneralización, tratan de emplearla en una diversidad de situaciones, sin distinguir entre los contextos formales e informales. Es probable que la ausencia de información pragmática en los materiales didácticos contribuya a la confusión de su uso. Es decir, los libros de texto de español empleados en los niveles básicos suelen incluir ejemplos con *quisiera* para varios actos de habla, sin especificar que es una forma que se tiende a utilizar para mostrar deferencia en un contexto formal. Además, los textos normalmente no detallan las restricciones gramaticales del por qué no se usa con todos los verbos de la misma manera. Se han documentado casos de peticiones (Pinto 2002), realizadas por estudiantes anglohablantes de español, que suceden en contextos informales entre amigos, como la siguiente:

4) *¿Pudieras limpiar el apartamento?*

En (4), la adecuación gramatical y/o pragmática es cuestionable debido al uso de *pudieras* en la pregunta.

Los fenómenos de transferencia negativa y sobregeneralización presentados en este apartado sólo son dos manifestaciones de lo que les sucede a los aprendices durante el proceso de evolución de su interlengua. Junto a otras estrategias de aprendizaje como la traducción, la transferencia no es siempre perjudicial a la adquisición, sobre todo con respecto al inglés y al español, dado que son dos lenguas que comparten una gran cantidad de rasgos lingüísticos; entre ellos, el más obvio es el componente léxico, como queda reflejado en la gran cantidad de cognados. Dentro del ámbito de la pragmática, también existen muchas áreas de convergencia. Irónicamente, a veces las lenguas más parecidas causan el mayor grado de dificultad para los aprendientes. Es decir, cuando un estudiante de inglés como L1 estudia español como su L2, y debido al gran número de similitudes entre los idiomas, puede caer en la costumbre de emplear la transferencia por defecto. Si una lengua como el japonés fuera su L2, al ser ésta estructuralmente tan diferente al inglés, no habría tanta interferencia.

Puesto que existen casos en los que los estudiantes van a cometer inadecuaciones pragmáticas cuando se comunican en español, en el siguiente apartado se van a ofrecer algunas estrategias para reducir el uso inapropiado de la lengua. Uno de los rasgos de la interlengua es que todos los aprendices cometen errores porque es un aspecto inevitable del aprendizaje. Sin embargo, al ser más consciente de los fenómenos pragmáticos, es probable que el aprendiz avance de forma más rápida a través de las fases de la interlengua.

PARA COMUNICARSE EN ESPAÑOL

La **hipercorrección,** también denominada *ultracorrección* o *sobrecorrección,* es un fenómeno lingüístico que ocurre cuando un hablante tiene el deseo de adoptar un estilo culto o prestigioso y, como resultado, una palabra o una construcción que es correcta se deforma por creer equivocadamente que es incorrecta. Dos casos comunes de hipercorrección en español son el *dequeísmo* y el *queísmo.* El *dequeísmo* consiste en añadir la preposición *de* donde no es necesaria; por ejemplo: *me dijo de que viniera* en vez de *me dijo que viniera.* Se supone que el origen del problema son las combinaciones como *estar seguro de que* o *darse cuenta de que,* las cuales, según las normas prescriptivas, requieren el uso de la preposición *de.* Por lo contrario, el *queísmo* consiste en la tendencia opuesta, eliminar la preposición *de* en expresiones donde es obligatoria. Por ejemplo, es relativamente común observar este tipo de construcción: *estoy seguro que vino* en vez de *estoy seguro de que vino.*

11.2 SUGERENCIAS PARA EL APRENDIZAJE

Para los estudiantes de español como segunda lengua, a diferencia de la gramática, tratar de dominar la pragmática española no sería un objetivo realista porque no hay un número limitado de palabras, expresiones o estructuras concretas que uno pueda aprender de memoria para lograr un dominio completo del ámbito pragmático. Además, el enfoque principal de la pragmática, la relación entre el lenguaje y el contexto, abarca un terreno ilimitado y mutable. Algo parecido sucede cuando se considera el uso del lenguaje, ya que éste es un fenómeno enormemente subjetivo que varía de un hablante a otro. Asimismo, como se ha indicado en los capítulos anteriores, las normas que rigen el empleo del lenguaje suelen ser susceptibles a la variación dialectal. Por este motivo, es de esperar que los estudiantes se sientan abrumados ante la falta de un número limitado de normas, reglas o estructuras que pueden ser memorizadas para dominar los aspectos pragmáticos del español. A pesar de esta falta de reglas y de la multiplicidad de ideas implicadas en la pragmática, creemos que la pragmática contribuye a una perspectiva esperanzadora en el sentido de que le hace a uno ser consciente de los diferentes matices relacionados con el uso del lenguaje. Una vez adquirida esta consciencia, los estudiantes tienen el conocimiento necesario para convertirse en buenos observadores, como si fueran antropólogos estudiando el comportamiento lingüístico de otra cultura.

Un buen observador siempre está atento y va por la vida anotando mentalmente (o literalmente) lo que observa. Es más consciente de lo que sucede en su lengua materna y hace comparaciones entre ésta y la L2. Hoy día, para estar expuesto a la lengua española, no hace falta viajar a un país hispanohablante. Además de las comunidades de inmigrantes hispanos que viven en los países anglohablantes, la tecnología ofrece una plétora de oportunidades para estar en contacto con el español; el cine y la televisión aportan una fuente muy rica del lenguaje oral contextualizado. Pese a exponerse a todos estos recursos disponibles, los aprendices sólo pueden llegar a ser buenos observadores y usuarios competentes de la lengua si atienden a ciertas indicaciones para navegar a través del trayecto impuesto por la interlengua. A continuación se plantean cuatro propuestas para el desarrollo de las destrezas pragmáticas.

Propuesta 1: Prestar atención a la conexión entre forma y función

Puede parecer obvio, pero para adquirir una variedad de estructuras y recursos útiles para la pragmática, uno debe fijarse explícitamente en las conexiones entre una forma lingüística y su función correspondiente. Imagine que usted quiere aprender a hacer transiciones fluidas para terminar una conversación, tal y como hacen los hablantes nativos. Habría que prestar atención a las expresiones que ellos usan para indicar la intención de terminar la conversación. Para llevar a cabo esta función, es común que los hablantes nativos utilicen algunas de las siguientes expresiones: *bueno, bueno pues, pues nada, en fin, venga,* etc. Es fácil que este tipo de mecanismos pase desapercibido porque su función u objetivo comunicativo es muy sutil.

Propuesta 2: Prestar atención a las expresiones, convenciones o normas lingüísticas propias del español

Desde la perspectiva del aprendiz, la L2 contiene elementos propios que no existen, o que no se utilizan del mismo modo, en su L1. Para poner algunos ejemplos, con respecto al componente pragmalingüístico se podrían mencionar las estructuras con *se* para dar excusas y evitar la responsabilidad (*se me hizo tarde, se me fue el tiempo, se me olvidó,* etc.) o las expresiones con *que + subjuntivo* para diversos actos expresivos (*que te lo pases bien, que aproveche, que tengas buen viaje, que duermas bien,* etc.).

Para diferentes actos expresivos, una diferencia estilística sutil, pero importante en español, está relacionada con la idea de cómo, o mediante qué tipo de palabra, se transmite el componente expresivo del enunciado. En español se suele depender más de los verbos, lo cual se aprecia en expresiones como *me alegra, me interesa, me extraña,* etc., mientras que en inglés los adjetivos llevan la carga expresiva ("I'm happy", "I'm interested", "I'm surprised", etc.). Si bien las dos opciones son posibles en las dos lenguas, es importante que los estudiantes de español sean conscientes de esta diferencia para lograr acercarse al modo de hablar de los nativos. Por ejemplo, al encontrarse con una amiga después de un largo periodo de ausencia, en español se diría *me alegra verte* o *me alegro de verte,* pero la versión prototípica en inglés sería "I'm happy to see you" o "It's good to see you". De acuerdo con esta idea, en el caso de los cumplidos dirigidos a otro/a compañero/a de clase para alabar una presentación oral, Pinto (2002) encontró que los estudiantes anglohablantes de español transferían la fórmula en inglés, "to be" + adjetivo, al español. Aunque los dos primeros cumplidos (5 y 6) producidos por estudiantes no nativos del español son gramaticalmente correctos, no dejan de resultar un tanto forzados comparados con los enunciados análogos realizados por hablantes nativos (7 y 8):

5) *Tu presentación fue excelente.* (producido por un estudiante no nativo)
6) *Tu presentación era muy buena.* (producido por un estudiante no nativo)

7) *Me encantó tu exposición.* (producido por un hablante nativo)

8) *Me gustó mucho tu plática.* (producido por un hablante nativo)

Propuesta 3: Tomar nota de las convenciones o normas lingüísticas en inglés no transferibles al español

Esta estrategia tiene que ir acompañada por la propuesta 2 ya que, idealmente, el aprendiz reemplazará estas convenciones con las estructuras propias del español. Se han mencionado varios ejemplos a lo largo de este libro. *Lo siento* puede ser un equivalente de "I'm sorry" en inglés, pero sus usos en español no coinciden exactamente con los del inglés. Cuando el aprendiente emplea *lo siento* de forma excesiva en español, es un caso de sobregeneralización, uno de los fenómenos anteriormente mencionados. La transferencia negativa de convenciones y normas lingüísticas del inglés al español implica dificultades para los estudiantes porque, si bien no causa problemas de comprensión, es una característica del habla inapropiada de los hablantes no nativos.

Propuesta 4: Prestar atención a cómo las variables contextuales afectan al lenguaje

Para aprender bien las normas de uso de *usted* frente a *tú*, por ejemplo, uno tendría que fijarse en el entramado de factores sociales relacionados con los interlocutores (la edad, el poder, el estatus, etc.). De manera parecida, cuando uno aprende léxico nuevo, es esencial ser consciente de la naturaleza del contexto y del registro en el cual se ha utilizado. Los estudiantes tienden a aprender una palabra o expresión y, acto seguido, intentan usarla en una variedad de situaciones, independientemente del contexto. Por ejemplo, hay palabras y expresiones asociadas con la escritura formal (Ej. *conforme a su petición, lo susodicho, análogamente, por ende, empero,* etc.) que, por lo general, no se usarían en una conversación coloquial entre amigos. Por el contrario, hay muchas palabras y expresiones coloquiales (Ej. *un mogollón, ándale, la uni, estar hecho polvo, boludo, súper,* etc.) que uno escucha en el habla cotidiana pero que no serían completamente apropiadas en un registro formal. Existen también casos intermedios en los que palabras más formales, como *ebrio, ingerir* y *fallecer,* son menos comunes que sus equivalentes informales en la conversación diaria: *borracho, comer/tomar* y *morir.*

PARA COMUNICARSE EN ESPAÑOL

En un intento por establecer una normativa que resuelva las dudas del idioma español para toda la comunidad de hispanohablantes del mundo entero, las veintidós academias de la lengua española han elaborado tres documentos de referencia: la *Nueva gramática de la lengua española* (2009), la *Ortografía de la lengua española* (2010) y el *Diccionario panhispánico de dudas* (2005). Estas tres obras de consulta son de gran utilidad tanto para los hablantes nativos de español como para los hablantes que tienen el español como segunda lengua, puesto que les permiten solucionar cualquier duda relacionada con un aspecto gramatical u ortográfico. Un elemento innovador muy importante de estos trabajos es el hecho de que tienen en cuenta las diferentes variedades de español habladas en los todos los países hispanohablantes.

11.3 LA PRAGMÁTICA Y LA ENSEÑANZA DE LENGUA

La enseñanza del componente pragmático es un tema que no se ha tratado hasta el momento, pero que resulta de especial interés y que conlleva una serie de implicaciones importantes. De forma intuitiva, el lector podría pensar que todo es enseñable en el mundo, pero en realidad, no es una cuestión tan sencilla. Primero hay que matizar qué se entiende por *enseñar*. A pesar del esfuerzo que un profesor puede poner en la enseñanza de cualquier materia, este proceso sólo es efectivo si los estudiantes logran aprender lo que se les enseña. Del mismo modo, también haría falta explicar qué se entiende por *aprender*. Cuando se trata del aprendizaje de una lengua, y sobre todo, de intentar adquirir la destreza oral equivalente a la de un hablante nativo, lo que importa es si el estudiante, a corto y a largo plazo, consigue incorporar en su habla los aspectos enseñados y si logra aplicarlos en situaciones comunicativas reales. Por lo tanto, en el tema de la enseñanza de la competencia pragmática, se plantea la cuestión de si los elementos pragmáticos que se enseñan de forma explícita o implícita son perdurables, tanto en la producción del estudiante como en la comprensión de los mismos. En términos generales, la respuesta a esta pregunta es afirmativa; una gran parte de las investigaciones sobre la enseñanza de las aptitudes pragmáticas ofrece datos optimistas. Sin embargo, como es un área de investigación tan amplia, este apartado sólo se va a ocupar de ofrecer una síntesis de algunos estudios seleccionados.

En su resumen sobre las investigaciones relativas a la pragmática y a su enseñanza, Taguchi (2011) subraya que el área de exploración que ha recibido más atención son los estudios de intervención que analizan la efectividad de determinado método pedagógico. Uno de los criterios que guía estas investigaciones es la idea de que para el aprendiz de una L2, el ámbito pragmático requiere un alto nivel de atención dirigida a las formas lingüísticas, sus funciones y los factores contextuales (Schmidt 1992; 1993). Es probable que estos requisitos parezcan una obviedad ya que constituyen los principios o elementos por los que se rige la pragmática. Sin embargo, las implicaciones para la enseñanza son importantes, especialmente porque se prioriza la necesidad de lo que se denomina la información **metapragmática,** la cual se refiere a las explicaciones especificadas sobre el lenguaje, sus funciones y el contexto. De hecho, esta perspectiva va en contra de los objetivos más básicos del llamado **método comunicativo,** una de las metodologías de enseñanza que se puso de moda hace tres o cuatro décadas y que sigue teniendo impacto hasta hoy. Uno de los fundamentos de esta metodología de la enseñanza es que el papel principal del profesor de lengua es facilitar a los estudiantes grandes cantidades de input auténtico en la L2, con la esperanza de que esta exposición al lenguaje se traduzca en un aprendizaje efectivo, sin la necesidad de realizar explicaciones puntualizadas que dirijan la atención del estudiante a cuestiones de estructura. El objetivo, en pocas palabras, es intentar recrear el mismo proceso que los bebés experimentan al adquirir su L1 en al ambiente familiar, sin que sus padres les *enseñen* a hablar explícitamente. Así que, volviendo al tema del método más efectivo para enseñar la competencia pragmática, la mayoría de estudios recuerdan que las lecciones explícitas sobre el uso del lenguaje son imprescindibles, y además, son más efectivas que la enseñanza implícita. Esto no quiere decir, sin embargo, que la práctica comunicativa no sea igual de importante.

Dada la extensa atención dedicada a los actos de habla en la pragmática, es lógico que estos sean uno de los enfoques principales de los estudios sobre la enseñanza. Dentro de esta corriente de investigación, un procedimiento común es exponer a los participantes a un input específico, diseñado para que ellos mejoren su forma de producir o de comprender un determinado acto. Un análisis ilustrativo de esta línea investigadora se encuentra en Alcón-Soler (2007), quien investigó los efectos de dos métodos de instrucción en el conocimiento pragmático que los alumnos españoles tienen del uso de las peticiones en inglés. Tres grupos de participantes, entre diecisiete y dieciocho años, asistieron a una serie de lecciones diferentes. El método explícito consistía en un componente audiovisual y unas actividades que dirigían la atención de los estudiantes a ciertos aspectos de las peticiones y que proporcionaban información metapragmática sobre el uso apropiado de éstas. El método implícito trataba del mismo programa audiovisual, pero las actividades correspondientes no fueron acompañadas por el mismo tipo de detalles sobre el uso. El tercer grupo era uno de control que no recibía instrucción relacionada con las peticiones. Al comparar los resultados del test que los tres grupos completaron antes y después de la intervención pedagógica, la investigadora encontró que tanto el grupo explícito como el implícito mejoraron en la identificación de las peticiones. No obstante, los participantes del grupo explícito eran los únicos que lograron explicar adecuadamente cómo algunos factores sociopragmáticos (Ej. distancia, poder y grado de imposición) influyeron en la selección de ciertas estructuras en inglés para realizar la petición. Además, el grupo explícito también demostró que las aptitudes alcanzadas durante las lecciones eran más duraderas, según los datos del pos-test recolectados tres semanas después de la intervención.

Langer (2011) dirigió un estudio comprensivo sobre la producción de cuatro actos de habla; peticiones, invitaciones, rechazos y disculpas. En el contexto universitario, el autor expuso a unos aprendices anglohablantes de tres niveles de español a cuatro lecciones en Internet, una para cada acto de habla, y repartidas a lo largo de diez semanas. Cada lección contenía una introducción al acto, una explicación de su uso, ejemplos de las formas empleadas para realizarlo y actividades para practicar. Los resultados de este análisis indicaron que los estudiantes de los tres niveles progresaron en su producción de actos de habla. De los tres grupos, el nivel intermedio fue el que mejoró más, lo que sugiere que esta etapa de adquisición podría ser la fase en la cual los aprendices están más predispuestos a aprender contenidos pragmáticos y a incorporarlos en su habla.

Algunos autores han recalcado la importancia de enseñar la competencia pragmática de una manera más auténtica y de enfatizar a los estudiantes que en la vida real, los interlocutores realizan sus objetivos comunicativos a lo largo de múltiples turnos conversacionales. Éste es el caso del análisis que Liddicoat y Crozet (2001) llevaron a cabo sobre un tema muy restringido; diferentes maneras de interpretar y de contestar la pregunta equivalente a *¿Has tenido un buen fin de semana?* en inglés y en francés. Aunque se trata de diferencias entre el francés y el inglés australiano, este estudio subraya cómo la forma de responder a una sola pregunta puede variar tanto entre culturas, y las observaciones comentadas son relevantes para comparaciones entre el español y el inglés.

Primero, los autores explican la fuente de divergencia cultural con respecto a la costumbre de preguntarle a otro por su fin de semana. En el inglés de Australia, similar al inglés de otros lugares, la pregunta "Did you have a good weekend?" constituye una convención conversacional que se usa casi de modo automático los lunes por la mañana. Cuando uno hace esta pregunta, espera que la respuesta sea breve, amable y positiva, pero al mismo tiempo, uno no debe mostrar demasiado entusiasmo porque así la rutina puede alterarse excesivamente. En francés, en cambio, no es una pregunta utilizada con todo el mundo, pero cuando se emplea, la persona suele contestar con sinceridad e incluye detalles, opiniones, reacciones y descripciones entretenidas y animadas. Además, la persona que ha hecho la pregunta interviene para mostrar interés y de esta manera, se genera una interacción extendida y dinámica. Dada esta tendencia tan distinta entre la cultura francesa y la australiana, los autores decidieron diseñar un estudio para averiguar si se podía enseñar algunos aspectos de esta normal cultural en francés. Con este fin, ellos crearon una serie de lecciones para diez alumnos australianos que estudiaban francés en su segundo año en la universidad. Las lecciones representaban varios objetivos; por ejemplo, la meta de la primera fase era dirigir la atención de los estudiantes a las diferentes normas culturales y mostrarles algunos ejemplos auténticos de cómo los franceses contestan la pregunta sobre el fin de semana. Para otras lecciones, los aprendices participaron en juegos de rol y luego discutieron sus diálogos entre todos. Al final de las lecciones, los estudiantes mostraron, mediante sus diálogos simulados, que habían desarrollado una conciencia de las normas francesas al incorporar algunos elementos en su interacción que iban más allá del habla rutinaria. Una de las conclusiones del estudio es que se pueden enseñar aspectos relacionados con diferentes estilos conversacionales, pero los investigadores señalan el hecho de que el alcance del tema investigado, la manera de interpretar y contestar una sola pregunta, es limitado.

Alcón-Soler y Guzmán Pitarch (2010) elaboraron un conjunto de lecciones para enseñar a un grupo de estudiantes españoles cómo los rechazos en inglés se empleaban a lo largo de varios turnos de habla. Las lecciones se basaban en ejemplos sacados de un programa de televisión y se complementaban con explicaciones de los rechazos y de las secuencias en las que sucedían. Al final de las lecciones existía la oportunidad de poner en práctica el material. Los datos fueron recogidos mediante entrevistas con los participantes antes y después de la intervención. Estas entrevistas indicaron que los estudiantes se beneficiaron del contenido de las lecciones y que lograron aprender detalles específicos sobre las estructuras empleadas para los rechazos y sobre cómo los factores de distancia, poder y estatus afectan al desarrollo de los rechazos mediante varios turnos de habla.

Sessarego (2009) desarrolló un proyecto de investigación enfocado en el nivel principiante, un grupo frecuentemente excluido de los estudios pragmáticos ya que los aprendices de este nivel todavía no han desarrollado una extensa base de conocimientos en la L2. En este estudio, se expuso a treinta y dos estudiantes universitarios canadienses a un temario sobre el discurso empleado en la realización de transacciones en bancos, tiendas, restaurantes, trenes, etc., durante diez horas. En este caso, el énfasis no recaía en los actos de habla sino en los llamados *eventos de habla*, los cuales abarcan toda la interacción requerida para una situación determinada (Ej. sacar dinero del banco o comprar billetes de tren). El objetivo principal de estas lecciones era resaltar la información metapragmática pertinente. Al final del proceso, los datos fueron recogidos mediante conversaciones simuladas con hablantes nativos y un cuestionario. A pesar de ser un análisis descriptivo, la autora observó resultados positivos. Por ejemplo, las lecciones parecieron ayudar a los alumnos a expresar sus intenciones pragmáticas en sus interacciones con hablantes nativos. Fueron capaces de incorporar tanto el vocabulario característico de cada transacción como algunas de las estructuras lingüísticas convencionalmente usadas por hispanohablantes. Los cuestionarios también revelaron que los participantes encontraron que la información de las lecciones había sido útil.

Con respecto a la efectividad de enseñar la mitigación en español, Félix-Brasdefer (2008c) diseñó un estudio para determinar si la instrucción explícita tendría un efecto positivo en el empleo de mitigación en los rechazos producidos por universitarios anglohablantes de nivel intermedio. El tratamiento explícito fue dirigido a un grupo de dieciséis estudiantes, y consistía en una lección de setenta y cinco minutos sobre las diferencias entre el español y el inglés seguida por explicaciones detalladas relativas a los elementos pragmáticos implicados en la mitigación de los rechazos. Dos días después, estos estudiantes participaron en una práctica comunicativa de setenta y cinco minutos y compartieron observaciones con el instructor. Los resultados del análisis mostraron que todo el grupo se benefició de la intervención y que cada estudiante mejoró notablemente en el uso de la mitigación. Además, este progreso se mantuvo hasta un mes después, cuando se administró el último pos-test. Por poner algunos ejemplos de los avances demostrados, los estudiantes produjeron un índice más alto de mitigadores como *pienso/creo que* (Ej. *creo que no puedo*), de adjetivos (*posible*), de adverbios (*desafortunadamente, quizás*), del condicional (*no podría*) y de expresiones de incertidumbre (*no sé*). En (9) se incluye un fragmento de un rechazo dirigido a un profesor que ha recomendado que la estudiante se matricule en otra clase:

9) *um, sí, sería bueno, pero um—lo que pasa es que yo creo que esta materia um como que no sé, pero [. . .]. (489)*

Aparte de los mecanismos destacados por el autor (*sería, creo que, como que no sé*), también se podría subrayar el uso repetido de la muletilla *um* y la expresión *lo que pasa es que* porque indican vacilación y/o preocupación por la imagen del profesor.

Los estudios mencionados aquí sólo son una pequeña muestra de las recientes investigaciones publicadas sobre la enseñanza de la competencia pragmática que, en su conjunto, aportan un panorama relativamente optimista. Aunque es probable que este tema sólo sea de interés para los lectores que son o quieren ser docentes, hay publicaciones con diferentes tipos de recomendaciones pedagógicas y de actividades (Ej. Bardovi-Harlig y Mahan-Taylor 2003; Cohen 2008; Félix-Brasdefer 2006b; Félix-Brasdefer y Cohen 2012). Una sugerencia frecuentemente mencionada por varios investigadores son los beneficios de los materiales audiovisuales, como el cine y los programas de televisión, los cuales representan y simulan conversaciones reales. Sin embargo, no es una cuestión de mostrar películas en clase y esperar resultados milagrosos; es decir, para incorporar este tipo de material en el aula, se requiere un trabajo laborioso puesto que es necesario buscar escenas apropiadas, hacer transcripciones y diseñar actividades para dirigir la atención del estudiante a ciertos fenómenos pragmáticos. Afortunadamente también existen recursos que ya están disponibles en la red, como la página de CARLA (Center for Advanced Research on Language Acquisition), sobre todo el componente llamado "Dancing with Words".

11.4 PARA IR TERMINANDO

La frustración es un estado inevitable en el proceso de aprendizaje de cualquier lengua extranjera. Tal y como se ha mencionado al comienzo de este capítulo, el sistema de la interlengua implica un proceso dificultoso, lento e interminable. Asimismo, el progreso hacia la lengua meta implica etapas de retroceso y estancamiento porque la adquisición de una segunda lengua siempre será un fenómeno dinámico. Incluso en el caso de que sólo se pretendiera dominar el componente gramatical de una lengua, el objetivo final sería difícilmente alcanzable. Para mayor complicación, cuando se considera que la adquisición de una lengua implica también el área de la pragmática (todas sus normas, convenciones, estrategias, etc.), el nivel de dificultad aumenta considerablemente. A pesar de este desalentador panorama, existe la posibilidad de superar este reto. Como se ha visto en este capítulo, los aprendices tienen a su disposición una serie de estrategias que les ayudan a asimilar los componentes pragmáticos y que, a su vez, facilitan el proceso de adquisición en la L2. Además es importante tener presente que no todos los estudiantes aspiran a alcanzar una competencia lingüística comparable a la de los hablantes nativos. Esto se debe principalmente a una conformidad con una adquisición parcial que permite satisfacer las necesidades y los objetivos que persiguen en la lengua meta. Por su parte, también existe la posibilidad de que los aprendices, de forma consciente o no, opten por no adoptar totalmente el modelo de competencia de los hablantes nativos por cuestiones de identidad, siempre ligadas al mantenimiento de su propia lengua y cultura.

Al fin y al cabo lo que el concepto de la interlengua ofrece es una metáfora útil de lo laborioso que resulta el proceso de adquisición de una segunda lengua. Esta imagen de estar entre mundos, el de la L1 y de la L2, nos parece acertada para concluir este libro. Habría que enfatizar, sin embargo, que el sistema de la interlengua no sólo es fuente de frustraciones (dificultades, obstáculos, etc.), sino también de satisfacciones. Se podría afirmar que el trayecto de la interlengua es el camino hacia el bilingüismo. No se puede olvidar que la recompensa, después de tantos años dedicados al aprendizaje y al estudio de una segunda lengua, se encuentra en todos los beneficios asociados al bilingüismo y, por supuesto, a la capacidad que desarrolla la persona bilingüe al poder expresarse con fluidez en ambas lenguas.

PARA RESUMIR

En este capítulo se han incluido las siguientes ideas:

- El concepto de interlenguaje, la enseñanza de la pragmática y los fenómenos que dificultan su aprendizaje (transferencia negativa y sobregeneralización).
- Algunas sugerencias para el aprendizaje de la pragmática: prestar atención a la forma, a la función y a las normas lingüísticas tanto del español como del inglés; tomar nota de las convenciones lingüísticas del inglés no transferibles al español; y prestar atención a las variables contextuales que afectan el lenguaje.
- Algunas investigaciones que muestran la efectividad de la enseñanza explícita de componentes pragmáticos para su adquisición por parte de hablantes no nativos de una lengua extranjera.

PARA PRACTICAR

1. Indique si en cada una de las siguientes situaciones, y desde el punto de vista del hablante no nativo, se produce una transferencia negativa o no.

   a. Un estudiante británico reside en España para realizar un curso intensivo de español. Todos los días al salir de su clase de gramática, le da las gracias al profesor.

   b. Un hombre de negocios de origen español está en una reunión de negocios con un hombre australiano en Sydney. Mientras están discutiendo sobre un tema importante de la empresa en inglés, el español no para de interrumpir al australiano, el cual empieza a sentirse incómodo porque no le deja terminar las frases en cada una de sus intervenciones.

   c. Un estudiante estadounidense, que se encuentra en Argentina, usa *vosotros* cuando se dirige a un grupo de personas.

   d. Un estudiante anglohablante en México D.F. pide una cerveza en un bar: *¿Puedo tener una cerveza?*

   e. Un peruano en Estados Unidos pide disculpas después de golpear sin querer con su paraguas a un transeúnte por la calle.

2. Indique si las siguientes actividades para la enseñanza de español están orientadas a estrategias de cortesía positiva o de cortesía negativa desde la perspectiva del receptor. Si están implicados los dos tipos de cortesía, explique por qué.

   a. Un juego de rol en el que los alumnos piden en un bar una bebida para practicar el uso de los tiempos verbales en imperativo.

   b. Una actividad mediante la cual los estudiantes deben pensar en diferentes excusas para rechazar una invitación.

   c. Un juego de rol en el que uno de los estudiantes, que adopta el papel de cliente en un restaurante, se queja al otro estudiante que desempeña el papel de camarero.

   d. Una actividad en la que los estudiantes practican fórmulas para mantener la atención del interlocutor en una conversación (*¿de verás? ¡qué interesante!*, etc.).

   e. Un ejercicio en el que tienen que elegir el cumplido apropiado para cada situación.

   f. Una actividad en la que el estudiante tiene que pensar cómo empezar una conversación con un desconocido.

3. Piense en algún acto de habla en inglés y diseñe una lección completa para un grupo de estudiantes de inglés como lengua extranjera. Describa los siguientes aspectos:

   a. qué usaría para ejemplificar su uso (un texto, un diálogo extraído de un libro, una escena audiovisual, etc.)
   b. qué detalles pragmalingüísticos y sociolingüísticos explicaría
   c. qué tipo de práctica incluiría.

PARA SEGUIR REFLEXIONANDO

1. En su opinión, y teniendo en cuenta la información que se ha incluido en este capítulo, ¿cuál es el modo más efectivo para mejorar la competencia pragmática en español?

2. Es importante reconocer que, de forma general, los libros de texto no pueden ser una fuente fiable de contenido (input) pragmático para los aprendices de lenguas en un aula. ¿Está Ud.de acuerdo con esta afirmación teniendo en cuenta su experiencia?

3. Pensando en el concepto de la interlengua y de la competencia pragmática, ¿cree Ud. que un hablante no nativo puede conseguir un dominio de una L2 comparable al del hablante nativo?

4. Después de haber estudiado el material en los capítulos anteriores, ¿se siente ahora que está más preparado/a para interactuar con los hispanohablantes? ¿Puede nombrar los conceptos del libro que han sido más útiles?

PARA INVESTIGAR MÁS

Batallar, Rebeca. 2010. "Making a request for a service in Spanish: Pragmatic development in the study abroad setting". *Foreign Language Annals* 43 (1): 160–75.

De Pablos-Ortega, Carlos, 2011. "The pragmatics of thanking reflected in the textbooks for teaching Spanish as a foreign language". *Journal of Pragmatics* 43 (9): 2411–2433.

Félix-Brasdefer, J. César. 2008. "Perceptions of refusals to invitations: Exploring the minds of foreign language learners". *Language Awareness* 17 (3): 195–211.

Ishihara, Noriko, y Andrew D. Cohen. 2010. *Teaching and Learning Pragmatics* (capítulo 12). Harlow, UK: Pearson.

LoCastro, Virginia. 2003. *An Introduction to Pragmatics* (capítulo 15, "Pragmatics in the Classroom"). Ann Arbor: University of Michigan Press.

Shively, Rachel. 2011. "L2 pragmatic development in study abroad: A longitudinal study of Spanish service encounters". *Journal of Pragmatics* 43: 1818–1835.

Wildner-Bassett, Mary. 1986. "Teaching and learning 'polite noises': Improving pragmatic aspects of advanced adult learners' interlanguage". En *Learning, Teaching and Communication in the Foreign Language Classroom,* editado por Gabriele Kasper, 163–178. Aarthus: Aarthus University Press.

Glosario

▬▬ ▬▬ ▬▬ ▬▬

Acto amenazador a la imagen: tipo de acto de habla que perjudica la imagen social (positiva o negativa) del destinatario.

Acto (o elemento) de apoyo: componente que se utiliza para apoyar o contextualizar el acto de habla principal.

Acto de habla: unidad lingüística básica de la comunicación que genera algún tipo de acción (una petición, un agradecimiento, un cumplido, etc.).

Acto fracasado (o desafortunado): acto de habla que el receptor no interpreta según el deseo del emisor, por lo que la intención comunicativa resulta fallida.

Acto indirecto (convencional): tipo de acto de habla utilizado por el emisor para expresar un objetivo comunicativo de forma indirecta. Se define como *convencional* cuando se adhiere a las normas establecidas en una lengua determinada para realizar el acto en cuestión.

Acto indirecto no convencional: tipo de acto de habla con el que se intenta expresar un objetivo comunicativo mediante estrategias de indirección muy marcadas que dependen en gran medida de los elementos contextuales.

Acto performativo (o realizativo): acto de habla que no es meramente descriptivo sino que, al expresarse, ejecuta la misma acción enunciada.

Acto principal: el segmento más básico del acto de habla que expresa en sí mismo la intención comunicativa del emisor. Cuando el acto principal se combina con otros elementos o actos de apoyo no es siempre fácil de identificar, ya que puede haber diferentes interpretaciones.

Acto realizativo: véase **acto performativo**.

Afiliación: deseo del individuo de pertenecer o formar parte de un grupo.

Agramatical: se dice de las oraciones o estructuras lingüísticas que no respetan las reglas de la gramática de una lengua.

Agravación: estrategia lingüística utilizada para aumentar la potencial amenaza a la imagen, sobre todo la del destinatario.

Alfabetización: capacidad de saber leer y escribir.

Anáfora: tipo de deíxis que se produce cuando una palabra se refiere a un elemento enunciado previamente en el discurso. Mediante la anáfora a veces se enfatiza la correferencia; por ejemplo, en la oración "*Carla y Tomás son mis amigos, pero ella me cae mejor que él*", *ella* se refiere a Carla, pero tanto *ella* como *Carla* se refieren a la misma persona en el mundo real.

Análisis conversacional: área de la lingüística relacionada con el estudio y el análisis de la comunicación y las pautas que regulan la conversación.

Antecedente: el elemento al que cierta palabra o expresión hace referencia. Por ejemplo, en *A Pablo lo vi en el café, Pablo* es el antecedente de *lo*.

Atenuación: véase **mitigación.**

Autonomía: deseo del individuo de ser diferente al grupo al que pertenece.

Catáfora: tipo de deíxis discursiva mediante la cual se anticipa un elemento del discurso que se va a mencionar seguidamente. (Ej. *Los maestros le caen bien a Marta*).

Centro deíctico: punto de referencia, en el tiempo y el espacio, de cualquier expresión deíctica. Por ejemplo, para la deíxis espacial, la ubicación del emisor en el momento del enunciado es generalmente el centro deíctico.

Cibercharla: intercambio escrito y sincrónico (que coincide en el tiempo) en Internet entre dos o más personas.

Circunlocución: manera de hablar mediante la que se recurre a un rodeo para expresar algo que podría decirse de forma más breve.

Competencia pragmática: conocimiento que posee el hablante de una lengua y que le permite emitir e interpretar enunciados de forma apropiada en una situación comunicativa.

Comunicación asincrónica: acto comunicativo en el que el intercambio de información entre los interlocutores no coincide en tiempo real.

Comunicación sincrónica: acto comunicativo en el que el intercambio de información entre los interlocutores se produce en tiempo real.

Comunidad de habla: grupo de personas que comparte una misma variedad lingüística y que suele adherirse a las mismas normas de comportamiento lingüístico.

Connotación: véase **significado connotativo.**

Conocimiento del mundo: conjunto de nociones e información que una persona posee a partir de sus experiencias o vivencias personales. Los miembros de una misma comunidad suelen compartir la misma base de conocimiento, si bien ésta no será idéntica entre individuos. También se denomina *conocimiento común*.

Contexto: conjunto de circunstancias no lingüísticas que determinan el tipo de enunciado emitido, así como su significado e interpretación.

Convención lingüística: palabra o expresión utilizada de forma repetida para realizar determinadas funciones comunicativas, por ejemplo, las fórmulas de saludo y despedida. Las convenciones lingüísticas contribuyen a simplificar la interacción humana.

Correferencia: véase la explicación y el ejemplo en **anáfora.**

Cortesía: estrategias conversacionales a las que se recurre para modular las interacciones humanas y evitar o mitigar posibles conflictos, ofensas, imposiciones, etc.

Cortesía negativa: conjunto de estrategias usadas por el emisor cuando trata de no imponer su voluntad en la libertad del otro, pero si tiene que hacerlo, intenta buscar maneras de reducir el impacto o el efecto de la imposición. Se asocia metafóricamente con la evasión.

Cortesía positiva: conjunto de estrategias que sirven para establecer y mantener la imagen positiva de los interlocutores mediante la manifestación de la empatía y de la proximidad social del hablante con respecto al oyente. Está relacionada con el acercamiento y la solidaridad.

Co-texto: conjunto de elementos lingüísticos que forman parte del mismo texto.

Deíxis: elementos lingüísticos que se emplean sobre todo para señalar o designar en el discurso a una persona (*yo*, *tú*), un lugar (*aquí*) o un tiempo (*ahora*).

Deíxis directa: empleo de la deíxis en contextos en los que el emisor y el receptor se encuentran presentes.

Deíxis discursiva: tipo de deíxis que hace referencia a una o varias partes del texto que se han mencionado o se van a mencionar.

Deíxis indirecta: empleo de la deíxis en casos en los que los referentes no están presentes en la comunicación pero sí codificados en el mensaje.

Denotación: véase **significado denotativo.**

Descortesía: estrategias empleadas en la conversación con el fin de atacar la imagen (positiva o negativa) del interlocutor.

Destinatario: persona a la que se dirige el mensaje en un acto de comunicación.

Distancia (social): la cercanía o lejanía que existe entre los interlocutores en una interacción; el grado de familiaridad que hay entre ellos.

Elipsis: eliminación de algún componente del discurso sin que se produzcan resultados agramaticales.

Emisor: persona que emite un mensaje en un acto de comunicación.

Endogrupo: grupo de una comunidad lingüística al que pertenece un hablante y con el que él mismo se identifica.

Entonación: inflexiones con las que el hablante modula su voz en función del mensaje que desee transmitir. Por ejemplo, pueden ocurrir subidas y bajadas en el tono que transmiten información relevante.

Entorno: lugar donde tiene lugar la interacción.

Enunciado: unidad de análisis utilizada en la pragmática en vez de la oración. Un enunciado puede ser cualquier palabra o combinación de palabras que realice una función comunicativa.

Espectador: la persona que se encuentra en el lugar donde se produce la interacción comunicativa pero que no es partícipe activo en la misma.

Etnocentrismo: tendencia de un individuo a considerar su cultura como único punto de referencia para interpretar el comportamiento social o lingüístico de otros grupos.

Expresión idiomática: expresión de una lengua en la que la suma de los significados de las palabras que la componen no denota lo mismo que la expresión en sí y no tiene por qué tener una traducción literal en otra lengua; por ejemplo, la expresión idiomática *estar por las nubes* en *el precio de la gasolina está por las nubes.* También se denomina *modismo.*

Fuerza ilocutiva: propósito o intención del emisor al producir un acto de habla.

Función comunicativa: objetivo de una unidad lingüística en una interacción.

Función fática: componente de la interacción cuyo objetivo principal es iniciar, mantener o finalizar una conversación.

Género: categoría que indica las diferencias entre el sexo masculino y el sexo femenino.

Gramatical: se dice de las oraciones o estructuras lingüísticas que cumplen con las reglas de la gramática de la lengua en cuestión.

Hablante: persona que tiene la capacidad de hablar, independientemente de la situación (si uno está hablando o no) y de la lengua que utilice. Sin embargo, a veces en la pragmática se usa como sinónimo de **emisor.**

Hablante de herencia: hablante que emplea una lengua en el hogar distinta a la de la zona geográfica donde reside.

Hipercorrección: fenómeno lingüístico que ocurre cuando un hablante deforma una palabra o una construcción lingüística que es en realidad correcta, en su afán por adoptar un estilo culto o prestigioso; por ejemplo, el empleo de la palabra "bacalado", que se refiere a un tipo de pescado, cuya escritura correcta es "bacalao". También se denomina *sobrecorrección* o *ultracorrección.*

Hipergeneralización: véase **sobregeneralización.**

Honorífico(s): sistema de fórmulas de tratamiento o formas pronominales empleadas para dirigirse a una persona en consideración a su estatus o poder social; por ejemplo, *Excelentísimo (Excmo.), Ilustrísimo (Ilmo.),* etc.

Imagen (social/pública): impresión, o el valor propio, que el emisor mantiene o transmite a los interlocutores durante una interacción.

Imagen negativa: deseo de que las acciones de un individuo no se vean impedidas o dificultadas por otras personas; se asocia al deseo de libertad de acción y de imposición.

Imagen positiva: deseo de que un individuo sea apreciado por los demás y se asocia al hecho de que otras personas compartan esos mismos deseos. Está relacionado con la solidaridad y el acercamiento.

Implicatura: toda la información que no se expresa de forma obvia o explícita cuando se emite un mensaje.

Información de fondo: tipo de información, relevante para la interacción, que los interlocutores comparten pero que no todo el mundo conoce necesariamente. También se denomina *información de trasfondo.*

Intención comunicativa: objetivo o propósito que persigue uno de los interlocutores con su enunciado.

Interacción transaccional: intercambio comunicativo que sucede al realizarse una transacción; por ejemplo, el intercambio que tiene lugar al comprar algo en una tienda, pedir una bebida en un bar, etc.

Interferencia: véase **transferencia negativa.**

Interlengua: sistema lingüístico del aprendiz de una L2 en cada uno de los estadios o fases de su adquisición. También se denomina *interlenguaje*.

Interlocutor: cada una de las personas que interviene en una interacción o en un intercambio comunicativo.

Kinésica: estudio del lenguaje corporal y de los gestos.

L1: lengua primera; es la lengua que el hablante aprende en su infancia. También se denomina *lengua materna*.

L2: lengua segunda; es la lengua que el hablante tiene como objeto de aprendizaje. También se denomina *lengua meta* o *lengua extranjera*.

Lenguaje corporal: lenguaje que se transmite a través de los movimientos y de los gestos que se realizan con el cuerpo de forma consciente o inconsciente.

Macro-acto de habla: conjunto de turnos, enunciados o micro-actos en un intercambio que contribuyen a expresar cierto objetivo del emisor. Por ejemplo, una petición puede incluir diferentes segmentos o componentes.

Marcador discursivo (o del discurso): elemento lingüístico que se emplea para indicar la relación entre dos partes del discurso o para realizar una función comunicativa concreta como mostrar acuerdo, expresar incerteza, etc.

Máxima de calidad: una de las normas que regula el principio de cooperación de la conversación según la cual el interlocutor debe intentar que su contribución sea verdadera. Se subdivide en dos normas, denominadas *submáximas*: "no diga lo que crea que es falso" y "no diga aquello sobre lo que no tiene pruebas".

Máxima de cantidad: una de las normas que regula el principio de cooperación de la conversación. Se refiere a la cantidad ideal de información que se debe proporcionar y se subdivide en dos normas, denominadas *submáximas*: "haga que su contribución sea tan informativa como se requiera" y "no haga que su contribución sea más informativa de lo requerido".

Máximas de la conversación: reglas o normas por las que se rige el principio de cooperación en la conversación y cuyo objetivo es establecer un modelo ideal de interacción en el que los interlocutores cooperan para que el intercambio sea fluido y completo.

Máxima de manera: una de las normas que regula el principio de cooperación de la conversación. Se refiere al modo en que se emite un enunciado y al hecho de que el interlocutor tiene que transmitir la información con claridad. Comprende cuatro normas, denominadas *submáximas*: "evite la oscuridad", "evite la ambigüedad", "sea breve" y "sea ordenado".

Máxima de relación: una de las normas que regula el principio de cooperación de la conversación y que se refiere al hecho de que la contribución del interlocutor tiene que ser relevante.

Metapragmática: conjunto de términos que se emplean para explicar y tratar los conceptos relacionados con el lenguaje, sus funciones, su uso y el contexto.

Método comunicativo: metodología de la enseñanza de lenguas cuyo objetivo principal es capacitar al aprendiz para que lleve a cabo una comunicación real con hablantes nativos de la lengua que está aprendiendo.

Micro-acto de habla: acto de habla que puede ir acompañado de otros para formar un macro-acto de habla.

Mitigación: recurso lingüístico que se utiliza para suavizar la posible imposición de un acto de habla. También se denomina *atenuación*.

Modismo: véase **expresión idiomática.**

Muletilla: palabra o frase que se repite de forma habitual y que en ocasiones se emplea cuando uno duda en expresar lo que piensa o cuando no sabe qué decir; por ejemplo, *bueno, pues, o sea, este,* etc. También se denomina *palabra comodín.*

Multimodalidad (textual): combinación gráfica de imágenes y palabras, además de su distribución en la página, el uso de colores y de espacio, y todo lo que comprende el diseño.

Oyente: la persona que tiene la capacidad de oír un mensaje y es capaz de comprenderlo. A veces se usa en la pragmática como sinónimo de **destinatario.**

Par adyacente: término empleado en el análisis conversacional y referido a dos turnos conversacionales, sucesivos o no, en los que la presencia del primer turno implica que aparezca un segundo turno.

Paralenguaje: lo que se comunica mediante la vocalización de los sonidos incluyendo el tono, el volumen y el ritmo.

Paralingüístico: se dice de algo que tiene que ver con el paralenguaje.

Perlocución: el efecto que el acto de habla emitido tiene en las acciones o pensamientos del receptor.

Perspectiva descriptiva (o descriptivista): hecho de observar y analizar ciertos fenómenos lingüísticos que después son descritos o explicados de forma objetiva.

Plural de modestia: empleo de la primera persona del plural para evitar atribuir la autoría de un hecho a un solo interlocutor.

Poder social o poder relativo: relación de poder entre los interlocutores como miembros de una sociedad jerarquizada.

Pragmalingüística: área de la pragmática que estudia la relación entre la forma lingüística y su uso.

Pragmática: campo de la lingüística que explora las diferentes relaciones entre el lenguaje y el contexto.

Pre-secuencia: segmento empleado antes de iniciar el acto de habla deseado.

Principio de cooperación: fundamento de la conversación mediante el cual se espera que cada interlocutor contribuya en el intercambio comunicativo de forma apropiada y relevante.

Proxémica: el estudio de factores como la distancia que existe entre los interlocutores en una interacción, la posición o la postura de los interlocutores y la ausencia o la presencia de contacto físico.

Rasgos semánticos: características básicas que se usan para tratar de definir lo esencial de una palabra.

Receptor: persona que recibe el mensaje en un acto de comunicación determinado.

Referente: objeto o ente en el mundo real al que se refiere una palabra.

Registro: modo de expresión de la lengua que varía de acuerdo con el contexto de emisión; por ejemplo, el registro íntimo, el registro formal, etc.

Rema: información nueva que se agrega teniendo en cuenta la progresión temática de un texto o un segmento del discurso.

Rol social: papel o función que desempeña una persona según su posición social.

Semántica: parte de la lingüística que estudia el significado de las palabras.

Semiótica: disciplina que estudia los diferentes tipos de signos creados por el ser humano.

Significado connotativo: todas las asociaciones que una palabra o expresión evoca en el receptor.

Significado denotativo: el significado literal o el más básico de una palabra o expresión. No incluye el significado connotativo. También se denomina *denotación o significado literal*.

Situación de contacto: situación que se genera cuando dos o más lenguas entran en contacto; en ocasiones esto conduce a que se produzcan interferencias lingüísticas.

Sobrecorrección: véase **hipercorrección**.

Sobregeneralización: fenómeno que ocurre cuando un hablante emplea un elemento lingüístico en una lengua de forma generalizada, incluso en situaciones en donde su uso sería incorrecto. También se denomina *hipergeneralización*.

Sociopragmática: área de la pragmática que estudia la relación entre la realización de un acto de habla y las normas sociales en una cultura específica.

Solapamiento: fenómeno que se produce cuando dos o más turnos de habla, o partes de ellos, ocurren al mismo tiempo.

Spanglish (o espanglish): modalidad de la lengua que combina el uso del español y el inglés. Generalmente sucede en algunas zonas anglohablantes en las que hay población de origen hispano.

Submáxima: subnorma que es parte de las normas o máximas del principio de cooperación de la conversación; véanse las explicaciones en **máxima de calidad, máxima de cantidad y máxima de manera.**

Subvariedad: variedad de una lengua con características lingüísticas específicas que emplea una comunidad de hablantes de una zona geográfica determinada.

Tema: información conocida por los interlocutores teniendo en cuenta la progresión temática de un texto o un segmento del discurso.

Teoría de la relevancia: supuesto por el que cada enunciado es relevante simplemente por el hecho de ser emitido. Si los interlocutores son conscientes de su relevancia, saben por lo tanto el significado que se intenta transmitir.

Texto: enunciado o conjunto de enunciados con sentido completo y que se puede presentar en forma oral o escrita.

Transaccional: adjetivo que se usa para un intercambio comunicativo que sucede al realizarse una transacción; por ejemplo, el intercambio o las peticiones que tienen lugar al comprar algo en una tienda, pedir una bebida en un bar, pedir información por correo electrónico, etc.

Transferencia lingüística: uso de ciertos elementos en una L2 que proceden de la L1.

Transferencia negativa: empleo incorrecto de una estructura lingüística inexistente en una

L2 a partir de la transferencia de dicho elemento en la L1. También se denomina *interferencia*.

Transferencia positiva: empleo correcto de una estructura lingüística existente en una L2 a partir de la transferencia de dicho elemento en la L1.

Trasfondo: véase **información de fondo.**

Ultracorrección: véase **hipercorrección.**

Universal: se dice del recurso lingüístico que funciona de forma idéntica en todas, o casi todas, las lenguas del mundo.

Uso metafórico: el empleo de palabras o expresiones de forma no literal con el objetivo de conceptualizar un concepto mediante otro. Por ejemplo, si se dice que cierto tipo de trabajo es *duro*, aquí *duro* refleja un uso metafórico porque ningún trabajo es literalmente duro al tacto. Sin embargo, utilizar *duro* para referirse al trabajo nos permite concebir el trabajo en términos de dureza o de rigidez.

Bibliografía

Aaron, P. G., y R. Malatesha Joshi. 2006. "Written Language Is as Natural as Spoken Language: A Biolinguistic Perspective". *Reading Psychology* 27: 263–311.

Abad Nebot, Francisco. 1977. *El artículo*. Madrid: Ediciones Aravaca.

Alba-Juez, Laura. 2007. "An Overview of Politeness Studies on Argentinean and Uruguayan Spanish". En *Research on Politeness in the Spanish-Speaking World*, editado por María E. Placencia y Carmen García, 35–57. Mahwah, NJ/London: Lawrence Erlbaum.

Albelda Marco, Marta. 2004. "Cortesía en diferentes situaciones comunicativas: La conversación coloquial y la entrevista sociológica semiformal". En *Pragmática sociocultural: estudios sobre el discurso de cortesía en español*, editado por Diana Bravo y Antonio Briz, 109–134. Barcelona: Ariel.

———. 2008. "Atenuantes en Chile y en España: distancia o acercamiento". En *Cortesía y conversación: de lo escrito a lo oral. III Coloquio Internacional del Programa EDICE*, editado por Antonio Briz, Antonio Hidalgo, Marta Albelda, Josefa Contreras y Nieves Hernández-Flores, 98–113. Valencia: Universitat de València.

Alcón-Soler, Eva. 2007. "Fostering EFL Learners' Awareness of Requesting through Explicit and Implicit Consciousness-raising Tasks". En *Investigating Tasks in Formal Language Learning*, editado por María del Pilar García-Mayo, 221–241. Clevedon, UK: Multilingual Matters.

———, y Josep Guzmán Pitarch. 2010. "The Effect of Instruction on Learners' Pragmatic Awareness: A Focus on Refusals". *International Journal of English Studies* 10(1): 65–80.

Austin, John L. 1962. *How to Do Things with Words*. Oxford: Oxford University Press.

———. 1963. "Performative-constative". En *Philosophy and Ordinary Language*, editado por Charles Caton, 22–54. Urbana, IL: University of Illinois Press.

Ballesteros Martín, Francisco. 2001. "La cortesía española frente a la cortesía inglesa. Estudio pragmalingüístico de las exhortaciones impositivas". *Estudios Ingleses de la Universidad Complutense* 9: 171–207.

———. 2002. "Mecanismos de atenuación en español e inglés: Implicaciones pragmáticas en la cortesía". *Círculo de lingüística aplicada a la comunicación* 11. http://www.ucm.es/info/circulo/no11/ballesteros.htm.

Bar-Hillel, Yehoshua. 1954. "Indexical expressions". *Mind* 63: 359–379.

Bardovi-Harlig, Kathleen, y Rebecca Mahan-Taylor. 2003. *Teaching Pragmatics*. Washington, DC: United States Department of State.

Batallar, Rebeca. 2010. "Making a request for a service in Spanish: Pragmatic development in the study abroad setting". *Foreign Language Annals* 43(1): 160–75.

Bernal, Maria. 2008. "Do Insults Always Insult? Genuine Impoliteness Versus Non-Genuine Impoliteness in Colloquial Spanish". *Pragmatics* 18: 781–802.

Blas Arroyo, José Luis. 2003. "'*Perdóneme que se lo diga, pero vuelve usted a faltar a la verdad, señor González*': Form and function of politic verbal behaviour in face-to-face Spanish political debates". *Discourse & Society* 14(4): 395–423.

Blum-Kulka, Shoshana. 1989. "Playing It Safe: The Role of Conventionality in Indirectness". En *Cross-Cultural Pragmatics: Requests and Apologies,* editado por Shoshana Blum-Kulka, Juliane House y Gabriele Kasper, 37–70. Norwood, NJ: Ablex.

———, Juliane House y Gabriele Kasper (eds.). 1989. *Cross-Cultural Pragmatics: Requests and Apologies.* Norwood, NJ: Ablex.

Bolívar, Adriana. 2001. "El insulto como estrategia en el diálogo político venezolano". *Oralia: Análisis del discurso oral* 4: 47–74.

———. 2009. "¿Por qué no te callas?: El alcance de una frase en el (des)encuentro de dos mundos". *Discurso & Sociedad* 3(2): 224–252.

Borochovsky Bar-Aba, Esther. 2003. "Punctuation Marks: Procedural and Conceptual Uses". *Journal of Pragmatics* 35(7): 1031–1048.

Bosque, Ignacio. 2005. *Diccionario combinatorio práctico del español contemporáneo.* España: Ediciones S.M.

Bou Franch, Patricia, y Carmen Gregori Signes. 1999. "Pragmática intercultural: Emisiones del oyente en inglés británico y español peninsular". En *Pragmática Intercultural,* editado por Antonia Sánchez Macarro et al., 123–34. Valencia: Universitat de València.

Bousfield, Derek. 2008. *Impoliteness in Interaction.* Amsterdam: John Benjamins.

Boyle, Ronald. 2000. "Whatever Happened to Preference Organisation?" *Journal of Pragmatics* 32(5): 583–604.

Bravo, Diana. 1999. "¿Imagen 'positiva' vs. imagen 'negativa'?: Pragmática socio-cultural y componentes de *face*". *Oralia* 2: 155–184.

———. 2001. "Sobre la cortesía lingüística, estratégica y conversacional en español". *Oralia* 4: 299–314.

Brenes Peña, Ester. 2011. *Descortesía verbal y tertulia televisiva.* Bern: Peter Lang.

Brinton, Laurel. 1996. *Pragmatic Markers in English.* Berlin/New York: Mouton de Gruyter.

Briz, Antonio. 2004. "Cortesía verbal codificada y cortesía verbal interpretada en la conversación". En *Pragmática sociocultural: estudios sobre el discurso de cortesía en español,* editado por Diana Bravo y Antonio Briz, 67–93. Barcelona: Ariel.

———. 2006. "Atenuación y cortesía verbal en la conversación coloquial: su tratamiento en la clase de ELE". En *Actas del programa de formación para profesorado de ELE 2007.* Munich: Instituto Cervantes, http://www.cervantes-muenchen.de/es/05_lehrerfortb/02.html.

———. 2009. *El español coloquial en la conversación*. Barcelona: Ariel.

Brown, Gillian, y George Yule. 1983. *Discourse Analysis*. Cambridge: Cambridge University Press.

Brown, Penelope, y Stephen Levinson. 1987. *Politeness*. Cambridge: Cambridge University Press.

Brown, Steven, y Salvatore Attardo. 2000. *Understanding Language Structure, Interaction, and Variation*. Ann Arbor: University of Michigan Press.

Bustamante-López, Isabel, y Mercedes Niño-Murcia. 1995. "Impositive Speech Acts in Northern Andean Spanish: A Pragmatic Description". *Hispania* 78(4): 885–897.

Carduner, Jessie. 1998. *Politeness strategies of intermediate to advanced learners of Spanish*. Unpublished PhD dissertation, University of Pittsburgh, PA.

Carrasco Santana, Antonio. 1998a. "El taco y sus valores corteses: Valor de sinceridad del taco". *Cuadernos de Lazarillo* 14(25): 46–49.

———. 1998b. "Tendencias relacionales de los españoles en las interacciones verbales, I: La distancia social en la conversación". *Cuadernos de Lazarillo* 15: 55–61.

———. 1999. "Revisión y evaluación del modelo de cortesía de Brown y Levinson". *Pragmalingüística* 7: 1–44.

Cashman, Holly R. 2006. "Impoliteness in children's interactions in a Spanish/English bilingual community of practice". *Journal of Politeness Research* 2(2): 217–246.

Cestero Mancera, Ana María. 1996. "Funciones de la risa en la conversación en lengua española". *Lingüística Española Actual* 18(2): 279–298.

Clark, Herbert. 1996. *Using Language*. Cambridge: Cambridge University Press.

Cohen, Andrew. 2008. "Teaching and Assessing L2 Pragmatics: What Can We Expect from Learners?". *Language Teaching* 41(2): 213–235.

———. 2010. "Coming to Terms with Pragmatics". En *Teaching and Learning Pragmatics*, editado por Noriko Ishihara and Andrew D. Cohen, 3–20. Harlow, UK: Longman.

Cordella, Marisa. 1990. "Apologizing in Chilean Spanish and Australian English: A Cross-Cultural Perspective". *Australian Review of Applied Linguistics (Series S)* 7: 66–92.

Culpeper, Jonathan. 1996. "Towards an Anatomy of Impoliteness". *Journal of Pragmatics* 25(3): 349–367.

———. 2005. "Impoliteness and Entertainment in the Television Quiz Show: The Weakest Link". *Journal of Politeness Research* 1(1): 35–72.

———, Derek Boufield y Anne Wichmann. 2003. "Impoliteness revisited: with special reference to dynamic and prosodic aspects". *Journal of Pragmatics* 35(10–11): 1545–1579.

Curcó, Carmen, y Anna De Fina. 2002. "Modo imperativo, negación y diminutivos en la expresión de la cortesía en español: el contraste entre México y España". En *Actos de habla y cortesía en español,* editado por María E. Placencia y Diana Bravo, 107–140. Munich: Lincom Europa.

De Pablos-Ortega, Carlos. 2010. "Attitudes of English native speakers towards thanking in Spanish". *Pragmatics* 20(2): 149–170.

———. 2011. "The pragmatics of thanking reflected in the textbooks for teaching Spanish as a foreign language". *Journal of Pragmatics* 43 (9): 2411–2433.

Diccionario Espasa Escolar. 1997. Madrid: Espasa.

Eelen, Gino. 2001. *A Critique of Politeness Theories*. Manchester, UK: St. Jerome.

Eggins, Suzanne. 1994. *An Introduction to Systemic Functional Linguistics*. London: Pinter Publishers.

Ekman, Paul. 2003. *Emotions Revealed: Recognizing Faces and Feelings to Improve Communication and Emotional Life*. New York: Holt Paperbacks.

———, y Wallace Friesen. 2003. *Unmasking the Face*. Cambridge, MA: Malor Books.

Ellis, Donald. 1999. *From Language to Communication*. Mahwah, NJ: Lawrence Erlbaum.

Escandell Vidal, María Victoria. 2002. *Introducción a la pragmática*. Barcelona: Ariel.

———. 2003. *Introducción a la pragmática*. Barcelona: Ariel.

———. 2005. *La comunicación*. Madrid: Gredos.

Fairclough, Norman. 2001. *Language and Power*. London: Longman.

Fant, Lars. 1996. "Regulación conversacional en la negociación: Una comparación entre pautas mexicanas y peninsulares". En *El español hablado y la cultura oral en España e Hispanoamérica,* editado por Thomas Kotschi, Wulf Oesterreicher y Klaus Zimmermann, 147–183. Frankfurt/Madrid: Vervuert/Iberoamericana.

Farr, Marcia. 2000. "¡A mí no me manda nadie! Individualism and identity in Mexican Ranchero speech". *Pragmatics* 10(1): 61–85.

Félix-Brasdefer, J. César. 2002. *"Refusals in Spanish and English: A Cross-cultural Study of Politeness Strategies among Speakers of Mexican Spanish, American English, and American Learners of Spanish as a Foreign Language"*. Unpublished PhD dissertation, University of Minnesota.

———. 2003. "Declining an Invitation: A Cross-Cultural Study of Pragmatic Strategies in Latin American Spanish and American English". *Multilingua* 22(3): 225–255.

———. 2004. "La mitigación en el discurso oral de mexicanos y aprendices de español como lengua extranjera". En *Pragmática sociocultural: estudios sobre el discurso de cortesía en español*, editado por Diana Bravo y Antonio Briz, 285–299. Barcelona: Ariel.

———. 2005. "Indirectness and Politeness in Mexican Requests". En *Selected Proceedings of the 7th Hispanic Linguistics Symposium,* editado por David Eddington, 66–78. Somerville, MA: Cascadilla Proceedings Project.

———. 2006a. "Linguistic Politeness in Mexico: Refusal Strategies among Male Speakers of Mexican Spanish". *Journal of Pragmatics* 38(12): 2158–2187.

———. 2006b. "Teaching the Negotiation of Multi-turn Speech Acts. Using Conversation-analytic Tools to Teach Pragmatics in the Classroom". En *Pragmatics and Language Learning,* vol. 11, editado por Kathleen Bardovi-Harlig, César Félix-Brasdefer y Alwiya Omar, 165–197. University of Hawai'i at Manoa: National Foreign Language Resource Center.

———. 2008a. "Perceptions of refusals to invitations: Exploring the minds of foreign language learners". *Language Awareness* 17(3): 195–211.

———. 2008b. "Sociopragmatic Variation: Dispreferred Responses in Mexican and Dominican Spanish". *Journal of Politeness Research* 4(1): 81–110.

———. 2008c. "Teaching Pragmatics in the Classroom: Instruction of Mitigation in Spanish as a Foreign Language". *Hispania* 91(2): 479–494.

———. 2010. "Intra-lingual Pragmatic Variation in Mexico City and San Jose, Costa Rica: A Focus on Regional Differences in Female Requests". *Journal of Pragmatics* 42(11): 2992–3011.

———, y Andrew Cohen. 2012. "Teaching Pragmatics in the Foreign Language Classroom: Grammar as a Communicative Resource". *Hispania* 95(4): 650–669.

Fernald, Anne, y Thomas Simon. 1984. "Expanded Intonation Contours in Mothers' Speech to Newborns". *Developmental Psychology* 20(1): 104–113

Fillmore, Charles. 1971. "Toward a Theory of Deixis". *University of Hawai'i Working Papers in Linguistics* 3–4: 219–242.

———. 1998. "Deixis and context". En *Context in Language Learning and Language Understanding,* editado por Kirsten Malmkjaer y John Williams, 25–41. Cambridge: Cambridge University Press.

Fischer, Steven Roger. 1999. *A History of Language.* London: Reaktion.

Fitch, Kristine, y Robert Sanders. 1994. "Culture, communication, and preferences for directness in expression of directives". *Communication Theory* 4(3): 219–245.

Fraser, Bruce. 1981. "On Apologizing". En *Conversational routine,* editado por Florian Coulmas, 259–271. The Hague: Mouton.

Garcés-Conejos Blitvich, Pilar, Nuria Lorenzo-Dus y Patricia Bou Franch. 2010. "A genre-approach to impoliteness1 in a Spanish television talk show: Evidence from corpus-based analysis, questionnaires and focus groups". *Intercultural Pragmatics* 7(4): 689–723.

García, Carmen. 1989. "Apologizing in English: Politeness Strategies Used by Native and Non-native Speakers". *Multilingua* 8(1): 3–20.

———. 1992. "Refusing an Invitation: A Case Study of Peruvian Style". *Hispanic Linguistics* 5(1–2), 207-243.

———. 1996. "Teaching Speech Act Performance: Declining an Invitation". *Hispania* 79(2): 267–277.

———. 2007. "*Ché, mirá, vos sabés que no no voy a poder:* How Argentineans Refuse an Invitation". *Hispania* 90(3): 551–564.

———. 2009. "'*¿Qué::? ¿Cómo que te vas a casar?*' Congratulations and Rapport Management: A Case Study of Peruvian Spanish Speakers". *International Pragmatics Association* 19(2): 197–222.

García Gómez, Antonio. 2000–2001. "Analysing Casual Talk: Topic as a Structuring Frame". *Pragmalingüística* 8–9: 123–142.

Garrison, Anthony, Dirk Remley, Patrick Thomasa y Emily Wierszewski. 2011. "Conventional Faces: Emoticons in Instant Messaging Discourse". *Computers and Composition* 28: 112–125.

Goffman, Erving. 1971. *Relations in Public: Microstudies of the Public Order.* Harmondsworth, UK: Penguin.

———. 1972. *Interactional Ritual: Essays on Face-to-Face Behaviour.* London: Allen Lane.

Gouti, Gérard. 2006. "Intercambios en los foros de debate: algunos elementos de reflexión para un acercamiento lingüístico". *Estudios de Lingüística del Español* (ELiEs) 24, http://elies.rediris.es/elies24/gouti.htm.

Green, Georgia. (1996). *Pragmatics and Natural Language Understanding.* Mahwah, NJ: Lawrence Erlbaum.

Grice, Herbert Paul. 1975. "Logic and Conversation". En *Syntax and Semantics.* Vol. 3, *Speech Acts,* editado por Peter Cole y Jerry Morgan, 41–58. New York: Academic Press.

Grundy, Peter. 2008. *Doing Pragmatics.* London: Hodder Education.

Halliday, Michael A., y Christian Matthiessen. 2004. *An Introduction to Functional Grammar*. London: Arnold.

Haverkate, Henk. 1988a. "Politeness Strategies in Verbal Interaction: An Analysis of Directness and Indirectness in Speech Acts". *Semiotica* 71: 59–71.

———. 1988b. "Towards a Typology of Politeness Strategies in Communicative Interaction". *Multilingua* 7(4): 385–409.

———. 1994. *La cortesía verbal*. Madrid: Gredos.

———. 2004. "El análisis de la cortesía comunicativa: categorización pragmalingüística de la cultura española". En *Pragmática sociocultural: Estudios sobre el discurso de cortesía en español*, editado por Diana Bravo y Antonio Briz, 55–64. Barcelona: Ariel.

Hernández-Flores, Nieves. 1999. "Politeness Ideology in Spanish Colloquial Conversation: The Case of Advice". *Pragmatics* 9(1): 37–49.

———. 2004. "Politeness as face enhancement". En *Current Trends in the Pragmatics of Spanish*, editado por Rosina Márquez Reiter y María E. Placencia, 265–286. Amsterdam/Philadelphia: John Benjamins.

Hickey, Leo. 1991. "Comparatively polite people in Spain and Britain". *Association for Comparative Iberian Studies* 4: 2–7.

———. 2000. "Politeness in Translation between English and Spanish". *Target* 12: 229–240.

———, y Miranda Stewart. 2005. *Politeness in Europe*. Clevedon/Buffalo/Toronto: Multilingual Matters.

———, y Ignacio Vázquez Orta. 1994. "Politeness as Deference: A Pragmatic View". *Pragmalingüística* 2: 267–286.

Hofstede, Geert, Gert Jan Hofstede y Michael Minkov. 2010. *Cultures and Organizations*. New York: McGraw Hill.

Holmes, Janet. 1995. *Women, Men and Politeness*. New York: Longman.

———. 1998. "Women's Talk: The Question of Sociolinguistic Universals". En *Language and Gender: A Reader*, editado por Jennifer Coates, 263–293. Oxford: Blackwell.

Hottenroth, Priska-Monika. 1982. "The System of Local Deixis in Spanish". En *Here and There: Cross-linguistic Studies on Deixis and Demonstration*, editado por Jürgen Weissenborn y Wolfgang Klein, 133–154. Amsterdam: John Benjamins.

House, Juliane. 1989. "Politeness in English and German: The Functions of *please* and *bitte*". En *Cross-Cultural Pragmatics: Requests and Apologies*, editado por Shoshana Blum-Kulka, Juliane House and Gabriele Kasper, 96–119. Norwood, NJ: Ablex.

Hurley, Joni Kay. 1995. "Pragmatics in a Language Contact Situation: Verb Forms Used in Requests in Ecuadorian Spanish". *Hispanic Linguistics* 6–7: 225–264.

Iribarren, José María. 1955. *El porqué de los dichos*. Madrid: Aguilar.

Ishihara, Noriko, y Andrew D. Cohen. 2010. *Teaching and Learning Pragmatics*. Harlow, UK: Pearson.

Issacs, Ellen, y Herbert H. Clark. 1990. "Ostensible invitations". *Language in Society* 19(4): 493–509.

Jaramillo, June. 1995. "Social Variation in Personal Address Etiquette". *Hispanic Linguistics Journal* 6–7: 191–224.

Jaszczolt, Katarzyna. 2002. *Semantics and Pragmatics*. London: Longman.

Joos, Martin. 1961. *The Five Clocks*. New York: Harcourt, Brace and World.

Kasper, Gabriele. 2001. "Classroom Research on Interlanguage Pragmatics". En *Pragmatics in language teaching*, editado por Gabriele Kasper y Kenneth Rose, 33–60. Cambridge: Cambridge University Press.

Kempson, Ruth. 1977. *Semantic Theory*. Cambridge: Cambridge University Press.

Kerbrat-Orecchioni, Catherine. 2004. "¿Es universal la cortesía?". En *Pragmática sociocultural: estudios sobre el discurso de cortesía en español*, editado por Diana Bravo y Antonio Briz, 39–54. Barcelona: Ariel.

Koike, Dale A. 1996. "Transfer of Pragmatic Competence and Suggestions in Spanish Foreign Language Learning". En *Speech Acts Across Cultures*, editado por Susan Gass y Joyce Neu, 257–281. Berlin/New York: Mouton de Gruyter.

Lakoff, George, y Mark Johnson. 1980. *Metaphors We Live By*. Chicago: University of Chicago Press.

Lakoff, Robin. 1973. "The Logic of Politeness, or Minding Your P's and Q's". *Papers from the Ninth Regional Meeting of the Chicago Linguistic Society*, 345–356.

Langer, Bradley. 2011. "Teaching Pragmatic Forms in Spanish". *Segundas Lenguas e Inmigración en red* 5: 5–34.

Leech, Geoffrey. 1983. *Principles of Pragmatics*. London: Longman.

Lenarduzzi, René. 1993. "Significado y pragmática de los verbos deícticos en español". En *El Girador: Studi di letterature iberiche e ibero offerti a Giuseppe Bellini*, vol. 2, editado por Giuseppe Bellini et al., 555–562. Roma: Bulzoni.

Levinson, Stephen. 1983. *Pragmatics*. Cambridge: Cambridge University Press.

Liddicoat, Anthony J., y Chantal Crozet. 2001. "Acquiring French Interactional Norms Through Instruction". En *Pragmatics in Language Teaching*, editado por Kenneth Rose y Gabriele Kasper, 125–144. Cambridge: Cambridge University Press.

Lipski, John M. 2002. *El español de América*. Madrid: Cátedra.

LoCastro, Virginia. 2003. *An Introduction to Pragmatics*. Ann Arbor: University of Michigan Press.

Locher, Miriam. 2006. "Polite behavior within relational work: The discursive approach to politeness". *Multilingua* 25(3): 249–267.

———, y Richard J. Watts. 2005. "Politeness theory and relational work". *Journal of Politeness Research* 1(1): 9–33.

López Alonso, Covadonga. 2006. "El correo electrónico". *Estudios de Lingüística del Español* (ELiEs) 24. http://elies.rediris.es/elies24/lopezalonso.htm.

Lyons, John. 1977. *Semantics*, vol. 2. Cambridge: Cambridge University Press.

Marín, Diego. 1972. "El uso de 'tú' y 'usted' en el español actual". *Hispania* 55(4): 904–908.

Marmaridou, Sophia. 2000. *Pragmatic Meaning and Cognition*. Amsterdam/Philadelphia: John Benjamins.

Márquez Reiter, Rosina. 1995. "Politeness Phenomena: The Case of Requests in British English and Uruguayan Spanish". Unpublished MA dissertation, St Mary's University College, University of Surrey.

———. 2000. *Linguistic Politeness in Britain and Uruguay*. Amsterdam: John Benjamins.

———. 2002a. "A Contrastive Study of Conventional Indirectness in Spanish: Evidence from Peninsular and Uruguayan Spanish". *Pragmatics* 12(2): 135–151.

———. 2002b. "Estrategias de cortesía en el español hablado en Montevideo". En *Actos de habla y cortesía en español,* editado por María E. Placencia y Diana Bravo, 89–106. Munich: Lincom Europa.

———, y María E. Placencia. 2004. "Displaying Closeness and Respectful Distance in Montevidean and Quiteño Service Encounters". En *Current Trends in the Pragmatics of Spanish,* editado por Rosina Márquez Reiter y María E. Placencia, 121–155. Amsterdam/Philadelphia: John Benjamins.

———. 2005. *Spanish Pragmatics.* Basingstoke, UK: Palgrave Macmillan.

Matsumoto, Yoshiko. 1988. "Re-examination of the Universality of Face: Politeness Phenomena in Japanese". *Journal of Pragmatics* 12(4): 403–426.

Miller, James. 1982. *Bibliography of Handwriting Analysis: A Graphological Index.* Troy, NY: Whitston.

Mills, Sara. 2003. *Gender and Politeness.* Cambridge: Cambridge University Press.

Moeschler, Jacques, y Reboul, Anne. 1999. *Diccionario enciclopédico de pragmática.* (Versión española de María Luisa Donaire y Marta Tordesillas). Madrid: Arrecife.

Montes, Rosa G. 1999. "The Development of Discourse Markers in Spanish". *Journal of Pragmatics* 31(10): 1289–1319.

Mulder, Gijs. 1998. "Un estudio empírico de los actos de habla directivos en español". En *La pragmática lingüística del español: Recientes desarrollos,* editado por Henk Haverkate, Gijs Mulder y Carolina F. Maldonado, 237–275. Amsterdam: Rodopi.

Narbona Reina, Beatriz. 2000. "La función pragmática del acento en la expresión de la emoción". *ELIA* 1: 93–105.

Ogden, Charles Kay, y Ivor Armstrong Richards. 1923. *The Meaning of Meaning.* New York: Harcourt, Brace and World.

O'Grady, William, Michael Dobrovolsky y Francis Katamba. 1996. *Contemporary Linguistics.* Harlow, UK: Longman.

O´Keeffe, Anne, Brian Clancy y Adolphs Svenja. 2011. *Introducing Pragmatics in Use.* New York: Routledge.

Olshtain, Elite, y Andrew Cohen. 1983. "Apology: A speech act set". En *Sociolinguistics and language acquisition,* editado por Nessa Wolfson y Elliot Judd, 18–36. Rowley, MA: Newbury House.

Ovejero, José. 2007. *Los políticos; La plaga.* Madrid: Funambulista.

Palmer, F. R. 1981. *Semantics.* Cambridge: Cambridge University Press.

Piatti, Guillermina. 2001. "La atenuación en conversaciones entre estudiantes argentinos". *Moderna Sprak* 95(2): 210–221.

Pinto, Derrin. 2002. "*Perdóname, ¿llevas mucho esperando?* Conventionalized Language in L1 English and L2 Spanish". Unpublished PhD dissertation, University of California, Davis.

———. 2005. "The Acquisition of Requests by Second Language Learners of Spanish". *Spanish in Context* 2: 1–27.

———. 2008. "Passing greetings and interactional style: A cross-cultural study of American English and Peninsular Spanish". *Multilingua* 27(4): 371–388.

———. 2010. "La cortesía subtitulada: Un análisis intercultural de las peticiones en el cine español y los correspondientes subtítulos en inglés". En *(Des)cortesía en español: Espacios teóricos y metodológicos para su estudio,* editado por Franca Orletti y Laura Mariottini, 315–330. Roma: Universidad Roma Tre-Programa EDICE.

———, y Richard Raschio. 2007. "A Comparative Study of Requests in Heritage Speaker Spanish, L1 Spanish, and L1 English". *International Journal of Bilingualism* 11(2): 135–155.

———. 2008. "*Oye, ¿qué onda con mi dinero?* An analysis of heritage speaker complaints". *Sociolinguistic Studies* 2(2): 221–249.

Placencia, María Elena. 1994. "Pragmatics across Varieties of Spanish". *Donaire* 2: 65–77.

———. 1996. "Politeness in Ecuadorian Spanish". *Multilingua* 15(1): 13–34.

———. 1998. "Pragmatic variation: Ecuadorian Spanish vs. Peninsular Spanish". *Spanish Applied Linguistics* 2(1): 71–106.

———. 2005. "Pragmatic Variation in Corner Store Interactions in Quito and Madrid". *Hispania* 88(3): 583–598.

———. 2011. "Regional Pragmatic Variation". En *Pragmatics of Society,* editado por Gisle Andersen y Karin Aijmer, 79–113. Berlin/Boston: Walter de Gruyter.

Portolés, José. 2007. *Pragmática para hispanistas.* Madrid: Síntesis.

Poyatos, Fernando. 1985. "The Deeper Levels of Face-to-Face Interaction". *Language and Communication* 5(2): 111–131.

Ramos, Joseph. 1991. "'No. . .because': A study of pragmatic transfer in refusals among Puerto Rican teenagers speaking English". Unpublished EdD dissertation, Columbia University Teachers College.

Real Academia Española y Asociación de Academias de la Lengua Española. 2005. *Diccionario panhispánico de dudas.* Madrid: Espasa Libros, S.L.

———. 2009. *Nueva gramática de la lengua española.* Madrid: Espasa Libros, S.L.

———. 2010. *Ortografía de la lengua española.* Madrid: Espasa Libros, S.L.

Recuero, Silvia Iglesias. 2007. "Politeness Studies on Peninsular Spanish". En *Research on Politeness in the Spanish-Speaking World,* editado por María E. Placencia y Carmen García, 21–33. Mahwah, NJ/London: Lawrence Erlbaum.

Reid, Amanda, Vince Lancuba y Bridget Morrow. 1997. "Clothing Style and Formation of First Impressions". *Perceptual and Motor Skills* 84(1): 237–238.

Reyes, Graciela. 1994. *La pragmática lingüística.* Barcelona: Montesinos.

———, Elisa Baena y Eduardo Urios. 2000. *Ejercicios de pragmática,* vol. 2. Madrid: Arco Libros.

Reyes Trigos, Claudia. 2002. "Este y algunos otros marcadores pragmáticos en narraciones orales". *Signos Literarios y Lingüísticos* 4: 75–86.

Richardson, Bill. 1996. "Spanish spatial deictic features: Indices of entities, location and movement". *International Review of Applied Linguistics in Language Teaching* 34(4): 215–231.

Rodríguez, Catalina Fuentes (ed). 2013. *(Des)cortesía para el espectáculo: estudios de pragmática variacionista.* Madrid: Arco Libros.

Ruzickova, Elena. 1998. "Face, Face-threatening Acts and Politeness in Cuban Spanish." Unpublished PhD dissertation, University of Pittsburgh.

———. 2007. "Strong and Mild Requestive Hints and Positive-face Redress in Cuban Spanish". *Journal of Pragmatics* 39(6): 1170–1202.

Sacks, Harvey, Emanuel Schegloff y Gail Jefferson. 1974. "A Simplest Systematics for the Organization of Turn-Taking for Conversation". *Language* 50(4): 696–735.

Sbisà, Marina. 2002. "Speech acts in context." *Language and Communication* 22(4): 421–436.

Schiffrin, Deborah. 1987. *Discourse Markers*. Cambridge: Cambridge University Press.

Schmidt, Richard. 1992. "Psychological Mechanisms Underlying Second Language Fluency". *Studies in Second Language Acquisition* 14: 357–385.

———. 1993. "Consciousness, Learning and Interlanguage Pragmatics". En *Interlanguage Pragmatics,* editado por Gabriele Kasper y Shoshana Blum-Kulka, 21–42. New York/Oxford: Oxford University Press.

Searle, John. 1969. *Speech Acts*. Cambridge: Cambridge University Press.

———. 1979. *Expression and Meaning: Studies in the Theory of Speech Acts*. Cambridge: Cambridge University Press.

Selinker, Larry. 1972. "Interlanguage". *International Review of Applied Linguistics in Language Teaching* 10 (2): 209–231.

Sessarego, Cecilia. 2009. "Pragmatic Language Instruction and Beginner Learners of Spanish: A Discourse Approach to Pragmalinguistics". *Estudios de Lingüística Aplicada* 27(49): 97–120.

Shively, Rachel. 2011. "L2 pragmatic development in study abroad: A longitudinal study of Spanish service encounters". *Journal of Pragmatics* 43(6): 1818–1835.

Sigüenza-Ortiz, Consuelo. 1996. "Social Deixis in a Los Angeles Spanish-English Bilingual Community: *Tú* and *usted* Patterns of Address". Unpublished PhD dissertation, University of Southern California.

Spencer-Oatey, Helen. 2000. "Rapport Management: A Framework for Analysis". En *Culturally Speaking: Managing Rapport through Talk across Cultures,* editado por Helen Spencer-Oatey, 11–46. London: Continuum.

———. 2005. "(Im)Politeness, Face and Perceptions of Rapport: Unpackaging Their Bases and Interrelationships". *Journal of Politeness Research* 1(1): 95–119.

Sperber, Dan, y Deirdre Wilson. 1986. *Relevance: Communication and Cognition*. Oxford: Blackwell.

———. 1994. "Outline of Relevance Theory". *Links & Letters* 1: 85–106.

Stilwell Peccei, Jean. 1999. *Pragmatics*. New York: Routledge.

Taguchi, Naoko. 2011. "Teaching Pragmatics: Trends and Issues". *Annual Review of Applied Linguistics* 31: 289–310.

Tannen, Deborah. 1994. *Talking from 9 to 5*. New York: William Morrow.

Teliya, Veronka, Natalya Bragina, Elena Oparina y Irina Sandomirskaya. 1998. "Phraseology as a Language of Culture: Its Role in the Representation of Collective Mentality". En *Phraseology,* editado por Anthony P. Cowie, 55–75. New York: Oxford University Press.

Thomas, Jenny. 1983. "Cross-cultural Pragmatic Failure". *Applied Linguistics* 4(2): 91–112.

Torres, Lourdes. 2002. "Bilingual discourse markers in Puerto Rican Spanish". *Language in Society* 31(1): 65–83.

Valeiras Viso, Jesús. 2002. "'Deja tu mensaje después de la señal': Despedidas y otros elementos de la sección de cierre en mensajes dejados en contestadores automáticos en Madrid y Londres". En *Actos de habla y cortesía en español,* editado por María E. Placencia y Diana Bravo, 209–232. Munich: Lincom Europa.

Vanderveken, Daniel. 1990. *Meaning and Speech Acts.* Vol. 1, *Principles of Language Use.* Cambridge: Cambridge University Press.

Verschueren, Jef. 2002. *Para entender la pragmática.* Madrid: Gredos.

Vrij, Aldert. 1997. "Wearing Black Clothes: The Impact of Offenders' and Suspects' Clothing on Impression Formation". *Applied Cognitive Psychology* 11: 47–53.

Walsh, Clare. 2001. *Gender and Discourse.* London: Longman.

Wardhaugh, Ronald. 2002. *An Introduction to Sociolinguistics.* Malden, MA: Blackwell.

Watts, Richard. 2003. *Politeness.* Cambridge: Cambridge University Press.

Wierzbicka, Anna. 1985. "A Semantic Metalanguage for a Cross-cultural Comparison of Speech Acts and Speech Genres". *Language in Society* 14(4): 491–513.

———. 1992. *Semantics, Culture, and Cognition.* New York/Oxford: Oxford University Press.

Wildner-Bassett, Mary. 1986. "Teaching and learning 'polite noises': Improving pragmatic aspects of advanced adult learners' interlanguage". En *Learning, Teaching and Communication in the Foreign Language Classroom,* editado por Gabriele Kasper, 163–178. Aarthus: Aarthus University Press.

Yabuuchi, Akio. 2006. "Hierarchy politeness: What Brown and Levinson refused to see". *Intercultural Pragmatics* 3(3): 323–351.

Yates, Lynda. 2010. "Pragmatic Challenges for Second Language Learners". En *Pragmatics Across Language and Cultures,* editado por Anna Trosborg, 287–308. Berlin: Mouton de Gruyter.

Yus, Francisco. 2001. *Ciberpragmática.* Barcelona: Ariel.

Índice de temas